JOACHIM FUDICKAR

Zur Gliederung der betriebswirtswirtschaftlichen Bilanz

Betriebswirtschaftliche Forschungsergebnisse

Herausgegeben von

Prof. Dr. Dr. h. c. Dr. h. c. Erich Kosiol
Freie Universität Berlin

in Gemeinschaft mit

Prof. Dr. Erwin Grochla
Universität zu Köln

Prof. Dr. Dieter Pohmer
Eberhard-Karls-Universität Tübingen

Prof. Dr. Eberhard Witte
Ludwig-Maximilians-Universität München

Prof. Dr. Heinz Langen
Freie Universität Berlin

Prof. Dr. Ralf-Bodo Schmidt
Albert-Ludwigs-Universität, Freiburg i. Br.

Prof. Dr. Werner Vollrodt
Bayerische Julius-Maximilians-Universität, Würzburg

Prof. Dr. Knut Bleicher
Justus Liebig-Universität, Gießen

Prof. Dr. Marcell Schweitzer
Eberhard-Karls-Universität Tübingen

Prof. Dr. Günter Dlugos
Freie Universität Berlin

Prof. Dr. Jürgen Wild
Albert-Ludwigs-Universität, Freiburg i. Br.

Prof. Dr. Norbert Szyperski
Universität zu Köln

Band 55

Zur Gliederung der betriebswirtschaftlichen Bilanz

Von

Dipl.-Kfm. Dr. Joachim Fudickar

DUNCKER & HUMBLOT / BERLIN

Gedruckt mit Unterstützung der Ernst-Reuter-Gesellschaft
der Förderer und Freunde der Freien Universität Berlin e. V.

© 1971 Duncker & Humblot, Berlin 41
Gedruckt 1971 bei Berliner Buchdruckerei Union GmbH., Berlin 61
Printed in Germany

ISBN 3 428 02522 9

D 188

Geleitwort

Der Verfasser hat sich die Aufgabe gestellt, die grundsätzlichen Fragen der Bilanzgliederung aus der Sicht der pagatorischen Betrachtungsweise zu untersuchen und Lösungsmöglichkeiten durch Gliederungsbeispiele nachzuweisen. Dabei geht er von den Anforderungen aus, die sich aus Zielsetzungen der Unternehmer und aus Informationswünschen anderer, mit der Unternehmung verbundener Interessenten ergeben.

Die Grundlage der Untersuchung bilden die als Daten anzusehenden Rahmenbedingungen und logischen Grundregeln, die den Gestaltungsspielraum der Bilanzgliederung festlegen. Dabei werden die Eigenart der Unternehmung, die Wirtschaftsordnung, die Rechnungsgrundsätze und die Bewertungsart als wichtigste Bedingungen mit ihren Einflüssen auf die Bilanzgliederung gründlich erörtert. Es werden 9 Grundsätze ordnungsmäßiger Bilanzgliederung entwickelt. Diese Grundüberlegungen werden durch einen Überblick über die formalen Gliederungsmöglichkeiten ergänzt und durch eine Analyse der Einteilungskriterien abgeschlossen. Der Untersuchung der zu stellenden Anforderungen folgt eine kritische Darstellung der Gliederungskriterien von le Coutre.

Das Kernstück der Schrift stellen die Abhängigkeitsbeziehungen zwischen Bilanzgliederung und Rechnungszielen dar. Dabei werden die Rechnungsziele systematisch aus übergeordneten Zielsystemen der Unternehmer und anderer an Informationen interessierter Bilanzleser abgeleitet. Als Unternehmerziele werden Gewinnerzielung, Sicherheit, Prestige und Macht, Förderung des technischen Fortschritts sowie Erhaltung, Vergrößerung oder Verkleinerung der Betriebsgröße betrachtet. Die Rechnungsziele werden in Total- und Partialziele (Liquidität, Risikobelastung, Konzernverflechtung, Sicherung von Schuldverhältnissen, Investitionsreserven) unterschieden.

In einem breit angelegten und sorgfältig durchgearbeiteten Schlußabschnitt entwickelt der Verfasser Musterbeispiele (Idealmodelle) für das totale Rechnungsziel der Erfolgsermittlung, für verschiedene Rechnungsteilziele und für Rechnungszielkombinationen.

Gemessen am gegenwärtigen Niveau der Empirie und Theorie gibt die Schrift eine gut fundierte und nahezu erschöpfende Darstellung der Gliederungsproblematik der Bilanz. Es wird ausführlich geprüft, in welchem Umfange ökonomische Tatbestände in die Bilanz eingehen oder aus ihr erkennbar sind. Die Ergebnisse der Untersuchung sind geeignet, eine fruchtbringende wissenschaftliche Diskussion anzuregen. Auch die Praxis sollte an den Vorschlägen des Verfassers nicht vorübergehen, da sich die Bilanz in ihrer Gestaltung den erweiterten Informationsbedürfnissen nicht verschließen darf.

Berlin, im September 1971

Erich Kosiol

Inhaltsverzeichnis

Abkürzungsverzeichnis

a.a.O.	=	am angegebenen Ort
Abb.	=	Abbildung
Abs.	=	Absatz
AG	=	Aktiengesellschaft
AktG 1937	=	Gesetz über Aktiengesellschaften und Kommanditgesellschaften auf Aktien (Aktiengesetz) vom 30. 1. 1937, RGBl. I, S. 107.
AktG 1965	=	Aktiengesetz vom 6. 9. 1965, BGBl. I, S. 1089.
AWV	=	Ausschuß für wirtschaftliche Verwaltung e. V.
Bd.	=	Band
BFuP	=	Betriebswirtschaftliche Forschung und Praxis
BGB	=	Bürgerliches Gesetzbuch vom 18. 8. 1896 (RGBl. S. 195).
BGBl.	=	Bundesgesetzblatt
bzw.	=	beziehungsweise
d. h.	=	das heißt
Diss.	=	Dissertation
EStDV	=	Einkommensteuer-Durchführungsverordnung
EStG	=	Einkommensteuergesetz
f.	=	und die folgende Seite bzw. Spalte
ff.	=	und die folgenden Seiten bzw. Spalten
GenG	=	Gesetz, betreffend die Erwerbs- und Wirtschaftsgenossenschaften vom 1. 5. 1889 (Genossenschaftsgesetz)
ggf.	=	gegebenenfalls
GmbH	=	Gesellschaft mit beschränkter Haftung
GmbHG	=	Gesetz, betreffend die Gesellschaften mit beschränkter Haftung vom 20. 4. 1892 (GmbH-Gesetz)
GmbH & Co. KG	=	Kommanditgesellschaft mit einer GmbH als Komplementär
H.	=	Heft
H. d. O.	=	Handwörterbuch der Organisation, Hrsg. Erwin Grochla, Stuttgart 1969
HdS.	=	Handwörterbuch der Sozialwissenschaften, 12 Bände, Hrsg. E. von Beckerath (u. a.), Stuttgart — Tübingen — Göttingen ab 1956
HGB	=	Handelsgesetzbuch vom 10. 5. 1897
Hrsg.	=	Herausgeber
Jg.	=	Jahrgang
KG	=	Kommanditgesellschaft
KGaA	=	Kommanditgesellschaft auf Aktien
KWG	=	Gesetz über das Kreditwesen vom 10. 7. 1961 (Kreditwesengesetz)
LA	=	Lastenausgleich
LAG	=	Gesetz über den Lastenausgleich vom 14. 8. 1952 (Lastenausgleichsgesesetz)
Mio	=	Millionen

Nr.	= Nummer
OHG	= Offene Handelsgesellschaft
o. J.	= ohne Jahr
RGBl.	= Reichsgesetzblatt
Rn	= Randnote
S.	= Seite
sog.	= sogenannte
Sp.	= Spalte
Tz.	= Textzeile
u. a.	= und andere
usw.	= und so weiter
u. U.	= unter Umständen
v.	= von bzw. vom
VEB	= Volkseigener Betrieb
Vgl.	= Vergleiche
WPg	= Die Wirtschaftsprüfung
z. B.	= zum Beispiel
ZfB	= Zeitschrift für Betriebswirtschaft
ZfbF	= Schmalenbachs Zeitschrift für betriebswirtschaftliche Forschung
ZfhF	= Zeitschrift für handelswissenschaftliche Forschung (ab Jg. 16 der neuen Folge unter dem Titel ZfbF)
Ziff.	= Ziffer
z. T.	= zum Teil
z. Zt.	= zur Zeit

A. Einleitung

I. Die Bilanzlehre als Gegenstand der Betriebswirtschaftslehre

In der modernen Betriebswirtschaftslehre nimmt die Lehre vom Rechnungswesen und speziell die von der Bilanz nicht mehr die beherrschende Stellung ein, die sie noch vor wenigen Jahrzehnten zur Zeit E. Schmalenbachs, H. Nicklischs und F. Schmidts innehatte. Die Probleme der Buchhaltung und der Bilanz sind gegenüber den Aufgaben der Betriebswirtschaftslehre auf den Gebieten der Organisationsforschung, der Entscheidungsforschung und anderer neuer Forschungsschwerpunkte so stark in den Hintergrund gedrängt worden, daß vielleicht der Eindruck entstehen könnte, die Leistungen der Betriebswirtschaftslehre, die in der Vergangenheit erbracht wurden, reichen für alle Zeiten aus und man brauche sich vielleicht nicht mehr weiter um grundsätzliche Bilanzprobleme zu kümmern. Tatsächlich ist auch der Formalaufbau der Buchhaltung und Bilanz durch die pagatorische Bilanztheorie Kosiols in wissenschaftlicher und theoretischer Hinsicht abschließend geklärt, wie Gutenberg feststellt[1]. Dennoch nimmt die wissenschaftliche Diskussion über Bilanzfragen kein Ende[2]. Besonders

---

[1] Vgl. E. Gutenberg, Buchbesprechung von E. Kosiol, Bilanzreform und Einheitsbilanz, 2. Auflage, Berlin — Stuttgart 1949, ZfhF 1952, S. 533 f.

[2] Als Beispiele für die neuere bilanztheoretische Diskussion mögen folgende Abhandlungen gelten:
H. Albach, Grundgedanken einer synthetischen Bilanztheorie, ZfB 1965, H. 1, S. 21—31; K. Chmielewicz, Wirtschaftsgut und Rechnungswesen, ZfbF 1969, H. 2/3, S. 85—122; A. G. Coenenberg, Gewinnbegriff und Bilanzierung, ZfbF 1968, S. 442—469; W. Endres, Der erzielte und der ausschüttbare Gewinn der Betriebe, Köln und Opladen 1967; F. Eisenführ, Anforderungen an den Informationsgehalt kaufmännischer Jahresabschlußrechnungen, Köln 1967 (Diss. Kiel 1967); W. Engels Betriebswirtschaftliche Bewertungslehre im Licht der Entscheidungstheorie, Köln und Opladen 1962; E. Feuerbaum, Die polare Bilanz, Berlin 1966; H. Göppl, Die Gestaltung der Rechnungslegung von Aktiengesellschaften unter Berücksichtigung der neueren bilanztheoretischen Diskussion, WPg 1967, Nr. 21, S. 565—574; H. Hax, Der Bilanzgewinn als Erfolgsmaßstab, ZfB 1964, H. 10 S. 643—651; E. Heinen, Handelsbilanzen, 4. Auflage, Wiesbaden 1968, S. 73 ff. („Zur Weiterentwicklung der Bilanztheorie"); U. Leffson, Wesen und Aussagefähigkeit des Jahresabschlusses, ZfbF 1966, H. 6, S. 375—390; A. Moxter, Die Grundsätze ordnungsmäßiger Bilanzierung und der Stand der Bilanztheorie, ZfbF 1966, H. 1, S. 28—59; derselbe, Die statische Bilanz heute, ZfbF 1967, S. 724—733; H. Münstermann, Dynamische Bilanz: Grundlagen, Weiterentwicklung und Bedeutung in der neuesten Bilanzdiskussion, ZfbF 1966, S. 512—531, derselbe, Die Bedeutung des ökonomischen Gewinnes für den externen Jahresabschluß der Aktiengesellschaft, WPg 1966, H. 20/21, S. 579—586; D. Schneider,

die Aspekte der Zukunftsrechnung, des Gesamtwertes der Unternehmung, der Verwendung „renditiver"[3] Werte in der Bilanz und der möglichen Erweiterungen und Ergänzungen der Jahresabschlußrechnungen werden dabei untersucht. Auch das neue Aktiengesetz von 1965 hat mit seinen Bilanzierungsvorschriften keinen Abschluß der Diskussion herbeiführen können, vielleicht hat es eher zu weiteren Überlegungen angeregt. Man kann sogar daraus, daß ein neues Gesetz geschaffen werden mußte, ableiten, daß auf dem Gebiet des Bilanzwesens immer Bewegung herrscht, der auch der Gesetzgeber von Zeit zu Zeit Rechnung tragen muß. Schließlich galt das alte Aktiengesetz von 1937 mit seinen Vorschriften zur Rechnungslegung zu seiner Zeit auch als besonders modern.

II. Abgrenzung des Themas

Die vorliegende Untersuchung befaßt sich mit der Gliederung der Bilanzgegenstände (Zum Begriff des Bilanzgegenstandes vgl. S. 20 f. und S. 43 ff. dieser Arbeit). Sie bezieht sich dabei weniger auf den monetären als auf den bonitären Bilanzinhalt[1]. Es sollen sowohl die rechnungstheoretisch bedingten Aspekte des Formalaufbaues als auch die vom jeweiligen Sachinhalt der Bilanz herrührenden Einflüsse auf die Bilanzgliederung betrachtet werden. Bewertungsfragen werden nicht behandelt, abgesehen von der Untersuchung ihres Einflusses auf die Gliederung der Bilanzgegenstände. Die Ausklammerung des großen Fragenkomplexes der Bilanzbewertung erfolgt deshalb, weil es hierzu bereits sehr zahlreiche und vielseitige Literatur gibt[5]. Gliederungsfragen der Bilanz ist in der Literatur dagegen bei weitem nicht eine solche Aufmerksamkeit gewidmet worden, obgleich eine

---

Bilanzgewinn und ökonomische Theorie, ZfhF 1963, S. 457—474; G. Sieben, Prospektive Erfolgserhaltung — Ein Beitrag zur Lehre von der Unternehmungserhaltung, ZfB 1964, H. 10, S. 628—641; W. Stützel, Bemerkungen zur Bilanztheorie, ZfB 1967, H. 5, S. 314—340; N. Szyperski, Neuere Bemühungen um Grundlegung und Formalisierung der Theorie der Unternehmungsrechnung in den USA, BFuP 1964, H. 4, S. 218—228; derselbe, Einige aktuelle Fragestellungen zur Theorie der Unternehmungsrechnung, BFuP 1964, H. 5, S. 270—282; W. von Zwehl, Untersuchung zur Erstellung einer Planbilanz, Berlin 1968 (Diss. Göttingen 1968).

[3] Der Ausdruck „renditiv" wird von Illetschko gebraucht. Gemeint sind damit solche Bilanzwerte, die mit Hilfe der Zinseszinsrechnung ermittelt werden. Vgl. L. L. Illetschko, Unternehmenstheorie, 2. Auflage, Wien — New York 1967, S. 126.

[4] Vgl. K. Chmielewicz, Wirtschaftsgut und Rechnungswesen, a.a.O., S. 101.

[5] Neuere Literatur zur Bewertung in der Bilanz: H.-H. Schulze, Zum Problem der Messung des wirtschaftlichen Handelns mit Hilfe der Bilanz, Berlin 1966 (Diss. FU Berlin 1965), S. 126—226; W. Engels, Betriebswirtschaftliche Bewertungslehre im Licht der Entscheidungstheorie, Köln und Opladen 1962, S. 177—234, insbesondere S. 194 ff.

gute Bilanzgliederung mit sachlich eindeutiger Definition und Bezeichnung der Bilanzgegenstände die Voraussetzung für eine klare und aussagekräftige Bilanzierung ist und eigentlich nur auf einer solchen Basis Bewertungsfragen erörtert werden sollten. Le Coutre stellte 1949 fest, daß „... das wichtige Gebiet der Bilanzgliederung erstaunlicherweise bis in die jüngste Zeit hinein ... nicht besonders gewürdigt, geschweige denn entwickelt worden"[6] sei, wenn man von seinen eigenen Arbeiten und ausländischen Untersuchungen[7] absieht. Auch aus Anlaß der Neufassung der aktiengesetzlichen Bilanzgliederungsvorschriften hat es zwar eine wissenschaftliche Diskussion um den 1958 vom Bundesjustizministerium vorgelegten Referentenentwurf und den später folgenden Regierungsentwurf zur Bilanzgliederungsvorschrift im neuen Aktiengesetz 1965 gegeben[8], aber zu einer wissenschaftlichen Untersuchung der *grundsätzlichen* Bilanzgliederungsfragen ist es dabei nicht gekommen, da es den Autoren hauptsächlich wohl darauf ankam, die Interessen der Aktionäre, der Gläubiger und der Öffentlichkeit einerseits und das Geheimhaltungsbedürfnis der Aktiengesellschaften und ihrer Vorstände andererseits zu berücksichtigen. Will man aber das Problem der Bilanzgliederung von einem möglichst objektiven wissenschaftlichen Standpunkt aus untersuchen, ist es zweckmäßig, auf gegenwärtig geübte Praktiken, deren Berechtigung aus der Tradition und aus handels- und steuerrechtlichen Vorschriften herzuleiten ist, nicht allzuviel Rücksicht zu nehmen. Denn die wissenschaftliche Bilanzkritik, die sich auch auf die kritische Überprüfung der Gliederung hinsichtlich ihrer Zweckmäßigkeit und Klarheit erstreckt, „... kann und darf auch nicht haltmachen vor den gesetzlichen Bilanzierungsvorschriften. Diese sind hinsichtlich der vom Gesetzgeber geforderten Bilanzklarheit und getreuen Rechenschaftslegung nicht in allen Teilen genügend exakt und vor allem nicht konsequent durchgeführt"[9]. Denn in ihnen müssen die verschiedensten Interessenlagen beachtet werden, die dann jeweils durch entsprechende Vorschriften geschützt werden. Daher werden rein betriebswirtschaftliche Belange in der Bilanz von anderen Elementen oft überlagert. Aber die Bilanz ist schließlich in erster Linie ein wirtschaftliches Instrument, das wirtschaftlichen Zwecken zu dienen hat, indem bestimmte Informationen durch die Bilanz gewonnen, dokumentiert und vermittelt

---

[6] W. le Coutre, Grundzüge der Bilanzkunde, Teil 1, 4. Auflage, Wolfenbüttel 1949, S. 244.

[7] Beispielsweise V. P. Nurmilahti, Der formale Aufbau der Jahresvermögensbilanz, Helsinki (1937).

[8] Beispielsweise U. Leffson, Der Jahresabschluß in der Aktienrechtsreform, Wiesbaden 1961; W. Bouffier, Die Bedeutung der Gliederung für die Aussagefähigkeit des Jahresabschlusses, ZfhF 1957, S. 417—435; S. Rentrop, Buchführung und Bilanz, Berlin 1958, S. 46 ff.

[9] W. le Coutre, Was sagt mir die Bilanz? 3. Auflage, Stuttgart 1962, S. 8.

werden. Daß dieses Instrument außerdem auch zu anderen Zwecken
Verwendung findet, wie etwa als Berechnungsgrundlage des steuerpflichtigen Gewinnes, der von den — durch konjunktur-, struktur-
und fiskalpolitische Ziele bestimmten — besonderen Aktivierungs-,
Passivierungs-, Abschreibungs- und Bewertungsvorschriften des Steuer-
rechts beeinflußt wird, dürfte nicht als Rückwirkung die Bilanz daran
hindern, ihren eigentlichen Zwecken gerecht zu werden. Entfernen
sich die Steuervorschriften aber zu sehr von den rein kaufmännischen
Bilanzierungsregeln, so führt die Befolgung des Grundsatzes der Maß-
geblichkeit der Handelsbilanz für die Steuerbilanz dazu, daß auch in
der Handelsbilanz so viele steuerliche Elemente enthalten sind, daß
sie kaum noch als eine wirklich kaufmännische Bilanz anzusehen ist.
Die Wirtschaft hilft sich dann so, daß die ursprünglichen Aufgaben
der Bilanz auf andere Weise erfüllt werden, z. B. durch statistische
Spezialrechnungen, die oft mühsam aus den Konten der Buchhaltung
zusammengestellt werden müssen, da alle Werte erst von steuerrechtlich bedingten Verzerrungen bereinigt werden müssen. Es gibt doch
heute z. B. kaum noch wirklich verbrauchsabhängige Bilanzabschrei-
bungen, sondern nur noch steuerlich zulässige Abschreibungshöchst-
sätze, die jeweils mehr oder weniger ausgenutzt werden.

Durch das Stabilisierungsgesetz[10] sollen die Abschreibungen sogar
noch mehr als bisher statt von betriebswirtschaftlichen von konjunk-
tur- und fiskalpolitischen Gesichtspunkten beherrscht und manipuliert
werden. Betriebswirtschaftlich fundierte Entscheidungen werden dadurch erschwert und u. U. durch andere ersetzt, wodurch Fehlentscheidungen Vorschub geleistet wird.

Anstelle der erwähnten statistischen Spezialrechnungen kann auch
eine besondere Bilanz als vorläufige Bilanz, die nicht für die Steuerbilanz maßgeblich zu sein braucht, aufgestellt werden. Diese Bilanz
hätte dann rein betriebswirtschaftlichen Charakter, wenn man davon
absieht, daß nicht nur die Handelsbilanz, sondern auch die laufende
Buchführung oft von steuerrechtlichen Einflüssen nicht frei bleibt. Da
man in der Buchhaltung die Konten aber nur einmal abschließen
kann, muß die vorläufige Bilanz einen Proforma-Charakter erhalten.
Das bedeutet, daß sie schwieriger aufzustellen und auch schlechter
nachzuprüfen ist. Nur auf diesem Umweg oder über die Aufgabe des
Maßgeblichkeitsgrundsatzes oder durch Anpassung der Steuervorschriften an kaufmännisch-betriebswirtschaftliche Usancen, was wohl nie
möglich werden wird, kann man zu wirklich betriebwirtschaftlichen
Bilanzen gelangen, die nicht wie unsere heutigen Handelsbilanzen steuerrechtlich verfärbt sind. Für die Betriebswirtschaftslehre sollte man

---

[10] Gesetz zur Förderung der Stabilität und des Wachstums der Wirtschaft
vom 8. 6. 1967, BGBl. 1967, S. 582, § 26.

um der wissenschaftlichen Klarheit und der Unabhängigkeit von den häufig veränderten Steuervorschriften willen eine rein betriebswirtschaftliche Bilanz als Untersuchungsobjekt verwenden. Wenn sie in der Praxis nicht in ihrer reinen Form anzutreffen ist, muß man sich mit *gedanklichen Bilanzmodellen* als Untersuchungsobjekten zufriedengeben.

III. Gang der Untersuchung

Ausgehend von der Fixierung des Begriffes der betriebswirtschaftlichen Bilanz wird in der vorliegenden Arbeit zunächst die Informationsqualität der Bilanz untersucht. Eine der Voraussetzungen, daß die Bilanz eine Information sein kann, ist eine den Informationsbedürfnissen der Bilanzleser gerecht werdende Bilanzgliederung. Da die Gestaltung einer Bilanzgliederung aber nicht nur von den Informationsbedürfnissen der Bilanzleser abhängt, ist in dieser Arbeit zu klären, welche betriebsinternen und -externen Gegebenheiten auf die Bildung einer Bilanzgliederung Einfluß haben. Dabei wird besondere Aufmerksamkeit darauf gerichtet, daß diese Einflüsse sich überlagern und untereinander widersprüchlich sein können. Eine weitere Aufgabe der Arbeit wird darin gesehen, aufzuzeigen, welche praktischen Möglichkeiten für die Bildung einer Bilanzgliederung zur Verfügung stehen, insbesondere welche Anforderungen an die einer Bilanzgliederung zugrundezulegenden Einteilungskriterien zu stellen sind.

Da es die Aufgabe der Bilanz ist, die Informationsbedürfnisse der Bilanzleser zu befriedigen und deshalb auch ihre Gliederung auf diesen Zweck ausgerichtet werden muß, werden die Rechnungsziele der Bilanz aus Unternehmerzielen und Informationswünschen betriebsexterner Bilanzleser abgeleitet und, soweit diese Rechnungsziele die Bilanzgliederung betreffen, werden die Möglichkeiten, diese Rechnungsziele durch besondere Bilanzgliederungen zu erreichen, durch Gliederungsbeispiele aufgezeigt.

B. Die betriebswirtschaftliche Bilanz

I. Die Merkmale des Begriffes „betriebswirtschaftliche Bilanz"

Der Begriff „betriebswirtschaftliche Bilanz"[1] soll so gefaßt werden, daß eine klare Abgrenzung erstens gegen den weiten umgangssprachlichen Begriff der Bilanz, bei dem das Wort Bilanz auch in übertragenem Sinne gebraucht wird und dabei etwa auf die zusammenfassende Darstellung des Resultates einer politischen Aktion oder andere nicht betriebswirtschaftliche Tatbestände angewendet wird, sowie zweitens auch eine Abgrenzung gegen die von manchen betriebswirtschaftlichen Autoren vertretene weite Fassung des betriebswirtschaftlichen Bilanzbegriffes erreicht wird, die es erlaubt, den gesamten Jahresabschluß, bestehend aus der Bilanz im engeren Sinn, der Gewinn- und Verlustrechnung und ggf. dem Geschäftsbericht, als betriebswirtschaftliche Bilanz zu bezeichnen[2]. Eine solche Begriffsbildung, die zwischen einer Bilanz im engen und einer Bilanz im weiteren Sinne unterscheidet, ist für wissenschaftliche Zwecke ungeeignet, da sie die Gefahr von Verwechslungen und Mißverständnissen in der Diskussion erhöht. Dagegen soll der hier zu vertretende Begriff der betriebswirtschaftlichen Bilanz die Bewegungs-, die Veränderungs- und die Beständebilanz als besondere Bilanzarten umfassen, da diese drei Bilanzarten inhaltlich sehr eng zusammenhängen[3].

Zur Klarlegung des betriebswirtschaftlichen Bilanzbegriffes sollen die wichtigsten Merkmale, die den Begriffsinhalt festlegen, aufgeführt werden. Ohne eine Rangfolge hinsichtlich ihrer Bedeutung vorzunehmen, kann man die folgenden Merkmale als allen betriebswirtschaftlichen Bilanzen gemeinsam feststellen:

1. Beziehung auf eine Wirtschaftseinheit

2. Bindung an ein Rechnungsziel

---

[1] Der Ausdruck „betriebswirtschaftliche Bilanz" findet sich bei E. Kosiol, Bilanzreform und Einheitsbilanz, 2. Auflage, Berlin — Stuttgart 1949, S. 18 und S. 31. Drucktechnische Hervorhebungen in der zitierten Literatur (z. B. gesperrter Druck, Fettdruck oder Kursivschrift) bleiben in dieser Arbeit im allgemeinen unberücksichtigt.

[2] Vgl. ebenda, S. 29; W. le Coutre, Grundzüge der Bilanzkunde, Teil 1, 4. Auflage, Wolfenbüttel 1949, S. 2.

[3] Vgl. E. Kosiol, Bilanzreform und Einheitsbilanz, a.a.O., S. 31 und S. 56 f.

3. Schriftlicher Abschluß aus anderen Einzelunterlagen[4]
4. Zeitbeziehung
5. Wertangaben in Geldeinheiten
6. Gliederung in Gruppen von Bilanzgegenständen und Bilanzposten[5]
7. Formaler Ausgleich der beiden Bilanzseiten (Aktiva = Passiva oder Bilanzvermögen = Bilanzkapital).

Diese Merkmale können je nach Bilanzart verschiedene Ausprägungen haben. Sie werden im folgenden Abschnitt näher erläutert, und es wird auf ihre Ausprägungsmöglichkeiten hingewiesen.

Nach Heinen sind nicht die genannten sieben Merkmale in allen betriebswirtschaftlichen Bilanzdefinitionen zu finden, sondern nur die hier unter den Ziffern 2 und 7 bezeichneten Merkmale des zweckbestimmten Charakters und der zahlenmäßig sich ausgleichenden zweiseitigen Zusammenstellung kehren in allen Bilanzdefinitionen betriebswirtschaftlicher Autoren wieder[6]. Es ist aber anzunehmen, daß kein Betriebswirt daran zweifelt, daß die Bilanz sich auf eine Wirtschaftseinheit beziehen muß, eine Zusammenfassung von Daten oder den Abschluß der Buchhaltung darstellt, unter Verwendung von Währungseinheiten für einen bestimmten Stichtag oder Zeitraum aufgestellt wird und eine gewisse Gliederung aufzuweisen hat, wenn auch alle diese Gesichtspunkte nicht immer in den versuchten Definitionen der Bilanz ausdrücklich erwähnt werden. Vielleicht sind diese Gesichtspunkte für selbstverständlich gehalten worden oder man beabsichtigte nicht eine Definition, die möglichst sämtliche Merkmale der Bilanz enthält, zu geben, sondern eine Definition zu liefern, die nur die von dem Autor für besonders charakteristisch gehaltenen Merkmale der Bilanz angibt. Heinen selbst definiert: „Die Bilanz ist also kein eigenständiges, für sich zu verstehendes Gebilde, sondern eine zusammenfassende übersichtliche Form der Rechnungslegung über Aktiva und Passiva einer Unternehmung, die durch ihre Zielsetzung geprägt und in Geldwerten ausgedrückt wird"[7]. Diese Definition enthält die oben genannten sieben Merkmale, wenn man unterstellt, daß mit dem Ausdruck „Rechnungslegung" auch die Zeitbezogenheit der Bilanz gemeint ist, da ja eine Rechnungslegung sich immer auf einen bestimmten Zeitraum oder Stichtag beziehen muß. Das Merkmal der Gliederung ist durch die Ausdrücke „zusammenfassende übersichtliche Form" wiedergegeben. Der Ausgleich der beiden Bilanzseiten wird nicht besonders erwähnt, man kann aber aus dem Gebrauch der Ter-

---

[4] Das Element „schriftlich" wird von W. le Coutre, Grundzüge der Bilanzkunde, a.a.O., S. 4 f. und S. 19 hervorgehoben.
[5] Begriffe nach E. Kosiol, a.a.O., S. 25.
[6] Vgl. E. Heinen, Handelsbilanzen, 4. Auflage, Wiesbaden 1968, S. 16.
[7] E. Heinen, Handelsbilanzen, a.a.O., S. 19 (Zitat im Original kursiv).

mini „Aktiva und Passiva" auch dieses Merkmal ableiten, wenn man davon ausgeht, daß Aktiva und Passiva so definiert sind, daß sie auch die den formalen Bilanzausgleich herstellenden Posten jeweils mit enthalten. Klarer wäre es allerdings gewesen, wenn Heinen dieses wichtige Bilanzmerkmal in seiner Definition ausdrücklich aufgeführt hätte.

Erläuterungen zu den einzelnen Bilanzmerkmalen:

(1) Beziehung auf eine Wirtschaftseinheit

Bei diesem Merkmal der Bilanz handelt es sich darum, daß die Bilanz sich auf eine organisatorisch abgegrenzte Einheit, deren Bilanzvermögen und Bilanzkapital in der Bilanz wertmäßig gegenübergestellt wird, bezieht. Äußerlich kommt dies darin zum Ausdruck, daß die Bilanz als Überschrift die Firma des bilanzierenden Betriebes oder die Bezeichnung der Abrechnungseinheit enthält. Es muß bei der Bilanzierung klar abgrenzbar sein, was an zu bilanzierenden Objekten zu der Wirtschaftseinheit gehört und was nicht. Ob die Wirtschaftseinheit mit den zu bilanzierenden Objekten in der Bilanzperiode tatsächlich aktiv gewirtschaftet hat oder ob es sich nur um die Ausübung von Eigentums- und Besitzrechten handelt, die man ja auch als wirtschaftliche Aktionen auffassen kann, ist ohne Bedeutung für die Frage, ob eine Bilanz aufzumachen ist oder nicht. Daher ist hier der Begriff der Wirtschaftseinheit weit gefaßt. Es gehören Betriebe im weitesten Sinne dazu, also Unternehmungen und Haushalte[8], sowie Betriebszusammenschlüsse (Konzerne) und organisatorisch abgegrenzte Teile von Betrieben (Filialen, Fabriken). Auch gesamte Volkswirtschaften sind in diesem Zusammenhang als Wirtschaftseinheiten zu betrachten, für die eine Bilanz aufgemacht werden kann. Betriebswirtschaftliche Bilanzen beziehen sich aber nur auf Betriebe, und zwar in der Praxis nur auf Unternehmungen, deren organisatorisch selbständige Teile und Zusammenschlüsse, nicht aber auf Haushalte, obgleich dies auch denkbar ist.

(2) Bindung an ein Rechnungsziel

Eine betriebswirtschaftliche Bilanz muß immer einen fest bestimmten Zweck haben, da sich nach dem Zweck ihre Gestaltung in vieler Hinsicht richtet.[9] Ohne einen fest bestimmten Bilanzzweck wären die Art der Gliederung, Bewertung und Aufmachung einer Bilanz völlig

---

[8] Vgl. E. Kosiol, Die Unternehmung als wirtschaftliches Aktionszentrum, Reinbek bei Hamburg 1966, S. 16 f.

[9] Vgl. E. Heinen, Handelsbilanzen, 4. Auflage, Wiesbaden 1968, S. 16 und S. 75; E. Kosiol, Bilanzreform und Einheitsbilanz, 2. Auflage, Berlin — Stuttgart 1949, S. 16 f.

unbestimmt, die Aussage vom Zufall abhängig und die einzelnen Bilanz-positionen ohne Sinnzusammenhang. Eine äußerlich bilanzartige Auf-stellung, die nicht auf einen bestimmten Zweck ausgerichtet ist, ist also keine betriebswirtschaftliche Bilanz, da ihr das notwendige Ord-nungsprinzip für ihre Strukturierung fehlt.

Als Bilanzzwecke kommen viele Gesichtspunkte in Frage. Bei ihrer Fixierung sollte beachtet werden, daß immer ein bestimmter Gesichts-punkt als maßgeblicher oder vorrangiger Zweck festgesetzt wird. Ver-schiedene traditionelle Bilanzzwecke können auch mit anderen Instru-menten des betrieblichen Rechnungswesens besser als mit der Bilanz erfüllt werden (z. B. Liquiditätsvorschau und Finanzplan).

(3) Schriftlicher Abschluß aus anderen Einzelunterlagen

Dieses Merkmal betrifft das technische Zustandekommen der Bilanz. Man gewinnt die Bilanz als Schlußbilanz durch den Saldoübertrag nach Abschluß der Konten der Buchhaltung oder aus Inventurlisten. Da die Schlußbilanz einer Periode zugleich die Eröffnungsbilanz der folgenden Periode ist, gilt hinsichtlich des Zustandekommens der Bilanz für Anfangs- und Schlußbilanz dasselbe. Zuweilen werden Status-bilanzen (z. B. für Kreditwürdigkeitsprüfungen) während einer Buch-haltungsperiode aufgestellt, indem man Inventur und/oder einen Auszug aus den Konten macht, ohne sie regelrecht abzuschließen. Der Ab-schluß findet dann außerhalb der Konten statt. Dadurch, daß die Bilanz aus anderen Unterlagen zusammengestellt werden muß, ergibt sich die Möglichkeit der Nachprüfung bis zu den Buchungsbelegen. Denn die Bilanz ist eine systematische, kurzgefaßte Zusammenstellung einer sehr großen Menge von Daten über eine bestimmte Zeit be-trieblichen Wirtschaftens, die einen sicheren und schnellen Überblick vermitteln kann, ohne daß man direkt eine allzu große Menge von Daten und Einzelheiten zur Auswertung heranziehen muß.

Die Bilanz muß schriftlich aufgestellt werden, um die Vielzahl der Posten mit der nötigen Genauigkeit zuverlässig zu erfassen[10] und um der Bilanz den auch gesetzlich vorgeschriebenen Dokumentarcharakter zu verschaffen. Eine ordnungsmäßige Bilanz muß nämlich ebenso wie eine ordnungsmäßige Buchführung in einer lebenden Sprache und unter Verwendung von Schriftzeichen einer solchen abgefaßt werden (§ 43 Abs. I HGB). Noch nicht in Klartext ausgedruckte Loch- oder Magnet-schriften auf entsprechenden Datenträgern gelten nicht als ordnungs-mäßige Informationsträger für Bilanzen[11].

---

[10] Vgl. W. le Coutre, Grundzüge der Bilanzkunde, a.a.O., S. 5.
[11] Vgl. Adler-Düring-Schmaltz, Rechnungslegung und Prüfung der Aktien-gesellschaft, 1. Band, 4. Auflage, Stuttgart 1968, § 149 Tz. 147, S. 82.

(4) Zeitbeziehung

Da die betriebswirtschaftliche Bilanz immer in irgendeiner Weise Rechenschaft über die wirtschaftliche Tätigkeit in einer Wirtschaftseinheit während einer bestimmten Zeitdauer und über die finanziellen Resultate der wirtschaftlichen Aktivität, wie sie an einem bestimmten Stichtag vorliegen, geben soll, muß sie ebenso wie das wirtschaftliche Handeln zeitbezogen sein. Diese Zeitbeziehung der Bilanz kommt darin zum Ausdruck, daß sie für einen bestimmten Bilanzstichtag, der in der Bilanzüberschrift angegeben wird, aufgemacht wird und eine Buchhaltungsperiode (Geschäftsjahr), die an diesem Stichtag endet und an dem letzten davorliegenden Stichtag begonnen hatte, abschließt. Die betriebswirtschaftliche Bilanz ist also sowohl als Zeitraum- als auch als Zeitpunktrechnung anzusehen, wenn sie als Abschluß einer Buchhaltungsperiode einer systematischen Buchführung aufgestellt wird[12]. Außerdem können auch Bilanzen, die rein auf den Stichtag bezogen sind, aufgemacht werden, die nicht gleichzeitig Periodenabschlußbilanzen sind. Solche Statusbilanzen „... bringen lediglich den Wertzustand der Unternehmung in einem bestimmten Zeitpunkt zum Ausdruck ..."[13]. Daneben gibt es die Umsatzbilanz, die für jeden Bilanzgegenstand alle Zu- und Abgänge wiedergibt, und die Veränderungsbilanz, die für jeden Bilanzgegenstand die Differenz von Zu- und Abgängen innerhalb einer Periode enthält, als reine Zeitraumbilanzen.

(5) Wertangaben in Geldeinheiten

In der Bilanz werden anstelle von Mengen alle Posten als Werte in Geldeinheiten angegeben, um sie vergleichbar und rechenhaft zu machen[14]. Dabei besteht die Gefahr, daß möglicherweise eine mathematische Exaktheit in der Bilanz vorgetäuscht wird, die in Wahrheit nicht unbedingt besteht. Man sieht nämlich dem Zahlensystem der Bilanz nicht an, welche Bewertungsmethoden angewandt worden sind, insbesondere ist nicht zu erkennen, ob einheitlich für alle Bilanzgegenstände die gleichen Bewertungsregeln benutzt wurden, ja nicht einmal innerhalb eines Bilanzpostens ist immer die Gleichheit der Bewertung sichergestellt. Denn durch den Bestätigungsvermerk eines Wirtschaftsprüfers ist nur garantiert, daß die Grundsätze ordnungsmäßiger Buchführung, die einschlägigen gesetzlichen Vorschriften und ggf. Bestimmungen der Satzung bei der Aufstellung der Bilanz beachtet worden

---

[12] Vgl. E. Kosiol, Bilanzreform und Einheitsbilanz, 2. Auflage, Berlin — Stuttgart 1949, S. 27.
[13] Ebenda, S. 27.
[14] Vgl. E. Heinen, Handelsbilanzen, 4. Auflage, Wiesbaden 1968, S. 13; W. le Coutre, Grundzüge der Bilanzkunde, a.a.O., S. 6.

sind. Ohne Bestätigungsvermerk garantiert nur der gute Ruf eines ehrbaren Kaufmanes für die korrekte Bilanzierung.

Für die Bewertung in Geldeinheiten kommen sehr viele Wertarten in Frage: pagatorische und nicht pagatorische Werte; Anschaffungs- und Verkaufswerte; Vergangenheits-, Tages- und Zukunftswerte; Höchst- und Niederstwerte; Restwerte, Liquidationswerte, Erinnerungswerte, Barwerte, Schätzwerte und andere Wertarten.

Angesichts der Fülle der möglicherweise zu verwendenden Wertarten ist die Wahl der jeweils zweckmäßigen Wertart ein schwieriges Problem jeder Bilanzierung und theoretischen Bilanzuntersuchung. Dieses Problem wird noch wesentlich erschwert, wenn man davon ausgehen muß, daß die Stabilität des Geldwertes nicht gegeben ist. Bei erheblichen Geldwertänderungen in kurzer Zeit kann die Bilanz sogar jeglichen Sinn verlieren. „Es bleibt (dann) nur übrig, eine rein rechnerische Bezugsgröße im Sinne einer Indexwährung zu entwickeln"[15] und bei der Bilanzbewertung zu benutzen. Diese Bewertungsfragen sind von fundamentaler Bedeutung für die Bilanz und ihre wissenschaftliche Untersuchung in der Betriebswirtschaftslehre, brauchen hier aber nicht weiter erörtert zu werden, da das Thema dieser Arbeit sich auf Gliederungsfragen der Bilanz beschränkt. Der Einfluß der Bewertung auf die Gliederung der Bilanz wird im Abschnitt C III, 4 (S. 70—75) behandelt.

(6) Gliederung in Gruppen von Bilanzgegenständen und -posten

Bei der Gliederung der Bilanz kann man erstens die Gliederung in ihre Bestandteile und zweitens — als Gliederung im engeren Sinne — die Gliederung der Aktiva und Passiva in gleichgeartete Gruppen von Bilanzgegenständen und zugehörigen Bilanzposten unterscheiden. Als „Bilanzgegenstände" werden die textlichen Formulierungen (Bezeichnungen wie z. B. „Forderungen", „Grundstücke ohne Bauten", „Kasse") in der Bilanz und als „Bilanzposten" die zahlenmäßigen Wertangaben in der Bilanz bezeichnet[16]. Die mit den Bezeichnungen gemeinten sachlichen Gegebenheiten im Betriebe und seiner Umwelt werden „zu bilanzierende Tatbestände" genannt. Außerdem sind noch die mit den Bezeichnungen gemeinten gedanklichen Inhalte als die Begriffe der Bilanzgegenstände zu unterscheiden. Die äußerlich erkennbaren Bestandteile der Bilanz sind:

1. die Überschrift, die angibt, für welche Wirtschaftseinheit (Firma) und für welchen Stichtag oder Zeitraum die Bilanz aufgestellt wurde,

---

[15] E. Kosiol, Buchhaltung und Bilanz, 2. Auflage, Berlin 1967, S. 117.
[16] Vgl. E. Kosiol: Bilanzreform und Einheitsbilanz, 2. Auflage, Berlin — Stuttgart 1949, S. 35; Vgl. auch Kapital C I, S. 37—42 dieser Arbeit.

2. die Bezeichnung der Bilanzseiten mit „Aktiva" und „Passiva" oder entsprechenden Ausdrücken,

3. die Einteilung in Textspalten, die die Bezeichnungen für die Bilanzgegenstände aufnehmen, und Wertespalten, die die ziffernmäßigen Geldbeträge der Bilanzposten aufnehmen und durch besondere Vorspalten zur Hauptspalte erweitert sein können,

4. die Bilanzsumme auf beiden Seiten der Bilanz,

5. die nicht in die Bilanzrechnung aufgenommenen Bilanzvermerke unter dem Strich,

6. die Unterschrift des bilanzierenden Kaufmannes, die nach § 41 HGB erforderlich ist[17], mit dem Datum der Bilanzfertigstellung und

7. bei geprüften Bilanzen der Bestätigungsvermerk des Wirtschaftsprüfers oder ein entsprechender sonstiger Vermerk.

Für diese Arbeit kommt es aber nicht auf die äußerlich erkennbaren Bestandteile der Bilanz an, wenn von Gliederungsfragen die Rede ist, sondern auf die sachliche und begriffliche Einteilung des Inhaltes der Bilanzseiten in Bilanzgegenstände und die Einteilung der zugehörigen Bilanzposten. Eine begriffliche Einteilung der Bilanzgegenstände ist nötig, um jeweils unter einem Bilanzgegenstand eine Menge von gleichartigen zu bilanzierenden Tatbeständen zusammenzufassen und durch diese Zusammenfassung die Bilanz möglichst übersichtlich werden zu lassen[18], wobei auch ihre Aussagekraft gesteigert wird, wenn die Bilanzgegenstände begrifflich so gebildet sind, daß betriebswirtschaftlich interessante Relationen in der Bilanz nachgewiesen werden können. Eine Bilanzgliederung ist auch deshalb nötig, weil nicht für alle zu bilanzierenden Tatbestände die gleichen Bewertungsgrundsätze gelten. Denn Voraussetzung für eine einigermaßen systematische und allgemeingültige Bewertungsregel für die Bilanz ist das Vorhandensein einer Gliederung der Inhalte der beiden Bilanzseiten in Bilanzgegenstände, die jeweils Gruppen gleichgearteter und gleicher Bewertungsart unterliegender zu bilanzierender Tatbestände repräsentieren.

Je weiter die Begriffe der Bilanzgegenstände gefaßt werden, desto mehr zu bilanzierende Tatbestände können ihnen jeweils zugeordnet werden. In der Bilanz können auch Gruppen von zusammengehörenden Bilanzgegenständen unter entsprechenden Oberbegriffen zusammengefaßt werden. Dadurch wird die Übersichtlichkeit der Bilanz und die Auswertung erleichtert.

---

[17] Für eine Aktiengesellschaft müssen alle Vorstandsmitglieder die Bilanz unterzeichnen. Vgl. Adler—Düring—Schmaltz, Rechnungslegung und Prüfung der Aktiengesellschaft, Band I, 4. Auflage, Stuttgart 1968, § 148 Tz. 6 bis 9, S. 5 f.

[18] Vgl. W. le Coutre, Grundzüge der Bilanzkunde, Teil 1, 4. Auflage, a.a.O., S. 10 f.

(7) Formaler Ausgleich der beiden Bilanzseiten

Die formale Ausgeglichenheit der zwei Seiten der Bilanz d. h. die Gleichheit der Wertsummen für Aktiva und Passiva, wird von den meisten betriebswirtschaftlichen Autoren als wesentliches Merkmal der Bilanz bezeichnet[19]. Der so gefaßte Bilanzbegriff unterscheidet sich vom Begriff des Kontos nur darin, daß bei der Bilanz nicht Soll und Haben, sondern Aktiva und Passiva auf den beiden Seiten stehen. So ist dann die Bilanz ihrer Form wegen als ein spezielles Konto mit besonderem Inhalt zu verstehen. Die Aktiva sind das „Bilanzvermögen", die Passiva das „Bilanzkapital"[20]. Der formale Wertausgleich erfolgt bei systematischer einfacher Buchhaltung durch Einsetzen eines ausgleichenden Saldopostens, des Erfolges[21]. Bei doppelter Buchhaltung ergibt sich die Ausgeglichenheit aus dem Buchhaltungsverfahren. Man kann die Ausgeglichenheit auch damit erklären, daß es sich bei den Aktiva und Passiva um zwei verschiedene Formen der Darstellung des gleichen Kapitals handelt: einmal als konkrete Werte, zum anderen als abstrakte Werte bzw. generelle Ansprüche[22]. Diese Möglichkeit ergibt sich aus der Subjektbezogenheit des Begriffes „Wirtschaftsgut". Bei den Aktiva ist das Beziehungssubjekt die bilanzierende Wirtschaftseinheit, bei den Passiva liegt das Beziehungssubjekt außerhalb der Wirtschaftseinheit.

Durch die oben erläuterten sieben Merkmale sei der in dieser Arbeit verwendete Bilanzbegriff fixiert. *Die betriebswirtschaftliche Bilanz ist also eine für eine bestimmte Wirtschaftseinheit (Betrieb) unter bestimmten Zweckgesichtspunkten[23] aus anderen Einzelunterlagen schriftlich zusammengestellte Abschlußrechnung, die zeitbezogen ist, in Geldwerteinheiten geführt wird, gegliedert ist und deren zwei Seiten betragsmäßig ausgeglichen sind.*

Die Gewinn- und Verlustrechnung wird hier im Unterschied zu le Coutre[24] nicht mit unter den Bilanzbegriff gerechnet, da in ihr nicht wie in der Bilanz Aktiva und Passiva, sondern Aufwendungen und Erträge der abgelaufenen Periode ohne die schwebenden Posten im Sinne Schmalenbachs[25] abgerechnet werden und sie, wie Kosiol klar

---

[19] Zum Beispiel E. Kosiol, Bilanzreform und Einheitsbilanz, a.a.O., S. 25; W. le Coutre, Grundzüge der Bilanzkunde, a.a.O., S. 19; E. Heinen, Handelsbilanzen, a.a.O., S. 16.

[20] Begriffe nach E. Kosiol, Bilanzreform und Einheitsbilanz, a.a.O., S. 26 und E. Heinen, Handelsbilanzen, a.a.O., S. 13.

[21] Vgl. E. Kosiol, Buchhaltung und Bilanz, 2. Auflage, Berlin 1967, S. 20 und S. 36.

[22] Vgl. ebenda, S. 13.

[23] Zu den Bilanzzwecken vgl. bitte S. 18 f., S. 42 f. und Kapital F, S. 112 ff. dieser Arbeit.

[24] Vgl. W. le Coutre, Grundzüge der Bilanzkunde, Teil 1, 4. Auflage, a.a.O., S. 15 f.

[25] Vgl. E. Schmalenbach, Dynamische Bilanz, 13. Auflage, Köln und Opladen 1962, S. 74.

nachgewiesen hat, nicht als Bilanz, sondern neben der Bilanz nur bei systematischer doppelter Buchführung gewonnen wird[26].

II. Die Arten der betriebswirtschaftlichen Bilanz

Im Hinblick auf unser Thema ist es wichtig, einen Überblick über die Vielfalt der Bilanzarten zu gewinnen, da sich die einzelnen Arten hinsichtlich ihrer Gliederung oft erheblich unterscheiden. Um zu einer systematischen Übersicht über die Bilanzarten zu gelangen, fixieren wir jeweils die variablen Ausprägungen der Merkmale der Bilanz. Dafür kommen in erster Linie diejenigen Merkmale mit ihren Ausprägungen in Frage, die im vorigen Abschnitt als begriffsbildend hervorgehoben worden sind. Außerdem können auch andere Merkmale der Bilanz zur Bildung von Bilanzarten durch Variation ihrer Ausprägungen herangezogen werden (z. B. nach dem zeitlichen Abstand des Erstellungstages vom Bilanzstichtag oder nach dem Grad des Einsatzes von Buchungsmaschinen zur Bilanzierung).

Bei der Betrachtung des Merkmals *„Beziehung auf eine Wirtschaftseinheit"* erkennt man, daß „Wirtschaftseinheit" als weiter Begriff sehr viele Arten (von Wirtschaftseinheiten) umfaßt, die alle im Hinblick auf die Bilanz als Ausprägungsvariationen des Merkmals „Beziehung auf eine Wirtschaftseinheit" aufzufassen sind. Indem man die Ausprägungen der Merkmale des Begriffs „Wirtschaftseinheit" variiert und so die Arten von Wirtschaftseinheiten erhält, die unter den Begriff „Wirtschaftseinheit" fallen, gewinnt man gleichzeitig die hier für unseren Zweck gesuchten Ausprägungsvariationen des Bilanzmerkmals „Beziehung auf eine Wirtschaftseinheit". Der Merkmalsteil „Beziehung" ist in unserem Zusammenhang nicht weiter zu untersuchen, da die Beziehung immer so zu verstehen ist, daß es sich bei jeder Bilanz um eine eine Wirtschaftseinheit betreffende Abrechnung handeln muß.

Betrachtet man das Merkmal *„Bedarfsdeckung"*, das Sachziel der Tätigkeit der Wirtschaftseinheiten, kann man die Haushalte als für eigenen Konsumbedarf und die Unternehmungen als für fremden Bedarf wirtschaftende Betriebe unterscheiden[27]. Das bedeutet für unser Thema, daß es Haushalts- und Unternehmungsbilanzen geben kann. Allerdings kommen Bilanzen für Haushalte praktisch nur selten vor, z. B. als Abschluß der kameralistischen Buchhaltung öffentlicher Haushalte. Die privaten Haushalte haben meist kein über eine Kassen-

---

[26] Vgl. E. Kosiol, Bilanzreform und Einheitsbilanz, 2. Auflage, a.a.O., S. 29 f. und S. 60; derselbe, Buchhaltung und Bilanz, 2. Auflage, Berlin 1967, S. 54 ff.
[27] Vgl. H. Nicklisch, Die Betriebswirtschaft, 7. Auflage, Stuttgart 1932, S. 166; E. Kosiol, Organisation der Unternehmung, Wiesbaden 1962, S. 27.

rechnung hinausgehendes Rechnungswesen und stellen keine Bilanzen auf, obwohl das theoretisch möglich wäre.

Bei den Unternehmungen gibt es zahlreiche Arten, zum Beispiel je nach der Art des Bedarfs, den sie überwiegend decken: Dienstleistungs- und Sachleistungsbetriebe. Bei den Dienstleistungsbetrieben werden dann nach der Art der Leistung z. B. Banken, Handels-, Versicherungs- und Verkehrsbetriebe unterschieden. Bei den Sachleistungsbetrieben kann man solche der Urproduktion, der Produktionsgüterherstellung und solche der Konsumgüterproduktion unterscheiden. Diese Betriebe können je nach ihrer Produktionsweise Handwerks- oder Industriebetriebe sein.

Nach der Art der Leistungserstellung kann man Betriebe, die lohnintensiv, materialintensiv oder anlagekapitalintensiv sind, unterscheiden[28].

Nach der Lebensphase eines Betriebes kann man Betriebe im Gründungs-, im Expansions- und im Liquidationsstadium mit eventuellen Zwischenperioden für Umstellungen und Veränderungen infolge des ewigen Auf und Ab in der Wirtschaft unterscheiden. Die Übergänge zwischen den Phasen sind meist fließend.

Hinsichtlich der Rechtsform sind je nach dem Stand der rechtlichen Möglichkeiten am Standort des Betriebes als große Gruppen die Einzelfirmen von den Gesellschaften zu unterscheiden, wobei es weiterhin die Betriebe mit eigener Rechtspersönlichkeit, die ohne eigene Rechtspersönlichkeit und die staatlichen Betriebe zu unterscheiden gilt.

Besonders heute im Zeitalter der intensiven Wirtschaftskooperation und -verflechtung ist die Konzernbindung ein wichtiges Unterscheidungsmerkmal geworden. Man trifft nämlich konzernmäßig ungebundene Betriebe neben konzerngebundenen an, bei denen weiter je nach Zuordnungsverhältnis Tochter-, Mutter-, Schwester- und Holdinggesellschaften die markantesten Typen sind.

Bei dem Merkmal „Standort" kann man Betriebe mit einheitlichem Standort und solche mit gespaltenem Standort (Filialbetriebe)[29] und hierbei wieder nationale und internationale Betriebe (mit ausländischen Betriebsstätten) finden. Da der Begriff „Wirtschaftseinheit" noch durch zahlreiche weitere Merkmale charakterisiert wird, deren Ausprägungen man variieren könnte, käme man zu einem umfangreichen System von Arten von Wirtschaftseinheiten, das noch durch die Kombination der verschiedenen Ausprägungen der verschiedenen Merkmale erweitert würde. Die jeweilige Eigentümlichkeit dieser Arten kann sich immer

---

[28] Vgl. E. Gutenberg, Einführung in die Betriebswirtschaftslehre, Wiesbaden 1958, S. 16 f.

[29] Vgl. K. Chr. Behrens, Allgemeine Standortbestimmungslehre, Köln und Opladen 1961, S. 94.

irgendwie auf die Fassung der Bilanzgliederung auswirken, da ja die Bilanz gerade die Eigenarten der Betriebe zeigen soll.

Da es nicht Aufgabe dieser Arbeit ist, eine umfassende Betriebstypologie zu entwickeln, mag hier der Hinweis auf die Vielgestaltigkeit der Wirtschaftseinheiten genügen.

Entsprechend den möglichen Betriebstypen kann man etwa die folgenden *Bilanzarten* unterscheiden:

Einzelfirmen-Bilanz,
Gesellschafts-Bilanz,
Staatsbetriebs-Bilanz,
Konzernbilanz,
Obergesellschafts- und Untergesellschaftsbilanz,
Filialbetriebsbilanz,
Bankbilanz,
Handelsbetriebsbilanz,
Bilanz für kapital-, lohn- und materialintensive Betriebe,
Industriebetriebsbilanz,
Versicherungsbetriebsbilanz,
Großbetriebsbilanz,
Kleinbetriebsbilanz,
Gründungsbilanz,
Liquidationsbilanz,
Umwandlungsbilanz.

Das Bilanzmerkmal „*Zweckgerichtetheit*" bedeutet, wie oben ausgeführt, nur, daß die Bilanz immer auf irgendeinen Zweck ausgerichtet sein muß. Indem man sich jeweils auf einen bestimmten Zweck festlegt, erhält man damit gleichzeitig jeweils eine besondere Bilanzart, da ja jeder Zweck seine eigene besondere Bilanz erfordert, die gerade diesem Zweck am besten und anderen Zwecken weniger oder gar nicht genügt. In der Praxis und zuweilen auch in der Theorie wird trotzdem immer wieder versucht, eine einzige Bilanz für verschiedene Zwecke aufzustellen und auch zu verwenden[30]. Dabei muß man sich aber darüber klar sein, daß es sich um einen Kompromiß handelt, der den Nachteil hat, daß die Bilanz vielleicht dann jeden in ihr berücksichtigten Zweck nur in geringerem Maße erfüllt und daher hinsichtlich der Aussage jeder speziellen Einzweckbilanz unterlegen ist[31].

Die wichtigsten Arten der Bilanz, die sich hinsichtlich ihrer jeweiligen *Zwecksetzung* unterscheiden, sind:

---

[30] Beispiele hierfür sind: W. le Coutre, Grundzüge der Bilanzkunde, Teil 1, a.a.O., S. 25; E. Feuerbaum, Die polare Bilanz, Berlin 1966, S. 100; F. Schmidt, Die organische Tageswertbilanz, 3. Auflage, Leipzig 1929 (nachgedruckt: Wiesbaden 1951) passim, besonders S. 81.
[31] Vgl. E. Heinen, Handelsbilanzen, 4. Auflage, a.a.O., S. 75.

1. Bilanzen zur Ermittlung des Periodenerfolges,
   a) soweit er realisiert ist,
   b) soweit er verteilbar ist,

2. Bilanzen zur Ermittlung des Standes des Bilanzvermögens zu einem Stichtag,

3. Bilanzen zur Darstellung der Struktur von Bilanzvermögen und -kapital,

4. Bilanzen zur Darstellung der Veränderungen bei den Teilen des Bilanzvermögens und -kapitals innerhalb einer Periode,

5. Bilanzen zur Feststellung des Verschuldungsgrades an einem Stichtag,

6. Bilanzen zur Feststellung der bilanzmäßigen Liquidität zum Bilanzstichtag,

7. Bilanzen zur Gewinnung einer Basis zur Prüfung der Kreditwürdigkeit,

8. Bilanzen zum Nachweis der Kapitalinvestition,

9. Bilanzen zum Nachweis der Finanzierung der Investitionen,

10. Bilanzen zur Gewinnung eines Maßstabes für die Berechnung von Steuern, Umlagen und Abgaben,

11. Bilanzen als Dispositionsgrundlage für Aktienkäufer und -verkäufer bei Börsengesellschaften,

12. Bilanzen zur Darstellung der Übernahmewerte bei Fusionen,

13. Bilanzen zur Ermittlung des Abfindungsbetrages bei Auseinandersetzungen zwischen Gesellschaftern,

14. Bilanzen als Ausgangsbasis für die neu zu eröffnende Buchhaltung (Gründungsbilanz, DM - Eröffnungsbilanz),

15. Bilanzen zur Ermittlung der Liquidationsanteile der Eigenkapitalgeber bei Liquidation.

Wenn man das Bilanzmerkmal „*schriftlicher Abschluß aus Einzelunterlagen*" zur Gewinnung von Bilanzarten heranzieht, so kann man die Art des Abschlusses oder die Art der als Ausgangsbasis dienenden Einzelunterlagen variieren.

Bei der Art der Abschlußtechnik gibt es den direkten buchhalterischen Kontenabschluß mit den Übertragungsbuchungen des jeweiligen Kontensaldos auf die Bilanz oder auf das Bilanzkonto. Außerdem kann man aber, ohne die Konten selbst abzuschließen, Kontoauszüge mit den Verkehrszahlen anfertigen und diese buchhalterisch zur Bilanz abschließen. Dieses indirekte Verfahren umgeht den normalerweise nur am Periodenabschluß üblichen Kontenabschluß und wird zur Erstellung von Zwischenbilanzen oder Statusbilanzen angewendet.

Werden als Ausgangsbasis die Konten der Buchhaltung nicht herangezogen wie bei der Gründungsbilanz, vor deren Stichtag noch keine
Buchhaltung existiert, oder ist die Buchführung fehlerhaft, so verwendet man die Inventurliste als Basis zur Erstellung einer Bilanz. In
diesem Falle werden die Inventurbestände unter Bilanzgesichtspunk-
ten geordnet und bewertet. Das Eigenkapital wird als Saldo ungeteilt
ermittelt, indem man die Differenz von Aktiva und Schulden bildet.
Geht man von der Inventur als Ausgangsunterlage aus, so bieten sich
keine wesentlich anderen Abschlußtechniken an als bei der Gewinnung
der Bilanz aus dem Inhalt der Konten der Buchhaltung. Man findet
also mit Hilfe des Bilanzmerkmals „Abschluß aus Einzelunterlagen"
drei Bilanzarten, die sich in ihrer Entstehung unterscheiden:

1. die direkte Kontenabschlußbilanz,

2. die indirekte, aus der Buchführung gewonnene Statusbilanz oder
   Zwischenbilanz und

3. die nur aus der Inventur gewonnene Statusbilanz.

Bei dem Bilanzmerkmal „Zeitbeziehung" sind hinsichtlich der Fixierung des zeitlichen Abstandes von einem zum anderen Bilanzstichtag
unendlich viele Variationen denkbar, da die kontinuierlich ablaufende
Zeit an jedem beliebigen Zeitpunkt eine Zäsur erfahren kann. Praktisch bedeutsam sind aufgrund allgemeiner Konvention und gesetzlicher Vorschriften die Jahresbilanzen, bei denen der Abstand von
Stichtag zu Stichtag ein Jahr beträgt. Außerdem werden aber auch
Halbjahres-, Quartals-, Monats- und sogar auch Tagesbilanzen aufgestellt. In besonderen Fällen werden auch noch Bilanzen für Rumpfgeschäftsjahre aufgestellt. Die Rumpfgeschäftsjahre sind meist zwischen
3 Monaten und 1 Jahr lang. Sie werden beispielsweise eingeschoben,
wenn der Abschlußstichtag für die Jahresbilanz auf einen anderen
Kalendertag verlegt werden soll.

Als Bilanzstichtag wird meist der Jahresultimo für die Jahresbilanzen, der Monatsultimo für die Monatsbilanzen, der 31. 12. und der
30. 6. für Halbjahresbilanzen und das Quartalsende für die Quartals-
bilanzen gewählt. Grundsätzlich kann aber jeder beliebige Tag im
Jahre als Bilanzstichtag festgesetzt werden. Da die Ultimobilanzen
sich in ihrem Wesen nicht von sonstigen Bilanzen mit anderen Stich-
tagen unterscheiden, gewinnt man durch Variation des Stichtages
sachlich keine neuen Bilanzarten. Daß sich häufig Bilanzen mit außer-
gewöhnlichem Stichtag von den Ultimobilanzen wesensmäßig unterscheiden, liegt nicht an der Festsetzung des Stichtages, sondern an
dem außergewöhnlichen Bilanzzweck, der den außergewöhnlichen Stichtag bedingt.

Für die Konstruktion von Bilanzarten durch Variation der Ausprägungen der Bilanzmerkmale kann auch das Merkmal „*Wertangabe in Geldeinheiten*" herangezogen werden. Sowohl der Merkmalsteil „Geldeinheiten" als auch der Merkmalsteil „Wertangabe" lassen mehrere Ausprägungen zu. Bei „Geldeinheiten" kann man je nach der zugrundeliegenden Währung beispielsweise DM-, Goldmark-, Reichsmark-, Rentenmark- und Dollar-Bilanzen als besondere Bilanzarten erhalten.

Der Merkmalsteil „*Wertangabe*" enthält als Ausprägung die verschiedenen Wertarten, die für die Bilanzierung verwendet werden. Es kann sich 1. um Realisationswerte, d. h. echte pagatorische Werte, 2. um unrealisierte unechte pagatorische Werte oder 3. um willkürliche fiktive, nicht pagatorische Werte handeln. Realisationswerte sind der realisierte Einnahmenwert für Kasse, Forderungen und Reservate und der historische Ausgabenwert für Vorräte und Schulden[32]. Die Anwendung des Realisations- oder Anschaffungswertprinzips führt zu einer Bilanzart, die man entsprechend Realisationsbilanz oder „Anschaffungswertbilanz"[33] nennt. Ihr steht die Niederstwertbilanz, sofern in ihr das exakte Niederstwertprinzip angewendet wird[34], recht nahe, während man bei der Anwendung des Niederstwertprinzips als Grenzwertprinzip[35], also unter Bildung von Willkürrücklagen durch Unterschreiten des Niederstwertes, wie es in der Handelsbilanz nach dem Aktiengesetz von 1937 üblich war, nicht mehr von einer Realisationsbilanz sprechen kann. Man könnte eine solche Bilanz vielleicht treffend als Willkürwertbilanz bezeichnen.

Verwendet man in der Bilanz Tagesbeschaffungswerte, das sind unechte, fiktive pagatorische Werte, erhält man als besondere Bilanzart die Tageswertbilanz auf der Grundlage des fiktiven Wiederbeschaffungswertes am Bilanzstichtage, wie sie insbesondere von F. Schmidt untersucht worden ist[36].

Legt man den Tagesveräußerungswert als maßgeblichen Wert bei der Bilanzbewertung zugrunde, so erhält man ebenfalls eine Tageswertbilanz, allerdings auf anderer Bewertungsbasis. Eine solche Bilanz wird zur Vorbereitung der Auflösung der Wirtschaftseinheiten aufgemacht. Als weitere Bilanzart mit besonderer Bewertungsregel kann man die Ertragswertbilanz nennen, bei der die einzelnen Bilanzgegenstände mit ihren Anteilen am Ertragswert des Betriebes aufge-

---

[32] Vgl. E. Kosiol, Buchhaltung und Bilanz, 2. Auflage, Berlin 1967, S. 91 bis S. 97.
[33] Ebenda, S. 96.
[34] Vgl. ebenda, S. 99.
[35] Vgl. ebenda, S. 101 f.
[36] Vgl. F. Schmidt, Die organische Tageswertbilanz, 3. Auflage, Leipzig 1929 (nachgedruckt: Wiesbaden 1951), S. 71 f.

führt werden[37]. Außer diesen auf der Verschiedenheit der Bewertung basierenden Bilanzarten gibt es auch Bilanzen, die verschiedene Bewertungsarten nebeneinander enthalten.

Will man durch Ausprägungsvariation innerhalb des Bilanzmerkmals *„Gliederung in Gruppen von Bilanzgegenständen und -posten"* besondere Bilanzarten gewinnen, so ist zu beachten, daß die meisten Bilanzarten aufgrund ihrer besonderen Zwecksetzung, ihres Bezuges auf eine spezielle Wirtschaftseinheit, ihrer Zeitbeziehung oder aufgrund spezieller Ausprägungen von anderen Bilanzmerkmalen, sozusagen automatisch auch eine besondere Gliederung aufweisen müssen. Daher können durch Variation von Merkmalsausprägungen innerhalb des Merkmalskomplexes „Gliederung" allein keine neuen Bilanzarten gefunden werden.

Unabhängig von sonstigen Bilanzmerkmalen sind nur die rein formalen Gliederungsmöglichkeiten der Tabellenbilanz und der Staffelbilanz. In der Tabellenbilanz werden die Zu- und Abgänge, Abschreibungen, Umbuchungen und Zuschreibungen zu Bilanzposten nebeneinander in Vorspalten dargestellt, während in einer Staffelbilanz diese Angaben in einer einzigen Vorspalte untereinander aufgeführt werden.

Die Bildung von Bilanzgegenständen, ihre Reihenfolge und Gruppierung können zu sehr verschiedenartigen Bilanzgliederungen führen, sind aber immer durch den Rechnungszweck, dem die Bilanz dienen soll, oder durch die Art der bilanzierenden Wirtschaftseinheit oder durch die Ausprägungsform anderer Bilanzmerkmale festgelegt.

Das Bilanzmerkmal *„formale Ausgeglichenheit der beiden Bilanzseiten"*, d. h. Gleichheit von Aktiva und Passiva, läßt insofern eine Ausprägungsvariation zu, als die Posten auf den Bilanzseiten wahlweise sämtlich Bestände oder sämtlich Veränderungsgrößen sein können. Man erhält demnach als entsprechende Bilanzarten die Beständebilanz und die Bewegungsbilanz. Bei beiden Bilanzarten ist die Ausgeglichenheit der Bilanzseiten gegeben. Allerdings werden bei der Bewegungsbilanz die Bilanzseiten nicht immer auch mit „Aktiva" und „Passiva" benannt, sondern meistens mit „Ausgaben" und „Einnahmen" oder „Mittelverwendung" und „Mittelherkunft"[38]. Ermittelt man bei Beständebilanzen durch Vergleich mit den Beständen der letzten Bilanz die Bestandsdifferenzen oder bildet man aus den Bruttowerten der reinen Bewegungsbilanz die saldierten Nettowerte (Veränderungen

---

[37] Vgl. H. Albach, Grundgedanken einer synthetischen Bilanztheorie, ZfB 1965, S. 27.
[38] Vgl. H. Rittershausen, Die kurzfristigen Finanzdispositionen, in: Handbuch der Wirtschaftswissenschaften, Band 1, 2. Auflage, Köln und Opladen 1966, S. 360 ff. und S. 365 f.

je Bilanzgegenstand in der Periode), erhält man die Veränderungs-bilanz[39]. Sie enthält auf der einen Seite die Aktivmehrungen und Passivminderungen und auf der anderen Seite die Passivmehrungen und Aktivminderungen. Diese Bilanz basiert auf einer dritten Ausprägungsmöglichkeit des Merkmals der Ausgeglichenheit der beiden Bilanzseiten, die auch bei der Veränderungsbilanz immer bestehen muß.

III. Die Stellung der betriebswirtschaftlichen Bilanz im Informationswesen des Betriebes

1. Das betriebliche Informationswesen

Da generell eine ständige Zunahme der Informationswege und der darin fließenden Informationsströme in der Wirtschaft, und zwar insbesondere im Bereich der Betriebe sowohl betriebsintern als auch betriebsextern durch Informationsaufnahme von der Außenwelt und Informationsabgabe an die Außenwelt der Betriebe zu beobachten ist[40], ist ein ausgebautes und geordnetes, auf die Bedürfnisse des jeweiligen Betriebes ausgerichtetes, betriebliches Informationswesen heute unerläßlich. Man kann unter Informationswesen „... die Einrichtungen, Vorschriften und Handlungen zur Erstellung, Verarbeitung, Weiterleitung und Auswertung von Informationen..."[41] verstehen und die Information bezeichnen als „... zweckorientiertes Wissen, wobei der Zweck in der Vorbereitung des Handelns liegt"[42]. Etwas anders formuliert lautet diese Definition: „Information ist Wissen, das der Vorbereitung zielorientierter Handlungen dient"[43].

Im Betrieb findet die „Informationsproduktion"[44] im Rechnungswesen, in Marktforschungsabteilungen, Dokumentations- und Stabsstellen sowie Forschungsabteilungen statt[45], wobei Informationen über den Innen- und Außenbereich des Betriebes zur Weiterleitung an betriebsinterne und betriebsexterne Empfänger (Finanzämter, Unternehmensverbände, statistische Ämter, Aktionäre, Gesellschafter, Aufsichtsbehörden, Geschäftsfreunde, Werbeadressaten, Presse usw.) aufgenommen, gespeichert, geordnet, kombiniert, transformiert, geprüft, zusammengefaßt und detaillierend ergänzt werden können.

---

[39] Vgl. E. Kosiol, Buchhaltung und Bilanz, 2. Auflage, Berlin 1967, S. 34 f.
[40] Vgl. E. Kosiol, Einführung in die Betriebswirtschaftslehre, Wiesbaden 1968, S. 209 ff.
[41] H. Blohm, Informationswesen, in: Handwörterbuch der Organisation (H. d. O.), Hrsg. E. Grochla, Stuttgart 1969, Sp. 728.
[42] W. Wittmann, Information, in: H. d. O., Sp. 699 (Hervorhebungen weggelassen).
[43] Ebenda, Sp. 701.
[44] Ebenda, Sp. 700.
[45] Vgl. ebenda, Sp. 700.

Außerdem kann man auch die Abgabe von Angeboten, die Vergabe von Bestellungen, die Erteilung von Rechnungen, den Versand von Katalogen, die Beifügung von Gebrauchsanweisungen zu Lieferungen und andere betriebliche Aktivitäten dem Informationswesen zurechnen. Das betriebliche Informationswesen ist also ein sehr vielschichtiger und vielgestaltiger Komplex. Es ist eng mit jeglichem Geschehen im Betriebe und mit den Außenbeziehungen des Betriebes verzahnt und erstreckt sich außerdem auch noch auf die Erfassung und Verarbeitung von Nachrichten allgemeiner Art über Tatbestände, die mit betrieblichen Aktivitäten nichts zu tun haben, aber im Betrieb bekannt sein müssen, wenn Entscheidungen über Produktionsplanung und Investitionen zu fällen sind. Hierzu sind nämlich auch Informationen über die politische und konjunkturelle Lage, den Stand der Rechtsprechung und Gesetzgebung, den allgemeinen technischen und wissenschaftlichen Fortschritt, das Verhalten der Konkurrenz und über andere allgemeine Tatbestände nötig.

In diesem weiten Bereich des Informationswesens hat also das Rechnungswesen seinen Platz. Es hat die Aufgabe, Bewegungen und Bestände von Wirtschaftsgütern, Aufwendungen und Erträge, Kosten und Leistungen und die Verpflichtunggen des Betriebes im weitesten Sinne rechnerisch zu erfassen, soweit die Erfassung nicht dezentral außerhalb des Rechnungswesens erfolgt, die erfaßten Werte zu verarbeiten und zu speichern, um sie in zweckgerechter Form als Informationen über betriebliche Aktivitäten und deren Resultate verfügbar zu machen. Für diese Untersuchung ist es dabei nicht wichtig, ob die Erfassung, die funktional immer zum Rechnungswesen gehört, originär dezentral außerhalb der Stelle Rechnungswesen vorgenommen wird und im Rechnungswesen die Erfassung dann nur in der Übernahme bereits an anderer Stelle erfaßten Datenmaterials zu sehen ist oder nicht. Auch die Verarbeitung kann teilweise an ein außerhalb des Rechnungswesens befindliches Recheninstitut oder -zentrum delegiert werden.

2. Die Bilanz als Information

Eines der Produkte des Rechnungswesens ist die Bilanz. Man kann sie erstens als den formalen Abschluß einer Geschäftsperiode der Buchhaltung betrachten, in diesem Sinne hat sie eine Abstimmungsaufgabe im System der doppelten Buchhaltung und eine Dokumentationsfunktion[46]. Die Bilanz dokumentiert einen bestimmten Stand und eine bestimmte Zusammensetzung von Bilanzvermögen und Bilanzkapital,

---

[46] Vgl. Ulrich Leffson, Die Grundsätze ordnungsmäßiger Buchführung, Düsseldorf 1964, S. 45 ff.; Karl-Heinz Maul, Grundfragen der Rechnungslegung bei Publikumsaktiengesellschaften, Diss. Frankfurt 1968, S. 34—41.

insbesondere der Schulden sowie die Höhe des Gewinnes oder Verlustes zum Bilanzstichtag nach Maßgabe der angewandten Bilanzierungsregeln. Insoweit ist die Bilanz auch Rechenschaft der Betriebsführung. Zweitens hat die Bilanz, ebenso wie andere Produkte des Rechnungswesens, eine Instrumentalfunktion, wenn sie als Information allein oder neben weiteren Informationen als Grundlage für Dispositionen des inner- oder außerbetrieblichen Bilanzempfängers dient. Für die Bilanz wird von Illetschko[47] der Instrumentalcharakter abgestritten, da die den Bilanzgewinn ermittelnde Buchhaltung „durch Rechtsvorschriften konventionell gesichert"[48] sei, also für eine dispositionsgerechte Handhabung kein ausreichender Spielraum bestehe und in der Bilanz nur ein Rechtsanspruch „Gewinn" für handels- und steuerrechtliche Zwecke ermittelt werde[49].

Eine ähnliche Auffassung vertritt auch Volkmann[50]. Die Bilanz sei einseitig auf steuerliche Belange auszurichten, um die Belastung durch gewinnabhängige Steuern im Rahmen der gesetzlichen Möglichkeiten zu mildern. Dadurch „... verliert die Bilanz ihre Eignung als zuverlässiges Auskunftsinstrument über die Situation des Unternehmens"[51]. „Es ist daher notwendig, sich diejenigen Erkenntnisse, die aus der Bilanz infolge ihrer Ausrichtung auf steuerliche Gesichtspunkte nicht gewonnen werden können, durch andere Unterlagen zu beschaffen"[52].

Diese Auffassungen dürften wohl zu eng sein, da ja gerade die unter Fachleuten allgemein bekannten Bilanzierungsregeln es ermöglichen, eine danach aufgestellte Bilanz zu interpretieren und aufgrund solcher Interpretationen Dispositionen zu treffen. Dies gilt hauptsächlich für die betriebsexternen Bilanzempfänger (tatsächliche und potentielle Eigen- und Fremdkapitalgeber, Geschäftspartner, Konkurrenten).

Wenn man der Bilanz Instrumentalcharakter zubilligt, ist die Bilanz als Information, verstanden als zweckorientiertes Wissen, zu bezeichnen. Als Grundlage für Dispositionen dient sie der Vorbereitung des Handelns. Betrachtet man aber nur die Dokumentationsfunktion der Bilanz, fehlt die Zweckbeziehung zu bestimmten Dispositionen und Handlungen. Die Bilanz wäre dann nicht als Information, verstanden

---

[47] Vgl. Leopold L. Illetschko, Unternehmenstheorie, 2. Auflage, Wien — New York 1967, S. 132; derselbe, Theorie und Praxis einer betrieblichen Verrechnungslehre, in: Betriebswirtschaftslehre und Wirtschaftspraxis, Festschrift für K. Mellerowicz, Berlin 1961, S. 195.

[48] Leopold L. Illetschko, Unternehmenstheorie, 2. Auflage, Wien — New York 1967, S. 132.

[49] Vgl. derselbe, Theorie und Praxis einer betrieblichen Verrechnungslehre, in: Betriebswirtschaftslehre und Wirtschaftspraxis, Festschrift für K. Mellerowicz, Berlin 1961, S. 195.

[50] Vgl. Ulrich Volkmann, Die Bilanz 1968 unter Berücksichtigung von Gesetzgebung und Rechtsprechung, Betriebswirtschaftliche Umschau, 39. Jg., Nr. 5/6, Berlin 1969, S. 171.

[51] Ebenda, S. 171.

[52] Ebenda, S. 171.

als zweckorientiertes Wissen, zu bezeichnen, sondern nur als Nachricht[53]. Erst wenn sie für eine bestimmte Disposition als Grundlage herangezogen wird, trifft auf die Bilanz der Begriff der Information zu. Daran ändert auch die Tatsache nichts, daß bei der Bilanzaufstellung immer eine Zweckbeziehung gegeben sein muß, die als Orientierungspunkt für die Wahl einer zweckentsprechenden Gliederung und Bewertung der Bilanzgegenstände und -posten dient. Dieser Zweck ist aber abstrakt. Er ist unabhängig davon, ob nach der Bilanzaufstellung die Bilanz tatsächlich für den gesetzten Zweck verwendet wird oder ob sie im Sinne ihres Dokumentarcharakters zu den Akten genommen wird, ohne eine Instrumentalfunktion erlangt zu haben.

Je nachdem, ob die Informationswünsche der Bilanzleser auf die Bilanz als Ganzes oder auf bestimmte Teile oder Posten der Bilanz gerichtet sind, kann die Bilanz als Ganzes als Information verstanden werden oder einzelne Bestandteile der Bilanz (z. B. Kassenbestand x DM) sind als Information aus der Sicht des Bilanzlesers zu bezeichnen, während die übrigen Bestandteile für ihn nur Nachrichten sind, die er für seine speziellen Bedürfnisse nicht benötigt.

Aus diesen Ausführungen geht hervor, daß die Bilanz im Rahmen des betrieblichen Informationswesens immer eine Nachricht ist oder solche in sich enthält und daß die Bilanz oder Teile davon als Informationen anzusehen sind, wenn sie von den Bilanzempfängern als Dispositionsgrundlage herangezogen werden. Ob dies einmal der Fall sein wird, dürfte bei der Bilanzaufstellung nicht immer bekannt sein, es muß aber grundsätzlich damit gerechnet werden. Die Bilanz muß daher so aufgemacht werden, daß sie als Information für die Bilanzempfänger dienen kann. Insofern kann man sie auch als *potentielle Information* auffassen.

Betrachtet man die Bilanz nur formal als ein System, in das bei jedem Periodenabschluß die jeweils geltenden Inhalte und Werte eingesetzt werden, ist die Bilanz als Form ein Zeichensystem, das mit den Vokabeln und Schriftzeichen einer lebenden Sprache, mit Geldbeträgen und dem Prinzip der Bilanzgleichung, nach dem die Summe der Geldbeträge der Aktivseite gleich der der Passivseite sein muß, arbeitet. Das Papier, auf dem die Bilanz schriftlich aufgezeichnet ist, ist als Zeichenträger oder Datenträger zu bezeichnen. Information im strengen Sinne kann nur der Bilanzinhalt, der mit Hilfe des genannten Zeichensystems auf einem geeigneten Zeichenträger fixiert ist, sein. Von der Leistungsfähigkeit und Anpassungsfähigkeit des Zeichensystems hängt es ab, wie detailliert, präzise und vollständig der Informationsinhalt widergegeben werden kann. Reichen z. B. die Vokabeln

---

[53] Vgl. Heinrich Griem, Der Prozeß der Unternehmungsentscheidung bei unvollkommener Information, Berlin 1968, S. 47.

einer bestimmten lebenden Sprache, so wie sie in der Umgangssprache verwendet und verstanden werden, als Ausdrücke nicht aus, um einen bestimmten Informationsinhalt zutreffend begrifflich zu erfassen, muß eine *Fachsprache* entwickelt werden, die für die Begriffe teils eigene Wörter verwendet und teils Wörter der Umgangssprache in einem jeweils besonders definierten Sinne abweichend von der Umgangssprache benutzt[54]. Man denke hier z. B. an die Ausdrücke Anlagevermögen und Umlaufvermögen, die aus der Sicht der Umgangssprache etwas anderes bedeuten als in der Buchhaltungsfachsprache. Man kann nämlich sagen, daß einerseits auch das sog. Umlaufvermögen angelegtes Kapital ist und andererseits auch das sog. Anlagevermögen sich ständig in einem Umlauf- und Umsatzprozeß befindet. Man sollte daher zutreffender dauernd angelegtes und kurzfristig angelegtes Kapital auch als solches bezeichnen, statt eine Fachsprache anzuwenden, ohne daß es zwingend notwendig ist. Abweichungen zwischen Umgangs- und Fachsprache sind nämlich immer Quelle von Mißverständnissen und deshalb möglichst zu vermeiden.

Bestandteil des Zeichensystems der Bilanz ist ihre begriffsmäßige Einteilung, die Gliederung der Bilanzgegenstände. Diese Begriffe und ihre Bezeichnungen müssen zu den Bedeutungen passen, die die Bilanz als Information enthalten soll. In diesem Sinne wird durch die Gliederung der Bilanzgegenstände bestimmt, wie groß die Kapazität der Bilanz zur Darstellung und Vermittlung von Informationen ist. Je nachdem, welche Gliederungsgesichtspunkte der Gliederung der Bilanzgegenstände zugrunde liegen, wird aus der Menge der möglichen Informationen durch die Bilanz die eine oder andere Art von Information zum Zuge kommen. Beispielsweise sind demnach Gliederungen nach der Dauer der Betriebszugehörigkeit von Bilanzvermögensgegenständen unter dem Gesichtspunkt der bisherigen Dauer (Anschaffung bis Bilanzstichtag), der gesamten Dauer (Anschaffung bis Abgang) oder der restlichen zu erwartenden Dauer der Betriebszugehörigkeit (Bilanzstichtag bis voraussichtlichem Abgang) möglich. Jede dieser Gliederungen ermöglicht eine besondere Information durch die Bilanz über dasselbe Datenmaterial. Je weiter die Unterteilung durch Bildung von Klassen vorangetrieben wird, desto präziser können die durch die Bilanz dargestellten Informationen sein. Die Kapazitätsgrenzen der Bilanz werden dabei durch die Bindung an die Grundsätze ordnungsmäßiger Bilanzierung und durch das Prinzip der Bilanzklarheit und -übersichtlichkeit gesetzt. *Durch die Gliederung der Bilanzgegenstände wird also bestimmt, welche Informationen in welcher Präzision eine*

---

[54] Zur Unterscheidung von sprachlichem Ausdruck, damit gemeintem Begriff und den darunter subsumierten Tatbeständen vgl. Norbert Szyperski, Zur Anwendung des Terminus „pagatorisch", in: Organisation und Rechnungswesen, Festschrift für E. Kosiol, Berlin 1964, S. 356.

Bilanz aufnehmen kann. Außer der Gliederung der Bilanzgegenstände (Text) bestimmt auch die Gliederung der Bilanzposten (Geldbeträge)[55], etwa in Zugänge, Abgänge, Abschreibungen, Endbestand, den möglichen Informationsgehalt einer Bilanz.

3. Die Bilanz im Vergleich mit anderen Informationsträgern

Je nachdem, wieweit das betriebliche Informationswesen entwickelt ist, steht die Bilanz als Informationsinstrument in Konkurrenz mit anderen Informationsträgern. So kann die Vermögens- und Kapitalstruktur auch durch einen besonderen Status dargestellt werden, die Liquiditätsdarstellung kann ebenfalls durch eine besondere Übersicht gegeben werden, die aus dem Finanzplan entwickelt ist, der Periodenerfolg kann auch in der Gewinn- und Verlustrechnung nachgewiesen werden, wenn eine doppelte Buchführung vorhanden ist, und Informationen über einzelne Bilanzposten können auch durch Kontoauszüge der Buchhaltung gegeben werden. Aus diesen Tatsachen folgt, daß in Betrieben mit einem vielseitigen gut entwickelten Informationswesen die Bilanz nur aufgrund gesetzlicher Notwendigkeit und als Basis für die steuerliche Gewinnermittlung aufgestellt wird, im übrigen aber Spezialinformationen außerhalb der Bilanz gewonnen und dargestellt werden. Dabei ist man nicht an Bilanzierungsregeln wie bei der Bilanz gebunden und kann auch unabhängig von Bilanzstichtagen zu den jeweils zweckmäßigen Zeitpunkten unter Anwendung zweckbezogener Wertansätze Informationen liefern. Gerade Spezialinformationen werden oft nicht regelmäßig, sondern nur im Falle eines besonderen Informationsbedarfes vom Rechnungswesen produziert. Die Bilanz dagegen muß regelmäßig, ob gerade ein besonderer Informationsbedarf vorliegt oder nicht, aufgestellt werden. Sie gibt einen wegen der Nichtaktivierung vieler immaterieller Wirtschaftsgüter zwar unvollständigen, aber doch sehr weitgehenden Überblick über die finanzielle Situation eines Betriebes zum Bilanzstichtag. Dieser allgemeine Überblick ist aber für eine rationale Wirtschaftsführung und -planung immer notwendig, um alle betrieblichen Aktivitäten so aufeinander abzustimmen, daß das finanzielle Gleichgewicht stets erhalten wird. Bei jeder größeren Investition sollte darauf geachtet werden, welche Auswirkung sie auf das in der Bilanz nachgewiesene finanzielle Gleichgewicht hat oder haben wird. Dabei kommt es nur auf einen groben Überblick an, so daß besondere etwa steuerrechtlich bedingte Bewertungen in der Bilanz sich meist nicht störend auswirken können. Wichtig ist aber eine ausreichende Gliederung der Bilanzgegenstände hinsichtlich der Liquiditätswirksamkeit und Erfolgswirksamkeit.

---

[55] Unterscheidung von Bilanzposten und Bilanzgegenständen nach E. Kosiol, Bilanzreform und Einheitsbilanz, 2. Auflage, Berlin — Stuttgart 1949, S. 25.

C. Wesen und Aufgabe der Bilanzgliederung im allgemeinen

In diesem Kapitel soll aufgezeigt werden, welche Tatbestände und Gesichtspunkte bei der Bildung einer Bilanzgliederung zu beachten sind und daher deren Wesen bestimmen. Bei der Bildung einer Bilanzgliederung sollten zunächst die beiden folgenden Fragen beantwortet werden:

1. Was soll gegliedert werden?
2. Welche Bedingungen sind dabei maßgebend?

Dabei ist auf den *Bilanzinhalt* (Bilanzgegenstände und Bilanzposten als Gliederungsobjekte) und die bei der Bilanzgliederung zu beachtenden *Haupt- und Nebenbedingungen* einzugehen. Die Haupt- und Nebenbedingungen sind aus dem Bilanzzweck abzuleiten, der wiederum aus Haupt- und Nebenzwecken bestehen kann. So kann z. B. der Hauptzweck einer Bilanz die Ermittlung des Periodenerfolges und der Nebenzweck die Darstellung von Liquiditätsverhältnissen sein. Man kann aber auch anstatt von Haupt- und Nebenzwecken zu sprechen, konkrete und allgemeine Zwecke der Bilanz unterscheiden[1] und sagen, es „... mündet jede konkrete Zwecksetzung immer in eine Kombination mit den allgemeinen Zwecksetzungen (Kenntnis des Erfolges und der Kapital- und Vermögensstruktur)"[2]. Außerdem ist der Einfluß von *Rahmenbedingungen,* die sich aus der gegebenen Eigenart des bilanzierenden Betriebes und den verbindlichen Rechnungsprinzipien zusammensetzen, für das Wesen einer Bilanzgliederung mitbestimmend und daher in diesem Kapitel darzustellen.

I. Die Objekte der Bilanzgliederung

Um zu klären, was in dieser Arbeit unter Bilanzgliederung verstanden wird, sei zunächst darauf hingewiesen, daß man unter Gliederung sowohl einen Vorgang, eine Tätigkeit oder einen Prozeß im Sinne der Bildung einer Gliederung oder Einteilung verstehen kann als auch nur das Resultat eines solchen Vorganges. Dieses Resultat hat im Falle der Bilanzgliederung den Charakter einer schematischen Ordnung, in der die durch die Gliederungsmaßnahmen gebildeten Begriffe und zuge-

---

[1] Vgl. E. Heinen, Handelsbilanzen, a.a.O., S. 16 ff.
[2] E. Heinen, Handelsbilanzen, a.a.O., S. 19.

hörigen Beträge dargestellt werden. Die Tätigkeit des Gliederns erfolgt an Objekten, die kurz Gliederungsobjekte genannt werden sollen. Gliederungsobjekt bei der Bilanzgliederung ist also rein formal alles, was durch eine Bilanzgliederung gegliedert wird.

Als Bilanzgliederungsobjekte kommen in Betracht:

1. die tatsächlichen Erscheinungen und Tatbestände im Betriebe und
2. die in der Buchhaltung als Kontenbezeichnung verwendeten Begriffe.

Dem ersten Bereich gehören die Wirtschaftsgüter im Betriebe als Dinge mit der „ . . . Eigenschaft, Träger von Wert zu sein"[3] an. Das sind Geld, „Produktoren"[4] aller Art, Warenbestände, Informationen (z. B. über Marktsituationen und technische Verfahren zur Produktion) und als abgeleitete Wirtschaftsgüter Forderungen auf Geld und Forderungen auf andere Wirtschaftsgüter. Diesen Wirtschaftsgütern im Betriebe stehen die Ansprüche der Gläubiger und der Eigenkapitalgeber an den Betrieb gegenüber[5]. Die Veränderungen und Bestände in dem genannten Bereich der im Betriebe tatsächlich vorhandenen Wirtschaftsgüter und der Ansprüche auf Wirtschaftsgüter sollen möglichst vollständig in der Buchhaltung rechnerisch durch Währungsbeträge erfaßt und dargestellt werden. Dazu benötigt man ein Begriffssystem, das die Tatbestände dieses Bereiches artenmäßig erfaßt, dementsprechende Ausdrücke oder Bezeichnungen zur sprachlichen Wiedergabe der Begriffsinhalte und ein Bewertungsverfahren, das es ermöglicht, bestimmten realen Tatbeständen (z. B. Warenbestand, Forderungen und Schulden) bestimmte Währungsbeträge zur rechnerischen Erfassung und Verarbeitung in der Buchhaltung zuzuordnen. Die mit der Bewertung zusammenhängenden Fragen gehören nicht zum Thema dieser Untersuchung, es kommt nur darauf an, daß überhaupt eine Bewertung möglich ist. Nicht bewertbare Tatbestände sind buchhalterisch nicht erfaßbar und können daher auch nicht in der Bilanz erscheinen. Es hängt also von den zugelassenen Bewertungsverfahren ab, wie groß der Kreis der bilanzierbaren Tatbestände sein kann. Je mehr indirekte Bewertungsmethoden und Schätzungen für die buchhalterische Erfassung und die Bilanzierung zugelassen werden, desto mehr Arten von wirtschaftlichen Tatbeständen lassen sich buchhalterisch erfassen, allerdings sinkt dabei die Zuverlässigkeit der erfaßten Zahlenwerte. Da im Interesse der Zuverlässigkeit der Buchführung

---

[3] E. Kosiol, Kritische Analyse der Wesensmerkmale des Kostenbegriffes, in: Betriebsökonomisierung durch Kostenanalyse, Absatzrationalisierung und Nachwuchserziehung, Festschrift für R. Seyffert, Köln und Opladen 1958, S. 13.

[4] E. Kosiol, Kostenrechnung, Wiesbaden 1964, S. 19.

[5] Vgl. E. Kosiol, Buchhaltung und Bilanz, 2. Auflage, Berlin 1967, S. 13.

ungenaue Schätzwerte nicht zugelassen werden können und strenge Bewertungsgrundsätze für die Buchhaltung und die Bilanzierung gelten, ist der Kreis der buchhalterisch erfaßbaren Tatbestände immer kleiner als der Kreis der im Betriebe vorhandenen Wirtschaftsgüter und der ihnen gegenüberstehenden Ansprüche.

Die tatsächlichen Erscheinungen im Betriebe sind nach den Erfordernissen des Produktionsablaufes, nach den persönlichen Verantwortungsbereichen und nach anderen betriebsorganisatorischen Gesichtspunkten gegliedert. Eine solche Gliederung ließe sich zwar auch als Bilanzgliederung benutzen, dürfte aber nur ganz selten dem gesetzten Bilanzzweck gerecht werden, etwa wenn der Bilanzzweck lauten würde: Darstellung des in den einzelnen Betriebsabteilungen gebundenen Bilanzvermögens. Daher kommen die tatsächlichen Erscheinungen im Betriebe auch nicht unmittelbar als Gliederungsobjekte für eine Bilanzgliederung in Betracht. Es wäre nämlich nicht ökonomisch, die tatsächlichen Erscheinungen im Betriebe statt nach betrieblichen Erfordernissen nach bilanzrechnerischen Gesichtspunkten einzuteilen und anzuordnen. Als Bilanzgliederungsobjekte können also nur die als Kontenbezeichnung verwendeten Begriffe der Buchhaltung, die gedankliche Abbilder der betrieblichen Erscheinungen sind, herangezogen werden. Das buchhalterische Begriffssystem kann nach den Erfordernissen und Zielen der Rechnungslegung aufgebaut und gegliedert werden, ohne die rein betriebsorganisatorische Gliederung der Wirtschaftsgüter im Betrieb zu beeinflussen.

Da in der Bilanz nicht nur textliche Angaben als Bezeichnungen für die Begriffe der bilanzierten Tatbestände enthalten sind, sondern auch zahlenmäßige Angaben aufgeführt sind, die für die Geldbeträge in der Bilanz stehen, die entweder auch als Geldbeträge in den Kassen des Betriebes zu finden sind oder die nur stellvertretend für andere Nominal- und Realgüter sowie für Ansprüche darauf als Rechengrößen für die Buchhaltung und damit auch für die Bilanz herangezogen werden, sind auch die Zahlenangaben neben den textlichen Angaben in der Bilanz als Bilanzgliederungsobjekte anzusehen. Man kann die textlichen Angaben in der Bilanz als Bilanzgegenstände und die zahlenmäßigen Angaben in der Bilanz als Bilanzposten bezeichnen[6]. Im Aktiengesetz von 1965 werden die Ausdrücke „Gegenstand", „Posten" und „Betrag" oder „Wertansatz" im Zusammenhang mit der Bilanz gebraucht. Dabei werden unter „Gegenständen" die zu bilanzierenden Tatbestände, unter „Posten" die entsprechende textliche Bezeichnung in der Bilanz und unter „Betrag" oder „Wertansatz" die

---

[6] Vgl. E. Kosiol, Bilanzreform und Einheitsbilanz, 2. Auflage, Berlin — Stuttgart 1949, S. 25.

geldziffernmäßige Bewertung verstanden[7]. Aber auch die Verwendung des Ausdruckes „Bilanzposten" im Sinne eines Geldbetrages kommt im Aktiengesetz vor. So wird der „... Überschuß der Aktiv*posten* über die Passiv*posten*..."[8] als Bilanzgewinn bezeichnet (§ 151 Abs. 4), wobei ein Überschuß nur als Saldo aus Geldbeträgen denkbar ist. Auch heißt es im AktG 1965: „Die Aufwendungen für die Gründung und Kapitalbeschaffung... dürfen nicht als Aktiv*posten* eingesetzt werden"[9]. Hiermit können nur Geldbeträge gemeint sein. Das Gesetz ist also nicht konsequent in der Wahl der Worte.

Bei den zahlenmäßigen Bilanzposten handelt es sich um die Darstellung entweder

1. unmittelbar zählbarer Geldbeträge in der Kasse oder

2. rechtlich fixierter Ansprüche auf bestimmte Geldsummen (Guthaben, Forderungen, Schulden) oder

3. geldlicher Gegenwerte zu Wirtschaftsgütern, die
    a) am Markte durch Umsatzakt realisiert wurden (Anschaffungswerte) oder
    b) als fiktive geldliche Gegenwerte am Markt bei einem lediglich gedachten Umsatzakt realisiert worden wären (Tageswerte, Zukunftswerte, Teilwerte, Stichtagswerte, die sich nicht auf den Umsatztag oder den Bilanzstichtag beziehen) oder

4. reiner Verrechnungsposten (Verlustvortrag, Wertberichtigungen), denen Bilanzgegenstände entsprechen, die ohne reales Gegenstück bei den Wirtschaftsgütern sind[10].

Die Unterscheidung von Bilanzgegenständen einerseits und Bilanzposten andererseits ist deshalb nötig, weil Bilanzgliederungsmaßnahmen möglich sind, die nur die Bilanzposten allein betreffen (Fall 1), während man bei der Bilanzgliederung im allgemeinen wohl zunächst nur daran denkt, daß sowohl Bilanzgegenstände als auch Bilanzposten von der Gliederung betroffen werden (Fall 2). Außerdem sind auch Gliederungsmaßnahmen denkbar, die sich nur auf die Bilanzgegenstände beziehen (Fall 3). Dabei handelt es sich um die Wahl besonderer Bezeichnungen rein textlicher Art (z. B. statt „Außenstände" oder „Debitoren" „Forderungen"). Man könnte diese Auswahl der anzuwendenden Bezeichnungen vielleicht als nicht zur Bilanz-

---

[7] Vgl. § 151, Abs. 3 AktG 1965: „Fällt ein Gegenstand unter mehrere Posten...", § 178, Abs. 1 Ziff. 2: „... Posten mit dem dazugehörigen, in Ziffern ausgedrückten Betrag...".
[8] § 151, Abs. 4 AktG 1965, Hervorhebungen vom Verfasser.
[9] § 153, Abs. 4 AktG 1965, Hervorhebungen vom Verfasser.
[10] Vgl. W. Stützel, Bemerkungen zur Bilanztheorie, ZfB 1967, H 5, S. 315 f. Dort werden 1. abzählbare Posten (Kasse), 2. durch Rechtsgeschäft fixierte Posten (Grundkapital, Rücklagen) und 3. durch Schätzung ermittelte Posten (alle übrigen Bilanzposten) unterschieden.

gliederung gehörend ansehen, aber weil nur durch die richtigen Bezeichnungen eine Bilanzgliederung klar dargestellt werden kann, ist
Fall 3 hier dennoch zu beachten.

Der Fall 1 ist gegeben, wenn in der Bilanz die Zusammensetzung
der Bilanzposten dargestellt werden soll. Ein Beispiel dafür ist die
nach § 152 Abs. 1 AktG 1965 erforderliche gesonderte Aufführung
der Zugänge, der Abgänge, der Zuschreibungen, der für das Geschäftsjahr gemachten Abschreibungen und der Umbuchungen bei den einzelnen Posten des Anlagevermögens. Zieht man den Vorjahrswert, der
in vielen veröffentlichten Bilanzen mit aufgeführt ist, hinzu, so kann
bei der entsprechend dem Aktiengesetz vorgenommenen Gliederung
der Posten des Anlagevermögens die Zusammensetzung dieser Bilanzposten aus 6 Komponenten in der Bilanz aufgezeigt werden. Entsprechend der üblichen Darstellungsweise wird bei einer derartigen
Bilanzpostengliederung von horizontaler Bilanzgliederung gesprochen[11].

Die einzelnen Darstellungsweisen werden im Abschnitt D behandelt[12].

Außer der Zusammensetzung der Bilanzposten aus Zu- und Abgängen usw. kann auch nur die Veränderung oder die Bewegung auf
beiden Seiten der entsprechenden Konten in der Bilanz angegeben
werden (Umsatzzahlen) oder etwa die Entwicklung im Laufe des Geschäftsjahres durch Angabe der Beiträge der einzelenen Quartale zum
Ultimostand (Anfangsbestand plus Veränderung im 1., 2., 3., 4. Quartal
gleich Bilanzposten am Ende des Jahres).

Der wichtigste Fall der Bilanzgliederung ist der oben als Fall 2 be-
zeichnete, bei dem durch die Bilanzgliederungsmaßnahmen sowohl die
Bilanzgegenstände als auch die zugehörigen Bilanzposten betroffen
werden. Werden nämlich mehrere Bilanzposten zusammengezogen, so
muß auch die textliche Bezeichnung und der durch sie repräsentierte
Begriffsinhalt geändert werden. Eine Ausnahme liegt dann vor, wenn
bei der Zusammenziehung auch Bilanzposten mit dem Geldwert Null
vorkommen. Werden also z. B. kurz- und langfristige Schulden zusammengefaßt unter dem Begriff „Schulden", so kann, wenn die kurzfristigen Schulden den Wert Null haben, anstelle von „Schulden" auch
„langfristige Schulden" in der Bilanz stehen. Dadurch wird die Aussagekraft der Bilanz verbessert, da der Bilanzleser unter „Schulden x DM"
immer einen gewissen Anteil kurzfristiger Schulden vermuten wird,
auch wenn solche in Wirklichkeit nicht existieren. Es ist deshalb möglich, beim Bilanzleser ein falsches Bild hervorzurufen, wenn man in

---

[11] So R. Henzler, Die Gliederung der Bilanz, Beilage zur ZfB 1952, Nr. 6,
S. 42; vgl. auch: Adler—Düring—Schmaltz, Rechnungslegung und Prüfung
der Aktiengesellschaft, Band 1, a.a.O., § 152 Tz. 8 ff., S. 283 ff.
[12] S. 84—99 der vorliegenden Arbeit.

der Bilanz Bilanzposten mit dem Wert Null mit anderen Bilanzposten zusammenfaßt und dabei die Bezeichnung des beide Posten enthaltenden Bilanzgegenstandes (im Beispiel „Schulden") wählt. Man könnte auch diesen Ausnahmefall eines Bilanzgegenstandes mit dem Bilanzpostenwert Null so verstehen, daß durch Bilanzgliederungsmaßnahmen nur der Bilanzgegenstand erfaßt wird (wie oben in Fall 3), während der Bilanzposten unverändert bleibt. Denn im obigen Beispiel ist der Betrag des Bilanzpostens gleich, ob nun der Bilanzgegenstand „Schulden" oder „langfristige Schulden" heißt, solange die nichtlangfristigen Schulden Null sind.

II. Die Zweckbezogenheit der Bilanzgliederung

Bei grundsätzlichen Erörterungen über das betriebswirtschaftliche Rechnungswesen muß man nach Kosiol davon ausgehen, „... daß der Inhalt des Rechnungswesens als Mittel der Betriebsführung *vom Zweck her bestimmt* ist. Die Formung des Zahlenstoffes, seine Abgrenzung und Bewertung sind von dem gesteckten Rechnungsziel abhängig"[13].

Dies gilt sowohl für das Rechnungswesen im allgemeinen als auch für die betriebswirtschaftliche Bilanz als Teil oder als Produkt des Rechnungswesens. Besonders hinsichtlich der Bewertung ist die Zweckbedingtheit der einzelnen Wertarten zu beachten[14], aber auch die Gestaltung der Bilanz durch ihre Gliederung muß bezüglich der Gliederungstiefe und der Wahl der Bezeichnungen für die Bilanzgegenstände, besonders aber auch hinsichtlich der Einteilungskriterien am Bilanzzweck orientiert sein, dessen Erfüllung durch zweckgerechte Gliederung und Bewertung in der Bilanz erreicht werden soll. Bei der betriebswirtschaftlichen Bilanz und ihrer Gliederung ist dabei nicht nur das Prinzip der absoluten technischen Perfektion anzuwenden, sondern auch das ökonomische Prinzip zu beachten. Im Bereich der Wirtschaft ist nämlich nicht die maximale Zweckerfüllung anzustreben, sondern ein ökonomisch sinnvolles Maß, das zwischen einer maximalen Zweckerfüllung im Sinne der absoluten technischen Perfektion und einem Minimum an Zweckerfüllung liegt, das etwa durch dasjenige Maß an Spezifikation in der Bilanzgliederung zu kennzeichnen wäre, das gerade noch ausreicht, um negative Auswirkungen auf den Betrieb infolge zu geringer Aussagekraft der Bilanz zu vermeiden. Eine genauere Fixierung des ökonomisch sinnvollen Zweckerfüllungsgrades scheint generell nicht möglich zu sein, da der Auf-

---

[13] E. Kosiol, Bilanzreform und Einheitsbilanz, a.a.O., S. 16 f. (Hervorhebungen im Original gesperrt).
[14] Vgl. ebenda, S. 17; derselbe, Buchhaltung und Bilanz, a.a.O., S. 90.

wand für die Bilanzerstellung und der auf die Bilanzauswertung zurückzuführende Ertrag kaum mit der nötigen Exaktheit festzustellen sind, die für die Ermittlung eines genauen ökonomischen Optimums der Zweckerfüllung erforderlich wäre. Man muß aber dennoch dieses Problem beachten und in der Praxis durch geeignete Schätzungen zur Festlegung eines bestimmten Grades der Zweckerfüllung gelangen. Der Grad der Zweckerfüllung hängt außer von dem anzustrebenden ökonomischen Verhältnis von Bilanzierungsaufwand und Bilanzaussage auch vom Bilanzaufsteller ab, der in Erfüllung seiner Pflicht zur Rechenschaftslegung mehr oder weniger über das notwendige Mindestmaß an Offenlegung hinausgehen kann[15]. Ist der gesetzte Zweck und sein zu realisierender Erfüllungsgrad gegeben, so kann daran die Gliederung und sonstige Gestaltung der betriebswirtschaftlichen Bilanz ausgerichtet werden. Man kann also sagen: *„Die Gliederung der Bilanzen muß sich grundsätzlich nach den Zwecken und Aufgaben richten, die sie zu erfüllen haben[16]."*

III. Der Einfluß von Rahmenbedingungen auf die Bilanzgliederung

Es gehört zum Wesen der Bilanzgliederung, daß außer den bilanzierten Objekten und der Zwecksetzung die als feste Daten anzusehenden Rahmenbedingungen Einfluß auf die Bilanzgliederung haben und bei ihrer Aufstellung zu berücksichtigen sind. Es handelt sich dabei um Rahmenbedingungen, die von der Eigenart des bilanzierenden Betriebes, von der herrschenden Wirtschaftsordnung, von den Rechnungsgrundsätzen und von den handels- und steuerrechtlichen Bewertungsmaßnahmen bestimmt werden.

1. Von der Eigenart des Betriebes abhängige Bedingungen

Betriebsindividuelle Gegebenheiten wirken sich auf die Gliederung der betriebswirtschaftlichen Bilanz als Daten aus, die bei der Erstellung einer Bilanzgliederung um so stärker berücksichtigt werden müssen, je mehr die Bilanz ein Abbild der Betriebsindividualität sein soll und je weniger Wert auf zwischenbetriebliche Vergleichbarkeit der Bilanzen gelegt wird. Die Tendenzen zur Vereinheitlichung des Rechnungswesens und damit auch des Bilanzwesens haben in der Vergangenheit viel dazu beigetragen, daß die Bilanzen hinsichtlich ihrer Gliederung einen recht einförmigen Charakter zeigen und die Eigentümlichkeiten der einzelnen Betriebe und Wirtschaftszweige in den Bilanzen nicht mehr

---

[15] Vgl. E. Heinen, Handelsbilanzen, 4. Auflage, Wiesbaden 1968, S. 18.
[16] W. le Coutre, Totale Bilanz, in: Lexikon des kaufmännischen Rechnungswesens, Hrsg. K. Bott, 4. Band, 2. Auflage, Stuttgart 1957, Sp. 2588. (Im Original gesperrt).

sehr deutlich werden und die Bilanzen nur noch einen geringen Informationsgrad besitzen[17]. Eine Ausnahme bilden heute Sparkassen-, Bankund Versicherungsbilanzen, die aber wegen des fest vorgeschriebenen
Gliederungsschemas sich nur von den Bilanzen anderer Wirtschaftszweige deutlich abheben, während innerhalb der Branche kaum eine
Differenzierung der Gliederung entsprechend den betriebsindividuellen
Verhältnissen zulässig ist. Dies gilt besonders für die externen Bilanzen, während man bei internen Bilanzen, die ja nur zum innerbetrieblichen Gebrauch bestimmt sind, auf die betriebsindividuellen Verhältnissse mehr Rücksicht nehmen kann.

Die Eigenart eines Betriebes hängt von seiner Aufgabe ab, die aus
einem Sachziel (bei Unternehmungen: Produktion für fremden Bedarf)
und dem Formalziel (Wirtschaftlichkeit und Rentabilität) zusammengesetzt ist. „Das Sachziel der Unternehmung bezieht sich auf Art, Menge
und Zeitpunkt der im Markt abzusetzenden Leistungen"[18]. Das Sachziel
kann daher in jedem Betrieb anders konkretisiert sein und damit auch
sehr verschiedene sachzielbedingte betriebsindividuelle Eigentümlichkeiten induzieren, d. h. der technische und finanzielle Apparat der Betriebe ist sehr unterschiedlich, zumal viele Sachziele jeweils auf mehreren alternativen technischen Wegen zu erreichen sein können.

a) Sachzielbedingte Eigenarten

Für die Bilanzgliederung sind die folgenden vier die Eigenart des
Betriebes bestimmenden sachzielbedingten Gegebenheiten bedeutsam:
Art der Produkte und der Produktion sowie Umfang und Zeitpunkt der
Produktion.

aa) Art der Produkte

Legt man einen weiten Produktionsbegriff zugrunde, der „ ... jede
Art von werteschaffender Erzeugung ..."[19] und damit „ ... das Hervorbringen und Vertreiben *aller* Bedarfsdeckungsmittel"[20] einschließlich
der Dienste und anderer immaterieller Wirtschaftsgüter umfaßt, so
kann man feststellen, daß es für die Bilanzgliederung beachtlich ist, ob
ein Betrieb materielle oder immaterielle, nicht bestandsfähige Produkte
erzeugt. Man unterscheidet nach der Art der Produkte die einzelnen
Wirtschaftszweige wie Industrie, Handel, Transportwesen, Versicherungswesen, Bankwesen, Gastronomie und Landwirtschaft, wobei inner-

---

[17] Vgl. dazu auch S. 78 dieser Arbeit.
[18] E. Kosiol, Die Unternehmung als wirtschaftliches Aktionszentrum,
Reinbek bei Hamburg 1966, S. 212.
[19] Ebenda, S. 17.
[20] Ebenda, S. 17.

halb jedes der genannten Wirtschaftszweige noch sehr tiefgehende Differenzierungen möglich sind. Da viele Betriebe nicht nur in einem einzigen Wirtschaftszweig tätig sind, ist bei der Bilanzgliederung entweder nur der dominierende Wirtschaftszweig maßgebend, oder es muß eine Gliederung gefunden werden, die die oft sehr unterschiedlichen Belange der einzelnen Produktarten ausreichend berücksichtigt.

bb) Art der Produktion

Jedes Produkt eines Betriebes, sei es materiell oder immateriell, erfordert eine bestimmte Art der Produktion, welche ihrerseits den Einsatz entsprechender Produktoren[21] bedingt. Als Produktoren werden mit unterschiedlichem Anteil Arbeitsleistungen, Betriebsmittel und Werkstoffe eingesetzt. Außerdem ist bei Produktionsprozessen, die vom Produktoreneinsatz bis zur Ausbringung eines fertigen Produktes eine gewisse Umsatzdauer benötigen, Kapital als abstrakte Vorrätigkeit zur Finanzierung der zwangsläufig entstehenden Güterbestände erforderlich[22]. Darüber hinaus ist Kapital für die Erhaltung des Betriebes nötig, d. h. für die Finanzierung der Lagervorräte an Roh-, Hilfs- und Betriebsstoffen und für die Finanzierung der Betriebsmittel, deren Kapazität nur nach und nach bei der Produktion verbraucht wird, sowie auch für die Finanzierung der Bestände an Nominalgütern (Forderungen und Geld).

Denn alle diese Bestände dienen der Betriebsbereitschaft, ohne die ein Betrieb nicht wirtschaften und produzieren kann. Das für die Erhaltung der Betriebsbereitschaft und für den Produktionsprozeß nötige Kapital wird dem Betrieb als Eigen-, Fremdkapital oder, wie weiter unten erläutert wird, als Leasingkapital zur Verfügung gestellt (S. 47 f.).

Die Einteilung der Produktoren in (1) Arbeitsleistungen, die nicht isoliert, sondern nur in Verbindung mit den mit ihrer Hilfe erstellten Sachgütern bestandsfähig sind, (2) Betriebsmittel, (3) Werkstoffe und (4) Kapital ist sehr allgemein und bedarf für die Zwecke der Bilanz erheblicher Differenzierung und Verfeinerung. Bei den Betriebsmitteln, d. h. bei dem Sachanlagevermögen wäre eine weitere Unterteilung nach dem Gesichtspunkt der Abschreibungsnotwendigkeit oder nach Aufgaben erforderlich. Hinsichtlich der Werkstoffe wird meist nicht so stark differenziert. Im allgemeinen reicht die Unterteilung in Roh-, Hilfs- und Betriebsstoffe als noch nicht eingesetzte Vorräte, unfertige Erzeugnisse, fertige Erzeugnisse und Waren (Produkte, die im Betriebe

---

[21] Der Ausdruck „Produktor" ist von Kosiol anstelle des manchmal irreführenden Ausdrucks „Produktionsfaktor" eingeführt worden. Vgl. E. Kosiol, Kostenrechnung, Wiesbaden 1964, S. 19.

[22] Vgl. E. Kosiol, Die Unternehmung als wirtschaftliches Aktionszentrum, a.a.O., S. 119 und S. 131.

nicht bearbeitet wurden) aus. Bei Dienstleistungsbetrieben ohne Sachgüterproduktion, wie Banken, Sparkassen, Versicherungen und reinen
Vermögensverwaltungsbetrieben, spielen die Produktoren Betriebsmittel und Werkstoffe keine so bedeutende Rolle wie die Produktoren
Arbeitsleistungen und Kapital. Da Arbeitsleistungen isoliert nicht bestandsfähig sind und bei Dienstleistungsbetrieben ohne Sachgüterproduktion auch nicht in Verbindung mit irgendwelchen Sachgütern Be-
standsfähigkeit erlangen können, können sie gerade in den Bilanzen der
arbeitsintensiven Betriebe nicht erscheinen, obgleich die Bereithaltung
von Arbeitsleistungen in solchen Betrieben besonderes Gewicht hat.
Hierin wird die Begrenzung der Abbildfunktion von Bilanzen besonders
deutlich. Zum Nachweis des eingelegten und des ausgeliehenen Kapitals
dagegen werden in den heute üblichen Bilanzen der Kreditinstitute und
der Versicherungen zahlreiche Bilanzgegenstände aufgeführt[23].

Bei anderen Dienstleistungsbetrieben, wie z. B. den Transportbetrie-
ben, kommen zur Leistungserstellung außer Arbeitsleistungen umfangreiche Betriebsmittel und -anlagen zum Einsatz (z. B. Fahrzeuge, Gleise,
Kabel, Richtfunkanlagen, Rohrleitungen, Behälter, Kräne, Pumpen und
Förderbänder), für deren Anschaffung und ständige Bereithaltung er-
hebliche Kapitalbeträge erforderlich sind. Daher ist es gerechtfertigt,
daß z. B. in Eisenbahnbilanzen die Bilanzgegenstände, die die Betriebsmittel darstellen, stark differenziert sind und einen großen Raum ein-
nehmen.

Aber auch bei den übrigen Dienstleistungsbetrieben ohne Sachgüterproduktion nimmt der Produktor Betriebsmittel im Verhältnis zum
Produktor Arbeitsleistung eine immer bedeutendere Position ein, je
stärker die Mechanisierung und sogar Automation auch in Dienstleistungsbetrieben eingesetzt wird. Dieser Prozeß der Substitution des
Produktors Arbeitsleistung durch Betriebsmittel wird durch den hohen
Stand der Technik, die Steigerung der Personalkosten (das sind sämtliche Kosten, die von der Zahl der Beschäftigten abhängen, also auch
z. B. Kosten für Parkplätze der Belegschaft, für Aufenthaltsräume,
Aus- und Fortbildung, Verpflegung, Personalverwaltung, Versicherungen, Altersversorgung, Urlaub, Lohnsummensteuer und Fahrtkosten-
erstattungen) und durch die nach dem Kriege allmählich verbesserten
Möglichkeiten der Kapitalbeschaffung gefördert. Investitionsprämien
und -zulagen sowie steuerlich günstige Abschreibungsmöglichkeiten be-
schleunigen den Substitutionsprozeß erheblich. Daher sollte er auch in
den Bilanzgliederungen der betroffenen Betriebe seinen Niederschlag

---

[23] In der Bilanz zum 31. 12. 1968 der Vereinsbank in Nürnberg sind z. B.
allein unter dem Bilanzgegenstand „aufgenommene langfristige Darlehen" 21
verschiedene untergeordnete Bilanzgegenstände und -posten zu finden. Diese
Bilanz ist veröffentlicht in: Handelsblatt, Düsseldorf, Nr. 83 vom 30. April
1969, S. 17.

finden. Die tatsächliche Ausstattung mit Betriebsmitteln ist aber häufig nicht aus der Bilanz ersichtlich, da viele Betriebsmittel in Dienstleistungsbetrieben, insbesondere die teuren elektronischen Datenverarbeitungsanlagen und -maschinen, nicht von den Benutzern gekauft, sondern nur gepachtet oder gemietet werden. Da es sich meist um langfristige Mietverträge handelt, enthalten sie ein erhebliches finanzielles Risiko für den Mieter, da die Mietraten meist auch dann entrichtet werden müssen, wenn die Mietgegenstände nicht oder nicht voll genutzt werden können.

Auch unter diesem Aspekt ist es unbefriedigend, wenn in einer Bilanzgliederung nicht ersichtlich wird, was für Betriebsmittel im Betriebe vorhanden sind und welche davon tatsächlich eingesetzt werden. Der Gliederungseinfluß der Produktionsart (durch die Produktionsart bestimmter Einsatz besonderer Betriebsmittel) wird durch den Einfluß der Finanzierungsart (Miete oder Leasing) verdrängt. Anstelle der Aktivierung der Anschaffungskosten gekaufter Betriebsmittel in der Bilanz tritt bei der Miete oder Pacht von Betriebsmitteln keine Aktivierung in der Bilanz ein[24], sondern es erhöhen sich in der aktienrechtlichen Gewinn- und Verlustrechnung die „sonstigen Aufwendungen" (§ 157 Abs. 1, Ziffer 26 AktG 1965) um den jährlichen Mietbetrag. Da der Posten „sonstige Aufwendungen" sich aus sehr heterogenen Bestandteilen zusammensetzt, ist es für den Leser des Jahresabschlusses unmöglich, sich ein Bild von den Aufwendungen für den Einsatz der Betriebsmittel zu machen. Auch der Betriebsvergleich mit Hilfe der Bilanz wird sinnlos, wenn das Leasing einen größeren Umfang angenommen hat.

Faßt man das Leasing als eine besondere Finanzierungsart auf, so kann man als Passivum einen Posten „Leasingkapital" neben dem Eigen- und dem Fremdkapital einführen, dem in gleicher Höhe die Anschaffungswerte oder die Summe der zu erwartenden Mietzahlungen der gemieteten Anlagen als Aktivum gegenüberzustellen wären. Von beiden Posten wären die Mietzahlungen abzubuchen, die sozusagen an die Stelle von Abschreibungen einerseits und Tilgungsraten und Zinsen andererseits beim Leasing getreten sind. Dieser buchhalterische Vorgang sei durch das folgende Beispiel erläutert:

Es wird eine Anlage gemietet, deren Wert etwa 1000 DM ist. Der Leasing-Vertrag läuft 4 Jahre, und die jährliche Mietzahlung ist auf 300 DM festgesetzt. Die Summe der voraussichtlich zu zahlenden Mietraten ist also 1200 DM.

---

[24] Vgl. K. Hax, Langfristige Finanz- und Investitionsentscheidungen, in: Handbuch der Wirtschaftswissenschaften, Band I, Betriebswirtschaft, Hrsg. K. Hax und Th. Wessels, 2. Auflage, Köln und Opladen 1966, S. 464.

Zu Beginn des Vertragszeitraumes wäre zu buchen:

per *„gemietete Anlagen"*   *1200 DM*

    an *„Leasingkapital"*   *1200 DM.*

Bei Zahlung der ersten Mietrate von 300 DM wäre zu buchen:

per *„Leasingkapital"*   *300 DM*

    an *„gemietete Anlagen"*   *300 DM,*

und per *„Mietaufwand"*   *300 DM*

    an *„Kasse"*   *300 DM.*

Bei den weiteren Mietraten werden diese Buchungen wiederholt, so daß nach der letzten Mietzahlung die Konten „Leasingkapital" und „gemietete Anlagen" keinen Saldo mehr aufweisen. In der Bilanz erscheinen also als durchlaufende Posten auf beiden Seiten stets gleich hohe Beträge, die angeben, wie hoch die Verpflichtungen aus laufenden Mietverträgen sind. Anstelle des Bilanzgegenstandes „gemietete Anlagen" wären in der Praxis speziellere Angaben nötig, z. B. „gemietete Fahrzeuge", „gemietete Büromaschinen" und „gemietete Produktionsmaschinen".

In der Praxis wird eine solche Buchungs- und Bilanzierungsart bei Leasinggeschäften zur Zeit nicht angewandt[25], da dadurch der Effekt der Bilanzstrukturverbesserung durch Leasing, der wohl oft das Motiv für diese Art der Finanzierung ist, aufgehoben wird.

Weitere Buchungsmöglichkeiten bei Leasinggeschäften gibt Chmielewicz an[26].

cc) Umfang der Produktion

Man kann den Umfang der Betriebstätigkeit nach der Produktionstiefe und nach der Produktionsmenge beurteilen. Für die Bilanzgliederung ergibt sich beim Vergleich der Bilanzen von Betrieben mit unterschiedlicher Produktionstiefe eine Schwierigkeit, da z. B. die Begriffe der Bilanzgegenstände Rohstoffe, Fertigerzeugnisse, Anlagevermögen und Forderungen in Relation zum bilanzierenden Betrieb verstanden werden müssen. Es ist ja möglich, daß z. B. Roheisen in einem reinen Hochofenbetrieb Fertigerzeugnis ist, während es in einer Hütte mit Stahlwerk zu den unfertigen Erzeugnissen gerechnet wird und in einer Gießerei zu den Rohstoffen zählt. Es hängt also von der Produktionstiefe eines Betriebes ab, welche Gegenstände als Rohstoffe zu bezeich-

---

[25] Vgl. W. Lichy, Die Bilanzierung vermieteter Wirtschaftsgüter im aktienrechtlichen Jahresabschluß, ZfB 1968, S. 187 ff.

[26] Vgl. K. Chmielewicz, Wirtschaftsgut und Rechnungswesen, ZfbF 1969, S. 114 ff., insbesondere Abbildung 12, S. 115.

nen sind. Reicht die Produktionstiefe eines Verarbeitungsbetriebes bis zur Urproduktion, so erscheinen vielleicht überhaupt keine Rohstoffe in der Bilanz, sondern sozusagen an deren Stelle Abbaurechte und Abbaugrundstücke im Anlagevermögen. Dennoch werden im Betriebe selbst gewonnene Rohstoffe vorrätig sein, die in den Verarbeitungsabteilungen des Betriebes verwendet werden. In der Bilanz nach AktG 1965, § 151 erscheinen sie als „unfertige Erzeugnisse". Ähnliche Probleme ergeben sich auch bei der konsolidierten Bilanz eines Vertikalkonzernes, der mehrere hintereinander liegende Produktionsstufen umfaßt. Meist werden bei der Konsolidierung alle Vorräte in einem einzigen Posten zusammengefaßt[27].

Hinsichtlich der Forderungen in der Bilanz eines mehrstufigen Betriebes mit großer Produktionstiefe ist festzustellen, daß aus den Lieferungen zwischen den innerbetrieblichen Produktionsstufen keine bilanzfähigen Forderungen und Verbindlichkeiten herrühren können und deshalb diese Bilanzgegenstände bei Betrieben mit größerer Produktionstiefe eine andere Bedeutung haben als bei Betrieben mit geringerer Produktionstiefe.

Da eine größere Produktionstiefe für die einzelnen im Betriebe zusammengefaßten Produktionsstufen jeweils besondere Produktionsanlagen erforderlich macht, ist für die Bilanzgliederung die im allgemeinen größere Vielfalt bei den Gegenständen des Anlagevermögens zu beachten.

Auch der mengenmäßige Umfang der Produktion beeinflußt die Bilanzgliederung, da in der Regel mit steigenden Produktionsmengen der Grad der Mechanisierung steigt, Filialen und Zweigwerke nötig werden, ein ausgebautes Lager- und Beschaffungswesen, eine gute Vertriebsorganisation und eine umfangreichere Verwaltung erforderlich werden. In der Bilanz zeigen sich bei Betrieben mit großen Produktionsmengen meist erstens ein recht umfangreiches Anlagevermögen, das örtlich weit gestreut sein kann, zweitens höhere Vorräte und wegen des hieraus sich ergebenden erhöhten Kapitalbedarfes oft auch drittens zahlreiche verschiedene Eigen- und Fremdkapitalposten.

dd) Zeitpunkt der Produktion

Von der Art der Produkte kann außer der ihnen entsprechenden Art der Produktion auch der Produktionszeitpunkt (Saison, Kampagne) ab-

---

[27] Vgl. E. Heinen, Handelsbilanzen, a.a.O., S. 297. Gegen die Zusammenfassung der Vorräteposten in der Konzernbilanz sind: G. Wietzke, Der konsolidierte Jahresabschluß und seine besonderen Probleme in der deutschen und anglo-amerikanischen Bilanzierungspraxis, Berlin 1962, S. 27 f.; B. Wieser, Die Rechnungslegung im Konzern nach dem Regierungsentwurf eines Aktiengesetzes in betriebswirtschaftlicher Sicht, Diss. Nürnberg (1964), S. 62 f.

hängen. Dies gilt bei Produkten, die für einen nicht kontinuierlichen Bedarf hergestellt werden und gleichzeitig nicht lagerfähig sind oder nur unter unwirtschaftlichen Bedingungen lagerfähig wären, sowie für Produkte, deren Einsatzgüter nicht kontinuierlich zur Verfügung gestellt werden können und auch nicht unter wirtschaftlich vertretbaren Bedingungen gelagert werden können. Außerdem können auch andere Einflüsse auf den Produktionszeitpunkt wirken, wie z. B. Einflüsse des Klimas, der Saison, der politischen Situation und der Preisverhältnisse.

Auf die Bilanzgliederung hat der Produktionszeitpunkt keinen direkten Einfluß, sofern nicht durch die Wahl des Bilanzstichtages einmal der Zeitpunkt der laufenden Produktion und ein anderes Mal der Zeitpunkt des Stillstandes als Bilanzstichtag erscheint. Dann sollte die Bilanzgliederung im Interesse der Bilanzvergleichbarkeit die in beiden Situationen vorhandenen Bilanzgegenstände enthalten, auch wenn ihnen am gerade gegebenen Bilanzstichtag kein Wert als Bilanzposten beizulegen ist.

b) Formalzielbedingte Eigenarten

Nachdem erörtert wurde, welche sachzielbedingten Betriebseigenarten einen Einfluß auf die Bilanzgliederung haben können, ist zu prüfen, ob auch von formalzielbedingten Eigenarten eines Betriebes Einflüsse auf die Gliederung seiner Bilanz ausgehen können. Man hat dabei an betriebliche Eigenarten zu denken, die von der Art oder dem Grade der Wirtschaftlichkeit, die ein Betrieb aufgrund des ihm gesetzten Formalzieles anstrebt, bestimmt werden. Hinsichtlich des Grades der angestrebten Wirtschaftlichkeit kann man Betriebe unterscheiden, bei denen das Streben nach maximaler Wirtschaftlichkeit erkennbar ist, Betriebe, bei denen z. B. aus Rücksicht auf den sozialen Frieden nur eine geringere, aber als normal und vernünftig geltende Wirtschaftlichkeit angestrebt wird, und Betriebe, bei denen der Wirtschaftlichkeitsgesichtspunkt hinter anderen Zielen weit zurücksteht (Versorgungsbetriebe der öffentlichen Hand, Krankenhäuser, Müllabfuhr u. a.). Außerdem kann man das Streben nach langfristiger und nach kurzfristiger maximaler oder sonst fixierter Wirtschaftlichkeit unterscheiden oder auch das Streben nach einzel- und nach gemeinwirtschaftlicher Wirtschaftlichkeit. Diese Arten von anzustrebender Wirtschaftlichkeit, zwischen denen es noch viele Abstufungen und Varianten geben mag, charakterisieren zwar die Art der Betriebsführung, haben aber auf die Bilanzgliederung nur einen indirekten Einfluß über die Auswirkungen von Maßnahmen der Betriebsführung, die durch die Art der angestrebten Wirtschaftlichkeit bestimmt sind. Als solch eine Maßnahme, die im Interesse einer maximalen Wirtschaftlichkeit ergriffen wird, ist die Stillegung oder Veräußerung unrentabler Betriebsteile anzusehen. Ein Betrieb, der nicht höchste Wirtschaftlichkeit anzustreben hat, würde vielleicht von einer solchen Maßnahme so lange wie möglich absehen, um die Interessen der Abnehmer und auch die der Arbeitnehmer stärker zu berücksichtigen. Für die Bilanzgliederung bedeutet das, daß mancher Betrieb den Bilanzgegenstand „stillgelegte Anlangen" oder „vorübergehend ungenutzte Anlagen" in seinen Bilanzen aufführen sollte, ggf. mit besonderen Wertberichtigungsposten, die dem erhöhten Abschreibungsbedürfnis auf unrentabel gewordene, oft auch technisch veraltete Anlagen entsprechen.

Im allgemeinen wirken sich die einer bestimmten Art der Wirtschaftlichkeit entsprechenden betrieblichen Maßnahmen auf die Höhe des Erfolges und die Beträge einiger Bilanzposten aus, während die Bilanzgliederung nicht weiter beeinflußt wird, da ja die Bilanzgegenstände unverändert bleiben, unabhängig von der Höhe der Beträge der zugehörigen Bilanzposten. Allerdings ist gerade die Definition des als Ausdruck der erreichten Wirtschaftlichkeit geltenden Bilanzgegenstandes „Gewinn" (oder „Verlust") hinsichtlich der sachlichen und zeitlichen Abgrenzung des Periodenerfolges nicht nur für die Höhe des ausgewiesenen Erfolges wichtig, sondern auch für die Entscheidung über die Aktivierung oder Passivierung weiterer Bilanzgegenstände.

So führt nämlich die Einbeziehung des Vorsichtsprinzips, insbesondere des Gläubigerschutzprinzips in die Definition des Bilanzerfolges dazu, daß für bestimmte Wirtschaftsgüter ein Aktivierungsverbot gilt (z. B. für unentgeltlich erworbene immaterielle Anlagewerte nach § 153 Abs. 3 AktG 1965). Wenn die wirtschaftliche Nutzung dieser nicht aktivierten Güter über den Bilanzstichtag hinaus dauert, wird der Betrag des Periodengewinnes vermindert und der Erfolg derjenigen Perioden erhöht, die in den Genuß der Nutzungen der nicht aktivierten Güter gelangen. Für die Bilanzgliederung ist diese Ertragsverschiebung nicht so wichtig wie die Tatsache, daß der Bilanzgegenstand „Gewinn" (bzw. „Verlust") durch seine spezielle Definition auch das Erscheinen oder Nichterscheinen bestimmter anderer Wirtschaftsgüter als Bilanzgegenstände bewirkt. Allerdings können wenigstens in Bewegungsbilanzen die in den Periodenschlußbilanzen nicht erscheinenden Bilanzgegenstände aufgeführt werden, wobei zu beachten ist, daß die Abschreibung so hoch angesetzt wird, daß kein Saldo zum Periodenschluß entstehen kann.

Ist der Bilanzerfolg so definiert, daß er als Umsatzerfolg keine lediglich aus Wertänderungen der Vermögensbestände herrührenden Scheinerfolgsanteile enthält[28], so bedeutet dies für die Bilanzgliederung, daß

---

[28] Nach F. Schmidt, Die organische Tageswertbilanz, 3. Auflage, Leipzig 1929 (nachgedruckt: Wiesbaden 1951), S. 83 f. und S. 96 f.

ein besonderer Bilanzgegenstand eingeführt wird, z. B. unter der Bezeichnung „Wertänderung am ruhenden Vermögen"[29].

c) Durch die Rechtsform bedingte betriebliche Eigenarten

Es gehört mit zu den betrieblichen Eigenarten, die von Einfluß auf
die Bilanzgliederung sind, welche Rechtsform ein Betrieb hat. Zwar sind
durch die Themenstellung dieser Arbeit juristische Aspekte von der
Untersuchung ausgeschlossen, aber soweit sie einen betriebswirtschaftlichen Hintergrund haben, sind sie hier dennoch zu beachten. Denn man
kann wohl annehmen, daß die Wahl der Rechtsform eines Betriebes
(Einzelfirma, offene Handelsgesellschaft, GmbH, AG, Genossenschaft,
Stiftung, KG, KGaA und Kombinationen daraus wie GmbH & Co. KG)
unter wirtschaftlichen Gesichtspunkten getroffen wird, wenn auch per-
sönliche Belange der Unternehmer und Gesellschafter sowie steuerliche
Überlegungen neben der Tradition, der man vielleicht folgen will, oft
für die Wahl der Rechtsform eines Betriebes maßgebend sind.

Für die Bilanzgliederung ist wichtig, daß die Bilanzen der AG, KGaA
und Genossenschaft besonderen gesetzlichen Gliederungsvorschriften
entsprechen müssen[30], auf die auch bei internen Bilanzen insoweit Rücksicht zu nehmen ist, als die gesetzlich vorgeschriebenen Bilanzen aus
ihnen zu entwickeln sein sollen. Nach dem 1969 vom Bundesjustizministerium vorgelegten Referentenentwurf eines neuen GmbH-Gesetzes müssen auch die Betriebe in der Rechtsform der GmbH spezielle
gesetzliche Gliederungsvorschriften befolgen, die denen des § 151 AktG
1965 ähnlich sind[31]. Bei den übrigen Rechtsformen sind die für die Bilanzgliederung wichtigen Eigentümlichkeiten auf den besonderen Ausweis der Eigenkapitalposten beschränkt. Für öffentliche Wirtschafts-
betriebe gelten aber meist besondere Abrechnungsvorschriften[32], wie
z. B. die Verordnung über die Gliederung des Jahresabschlusses von
Verkehrsunternehmen vom 27. 2. 1968, BGBl. 1968, S. 193 (Erweiterung
der Gliederungsvorschrift des § 151 AktG 1965).

---

[29] Ebenda, S. 84 (im Original gesperrt).
[30] Vgl. §§ 151 und 286 AktG 1965; § 33 d des Gesetzes, betreffend die
Erwerbs- und Wirtschaftsgenossenschaften, RGBl. 1898, S. 810 (Genossenschaftsgesetz von 1889).
[31] Vgl. Bundesjustizministerium, Referentenentwurf eines Gesetzes über
Gesellschaften mit beschränkter Haftung, hrsg. vom Bundesministerium der
Justiz Köln-Marienburg 1969, § 129 f.; W. Hasenack, Stellungnahme zum
Referentenentwurf eines GmbH-Gesetzes mit besonderer Berücksichtigung
der geplanten Vorschriften zur Rechnungslegung, BFuP 1969, H. 10, S. 561 ff.
[32] Beispiele hierzu werden gegeben in: Schmaltz—Sandig—Forster, Formblätter für den Jahresabschluß, 2. Auflage, Stuttgart 1955; K. F. Bussmann,
Betreuung und Prüfung der Unternehmungen, Wiesbaden 1960, Anhang
S. 221—225.

d) Durch die Existenzphasen bedingte Eigenarten

Außer den sachziel- und den formalzielbedingten Eigenarten eines Betriebes, die Einfluß auf die Gliederung seiner Bilanz haben, und der Rechtsform mit ihrem Einfluß auf die Bilanzgliederung ist auch das Alter eines Betriebes eine betriebliche Eigenschaft, die in der Bilanzgliederung zu beachten sein kann. Wenn man die Lebensdauer eines Betriebes in Gründungsphase (vor Beginn der Produktion), Expansionsphase (steigende Umsätze), Stagnationsphase (Umsätze bleiben etwa konstant), Kontraktionsphase (sinkende Umsätze) und Auflösungsphase unterteilt[33], wobei die Phasenfolge Expansion — Stagnation — Kontraktion auch durch ein mehrfaches Schwanken der Umsatzmengen ersetzt sein kann und ggf. auch noch Wandlungsphasen eingeschoben sein können, in denen z.B. das Produktionsprogramm umgestellt wird (Rationalisierungsphase), der Betrieb einen anderen Standort, eine andere Rechtsform oder eine andere konzernmäßige Verflechtung erhält oder Eigentümer- bzw. Gesellschafterwechsel stattfindet, so heben sich die Phasen der Gründung (Sachziel: Errichtung eines funktionsfähigen Betriebes) und der Auflösung (Sachziel: Einziehung von Außenständen, Abwicklung schwebender Geschäfte und Veräußerung des Betriebsvermögens zur Kapitalrückzahlung an Fremd- und Eigenkapitalgeber) von den übrigen Phasen, in denen das Sachziel der Produktion für den Markt besteht, deutlich ab. Daher werden auch besondere Gründungs- und Liquidationsbilanzen aufgemacht.

Die *Gründungsbilanz* soll die Reihe der regulären Periodenabschlußbilanzen eröffnen und muß deshalb hinsichtlich ihrer Gliederung auch den Anforderungen der regulären Periodenschlußbilanz genügen, da sie als Buchungsbeleg für die Eröffnungsbuchungen der ersten Geschäftsperiode dienen muß[34]. Außer dieser in die Zukunft gerichteten, dynamischen Eigenschaft der Gründungsbilanz ist bei ihrer Gliederung zu beachten, daß die Gründungsbilanz dokumentarisch die Vermögens- und Kapitalverhältnisse bei der Gründung, insbesondere die Summe des haftenden Eigenkapitals nachweisen muß. Daher werden auch bei nicht vollständiger Einzahlung der Eigenkapitalsumme bei Kapitalgesellschaften in der Gründungsbilanz die vollen gesellschaftsvertrags- oder satzungsmäßigen Beträge des Grund- bzw. Stammkapitals passiviert, die noch ausstehenden Einlagen als besonderer Posten aktiviert[35] und in den späteren Bilanzen als solche solange weitergeführt, bis das Kapital vollständig eingezahlt ist. Eine weitere Besonderheit der Gründungsbilanzen ist, daß, wie in § 153 Abs. 4 AktG 1965 zugelassen, die

---

[33] Phasenbezeichnungen nach B. Bellinger, Langfristige Finanzierung, Wiesbaden 1964, S. 23, Abb. 6.
[34] Vgl. E. Heinen, Handelsbilanzen, 4. Auflage, Wiesbaden 1968, S. 312.
[35] Nach § 151 Abs. 1 AktG 1965; § 42 Nr. 4 GmbHG.

„... Kosten der Ingangsetzung des Geschäftsbetriebes..." unter die Posten des Anlagevermögens aufgenommen werden dürfen. Sie können auch noch in den folgenden Periodenschlußbilanzen erscheinen. Denn sie sind „... in jedem folgenden Geschäftsjahr zu mindestens einem Fünftel durch Abschreibungen zu tilgen"[36]. Ferner dürften in der Regel in einer Gründungsbilanz noch keine Rückstellungen oder Verbindlichkeiten wegen Lastenausgleichsabgaben und wegen Pensionsverpflichtungen enthalten sein, es sei denn, es sind solche Schulden im Zuge einer Sachgründung übernommen worden.

Auch die Bilanzgegenstände „unfertige Erzeugnisse" und „fertige Erzeugnisse" dürften in einer Gründungsbilanz außer bei einer Sachgründung mit Übernahme solcher Vorräte fehlen. Es ist aber im Hinblick auf die erwähnte in die Zukunft gerichtete Eigenschaft der Gründungsbilanz zweckmäßig, diese Bilanzgegenstände, auch wenn ihnen der Bilanzposten null DM zuzuordnen ist, bereits in der Gründungsbilanz aufzuführen. Das gilt auch für andere Bilanzgegenstände, die erst durch die laufende Geschäftstätigkeit wertmäßig in Erscheinung treten wie z. B. Forderungen aus Lieferungen und Leistungen sowie Ausleihungen und bei Kreditinstituten Ausgleichsforderungen, Debitoren, langfristige Ausleihungen, durchlaufende Kredite und Einlagen von Kunden, sofern nicht durch Sachgründung diese Bilanzgegenstände mit eingebracht werden.

Sieht man die Gründungsbilanz nicht im Zusammenhang mit späteren Periodenschlußbilanzen und strebt man nicht eine Angleichung ihrer Gliederung an die der folgenden Bilanzen an, so braucht die Gliederung der Gründungsbilanz weniger Bilanzgegenstände zu enthalten als spätere Bilanzen, da in ihr die erst aus der laufenden regulären Betriebstätigkeit herrührenden Bilanzgegenstände noch fehlen.

Betrachtet man die Bilanzen der *Auflösungsphase* eines Betriebes, so kann man Liquidationseröffnungsbilanzen, Liquidationszwischenbilanzen (falls die Liquidation bzw. Abwicklung mehrere Geschäftsjahre umfaßt) und für den Schluß der Abwicklung die Schlußrechnung in Form einer Liquidationsschlußbilanz unterscheiden, wenn nicht wegen Zahlungsunfähigkeit oder bei juristischen Personen auch schon wegen einer Überschuldung an die Stelle einer planmäßigen Liquidation ein Konkursverfahren tritt. Kommt es zum Konkurs, so sind besondere Konkursbilanzen (Konkurseröffnungsbilanz und ggf. Konkurszwischenbilanzen sowie Schlußrechnung) aufzustellen, in deren Gliederung die rechtliche Zugehörigkeit der Bilanzgegenstände zum Eigentum des Gemeinschuldners oder zum Eigentum Dritter berücksichtigt werden soll. Ferner sollte durch die Gliederung der Konkursbilanz deutlich werden, welche Bilanzgegenstände den absonderungsberechtigten Gläubigern

---

[36] § 153 Abs. 4 AktG 1965.

zur Verfügung gehalten werden müssen. Auch für die Schulden ist eine Gliederung nach der rechtlichen Position der jeweiligen Gläubiger hinsichtlich ihrer Forderungen an den Gemeinschuldner nötig. Diese rechtlichen Gliederungsgesichtspunkte können entweder in Vorspalten zu den Bilanzgegenständen der regulären Bilanz berücksichtigt werden, oder die Gruppen innerhalb der Bilanz werden nur nach den rechtlichen Gesichtspunkten des Konkurses gebildet und weiter entsprechend der regulären Bilanz aufgegliedert[37].

Bei der normalen Liquidation sollte man annehmen, daß ohne erheblichen Zeitdruck alle laufenden und schwebenden Geschäfte abgewickelt werden und der Betrieb mit dem Ziel der Liquidation weitergeführt wird, indem die Investitionen gedrosselt, die Vorräte abgebaut, die Betriebsmittel nach und nach stillgelegt und veräußert werden, die Schulden zurückgezahlt werden und die Außenstände eingezogen werden. Für die Bilanzgliederung bedeutet dies, daß in der Liquidationseröffnungsbilanz dieselben Bilanzgegenstände erscheinen wie in der regulären Bilanz, allerdings mit einer Bewertung, die die durch die Liquidation bedingten Veränderungen z. B. hinsichtlich der Restnutzungsdauer von Anlangen und der zu erwartenden Verluste beim Verkauf von Anlagegegenständen und nicht mehr benötigten Vorräten berücksichtigt. Es können auch als zusätzliche Bilanzgegenstände Rückstellungen für zu erwartende Liquidationskosten in die Bilanzgliederung aufgenommen werden. Außerdem wird bei Kapitalgesellschaften an die Stelle der Eigenkapitalposten (Grund- oder Stammkapital und Rücklagen sowie ggf. Gewinnvortrag) und deren Korrekturposten auf der Aktivseite (Verlustvortrag, nicht eingezahltes Kapital) als Sammelposten der Bilanzgegenstand „verteilungsfähiges Abwicklungskapital" gesetzt, für den auch die Bezeichnungen Liquidationskonto, Abwicklungskonto, Abwicklungsvermögen, Reinvermögen oder Abwicklungsmasse verwendet werden[38], obgleich diese Bezeichnungen irreführend sein können, da der Ausdruck Konto zu allgemein und der Ausdruck Vermögen oder Masse für einen Passivposten unzutreffend ist.

Während bei der Liquidationseröffnungsbilanz die Gliederung weitgehend mit der der regulären Bilanz übereinstimmt, führt die fortschreitende Liquidierung eines Betriebes schon bei den Liquidationszwischenbilanzen dazu, daß die bereits liquidierten Bilanzgegenstände in der Gliederung fehlen und anstelle langfristiger Geldanlagen mehr kurzfristige, auf das voraussichtliche Ende der Liquidationsphase bezogene Geldanlagen zu finden sind. Die Bilanz enthält also mit fortschreitender Liquidation immer weniger Bilanzgegenstände, bis schließlich in der Liquidationsschlußrechnung nur noch die als Liquidationsquoten auszu-

---

[37] Vgl. E. Heinen, Handelsbilanzen, a.a.O., S. 346.
[38] Vgl. ebenda, S. 331.

zahlenden liquiden Mittel, bzw., falls eine Abgeltung durch Sachwerte vorgesehen ist, diese bestimmten Sachwerte als Bilanzgegenstände auf der Aktivseite dem Passivposten „verteilungsfähiges Abwicklungskapital" gegenüberstehen.

Auch die übrigen Phasen des Lebens eines Betriebes außer der Gründungs- und der Auflösungsphase haben Einfluß auf die Gliederung der jeweiligen Bilanzen. So sind für die auf die Gründung folgende *Expansionsphase* außer den vom Gründungsvorgang herrührenden Bilanzgegenständen wie „ausstehende Einlagen" und „Kosten der Ingangsetzung des Geschäftsbetriebes" die Bilanzgegenstände „Anlagen im Bau" und „Anzahlungen für Anlagen" typisch. Außerdem kann es durch den in der Expansionsphase besonders hohen Bedarf an Eigen- und Fremdkapital nötig werden, entsprechend den unterschiedlichen Finanzierungsarten und -quellen jeweils besondere Bilanzgegenstände in die Bilanzgliederung aufzunehmen (z. B. Obligationen mit verschiedenen Rückzahlungsterminen und Zinssätzen sowie mit verschiedener Sicherung). Gerade in der Expansionsphase sollte durch eine geeignete Bilanzgliederung der Nachweis erbracht werden, daß der Betrieb nicht durch die Expansion aus seinem finanziellen Gleichgewicht gerät, indem für langfristige Investitionen nur kurzfristige Kredite verwendet werden, ohne daß eine rechtzeitige Konsolidierung, sei es durch Eigenkapitalbildung oder -einzahlung oder sei es durch langfristiges Fremdkapital, gewährleistet ist. Es ist also dringend erforderlich, die das Fremdkapital darstellenden Bilanzgegenstände soweit zu differenzieren, daß die Verpflichtungen des Betriebes durch Fälligwerden von Tilgungsbeträgen und Zinsen in der Bilanz deutlich werden. Geht die Expansion durch die Errichtung zusätzlicher Betriebsstätten an ausländischen oder sonst ferngelegenen Standorten vor sich, so empfiehlt es sich, für die dort eingesetzten Mittel besondere Bilanzgegenstände in die Gliederung aufzunehmen, um dem speziellen Risiko, dem diese Mittel unterliegen (z. B. kann die Kontrolle durch die Geschäftsleitung in entfernteren Betriebsstätten oft nicht so intensiv sein wie nötig, oder es fehlt an Kenntnis der örtlichen Sonderverhältnisse), in der Bilanz durch gesonderten Ausweis und geeignete Bewertung Rechnung zu tragen.

Ganz allgemein kann man wohl sagen, daß das Stadium der Expansion für die Bilanzgliederung erhöhte Anforderungen hinsichtlich der Differenzierung der Bilanzgegenstände bedeutet und daß oft zusätzliche Bilanzgegenstände eingefügt werden müssen.

Von den in der *Stagnationsphase* gegebenen betrieblichen Eigenarten gehen keine besonderen Impulse für die Bilanzgliederung aus, da sie bereits in der vorangegangenen Phase der Expansion oder ggf. der Kontraktion auf den Stand gebracht sein sollte, der dem Geschäftsvolumen angemessen ist. Der Bilanzaufsteller kann sich in der Stagnationsphase hinsichtlich der Gestaltung der Bilanzgliederung darauf beschränken, zu prüfen, ob die Bezeichnungen für die Bilanzgegenstände noch zeitgemäß sind, ob wegen Änderungen von gesetzlichen, satzungsmäßigen oder von aus den Grundsätzen ordnungsmäßiger Buchführung abzuleitenden Vorschriften über den gesonderten Ausweis bestimmter Bilanzgegenstände die Bilanzgliederung zu ändern ist und ob vielleicht zur Verbesserung der Bilanzklarheit die für spätere Investitionen sich ansammelnden liquiden Mittel unter der Bezeichnung „Sicherungsvermögen"[39] oder unter der Bezeichnung „für spätere Investitionen im Anlagevermögen bereitgestellte Mittel" gesondert bilanziert werden sollten. Denn in der Stagnationsphase sind Absatzsteigerungen nicht möglich, und daher ist eine sofortige Investition der durch Abschreibungen auf das Anlagevermögen freigesetzten liquiden Mittel, wenn dadurch die „Periodenkapazität"[40] der Anlagen erhöht wird, nicht sinnvoll. Die Anlagen brauchen nur verbessert, nicht aber erweitert zu werden. Da die Anlagen am Ende ihrer jeweiligen Nutzungsdauer erneuert werden müssen, sollte man in der Bilanz die für Erneuerungsinvestitionen bereitgestellten Vermögensteile (z. B. Teile der liquiden Mittel, der Bankguthaben, der Wertpapiere, der Forderungen, der Vorräte und ggf. der Grundstücke) gesondert ausweisen oder durch entsprechende Vermerke kenntlich machen. Bei indirekter Abschreibung erscheinen auf der Passivseite der Bilanz „Wertberichtigungen zum Anlagevermögen", während das Anlagevermögen zum Anschaffungswert bilanziert ist. Aus der Differenz zwischen diesen beiden Posten kann man auf die Erneuerungsbedürftigkeit der Anlagen schließen. Ist diese Differenz gering, sind die Anlagen bereits weitgehend abgeschrieben und dürften bei einigermaßen verbrauchsorientierten Abschreibungen erneuerungsbedürftig sein. Der Gegenwert der bereits erfolgten Abschreibungen muß sich im Umlaufvermögen ansammeln[41], wenn er nicht zur Verlustdeckung, zur Schuldentilgung, Eigenkapitalrückzahlung oder für Anlagenbeschaffung verwendet worden ist. Stehen relativ hohen Wertberichtigungen zum Anlagevermögen hohe Beträge im Umlaufvermögen gegenüber, so kann man, ohne daß ein gesonderter Ausweis von für Investitionen im Anlagevermögen bereitgestellten Mitteln in der Bilanz zu finden ist, annehmen, daß etwa ein der Höhe der passivierten Wertberichtigungen zum Anlagevermögen entsprechender Betrag des Umlaufvermögens für Investitionen im Anlagevermögen bereitgestellt ist.

---

[39] W. le Coutre, Grundzüge der Bilanzkunde, a.a.O., S. 149.

[40] H. Langen, Die Kapazitätsausweitung durch Reinvestition liquider Mittel aus Abschreibungen, ZfhF 1953, S. 49; E. Kosiol, Anlagenrechnung, Wiesbaden 1955, S. 122.

[41] Vgl. E. Kosiol, Anlangenrechnung, a.a.O., S. 117; H. Langen, Die Kapazitätsausweitung durch Reinvestition liquider Mittel aus Abschreibungen, ZfhF 1953, S. 51.

Daher ist ein gesonderter Ausweis der bereitgestellten Mittel des Umlaufvermögens für Anlagenbeschaffung bei Verwendung der indirekten
Abschreibung nicht so unbedingt erforderlich wie bei direkter Abschreibung.

Befindet sich ein Betrieb in einer *Kontraktionsphase,* kann sich dies
für die Bilanzgliederung dahingehend auswirken, daß einzelne Bilanz-
gegenstände nicht mehr aufgeführt zu werden brauchen (z. B. durch
Rückzahlung nicht mehr benötigten Fremdkapitals einer bestimmten
Finanzierungsart). Im allgemeinen dürfte aber infolge der Kontraktion
nur eine wertmäßige Minderung der Bilanzposten, nicht aber auch eine
Verringerung der Zahl der Bilanzgegenstände eintreten. Als zusätzliche
Bilanzgegenstände können besonders in einer Kontraktionsphase Be-
griffe wie „stillgelegte Anlagen" und „verpachtete Anlagen" in der
Bilanz erscheinen.

In der Wirtschaft ist ein dauernder Anpassungsvorgang an die sich
ständig verändernden Marktverhältnisse und den technischen Fortschritt nötig, um möglichst alle sich bietenden günstigen Chancen für die
Betriebe zu nutzen und ungünstigen Entwicklungen rechtzeitig durch
geeignete Maßnahmen auszuweichen oder entgegenzuwirken. In diesem
Sinne befindet sich jeder wirtschaftende Betrieb ständig in einer mehr
oder weniger ausgeprägten *Wandlungsphase,* von der aber im allgemeinen keine besonderen Einflüsse auf die Bilanzgliederung ausgehen dürften. Nur die einschneidenden und markanten Umwandlungsvorgänge
in einem Betriebe, wie die Einführung eines neuen Produktionspro-
gramms, einer neuen Technik, einer anderen Rechtsform, anderer kon-
zernmäßiger Verflechtungen, das Ausscheiden eines Gesellschafters
bei der OHG oder die Verlegung des Standortes in ein anderes Land
und die Fusion mit einem anderen Betrieb oder die Ausgliederung einzelner Betriebsteile, machen meist auch eine Anpassung der Bilanzgliederung an die neuen Verhältnisse erforderlich. Auf die vom Produktionsprogramm und von der Art der Produktion (neue Technik)
ausgehenden Einflüsse auf die Bilanzgliederung ist schon weiter oben[42]
hingewiesen worden. Die Wahl einer anderen Rechtsform bedeutet für
die Bilanzgliederung die Notwendigkeit, den für die jeweilige Rechtsform geltenden gesetzlichen Bilanzgliederungsschemata angepaßt zu
werden oder, falls solche fehlen, in die gemäß den Grundsätzen ordnungsmäßiger Buchführung für die neue Rechtsform übliche Bilanzgliederung geändert zu werden.

Ähnlich kann sich auch die Wahl eines neuen Standortes in einem
anderen Land mit anderen Bilanzierungsgrundsätzen und -vorschriften

---

[42] Siehe Abschnitt C, III, 1, a, aa und bb dieser
Arbeit, S. 44 ff.

auswirken. Auch ein sonstiger Standortwechsel, z. B. von gemieteten oder gepachteten Räumen und Grundstücken in Gebäude auf eigenem Grund und Boden oder umgekehrt, erfordert die Einführung bzw. das Fortlassen bestimmter Bilanzgegenstände in der Bilanzgliederung (Bauten auf fremden Grundstücken, Grundstücke, Hypothekenschulden, Grundschulden, Gebäude, ggf. Anschlußgleis und Kaianlage).

Eine Veränderung in der Konzernzugehörigkeit oder die Schaffung einer konzernmäßigen Verflechtung kann für die Bilanzgliederung bedeuten, daß sie entsprechend den Weisungen und Bedürfnissen der Obergesellschaft ausgerichtet sein muß, damit eine Konzernbilanz aufgestellt werden kann, und daß die Konzernverbindlichkeiten und -forderungen als solche gesondert in der Bilanzgliederung erscheinen müssen.

Die Ausgliederung von Betriebsteilen (z. B. Verkaufsabteilung als Tochtergesellschaft) führt oft dazu, daß einige Bilanzgegenstände aus der Bilanz verschwinden können, da sie nur der ausgegliederten Abteilung dienten. Stattdessen erscheint neu der Bilanzgegenstand „Beteiligungen" im Anlagevermögen und der gesonderte Ausweis der Forderungen und Verbindlichkeiten aus der Abrechnung mit der ausgegliederten Abteilung als Forderungen an bzw. Verbindlichkeiten gegenüber verbundenen Unternehmen. Gliederungsmäßig entspricht dann die Konzernbilanz (nach der Ausgliederung) der Betriebsbilanz vor der Ausgliederung, mit Ausnahme eines Konsolidierungsausgleichspostens im Falle von wertmäßigen Abweichungen zwischen den Buchwerten des Beteiligungskontos und des Vermögens des ausgegliederten Betriebsteiles. Außerdem werden in Konzernbilanzen die Vorräte meist in einer Summe ausgewiesen, weil bei vertikalen Konzernen mit mehreren Produktionsstufen die Relativität der Begriffe „Rohstoffe", „unfertige Erzeugnisse" und „fertige Erzeugnisse" sehr leicht zu Mißverständnissen führen würde, da ja unter Umständen die Bestände an fertigen Erzeugnissen des einen Konzerngliedes zusammen mit den Rohstoffbeständen eines anderen Konzerngliedes vielleicht als unfertige Erzeugnisse des Konzerns in der Konzernbilanz auszuweisen wären, wenn die Konzernbilanz der Bilanz eines nicht in Konzernglieder eingeteilten Betriebes entsprechen soll.

Findet eine Fusion innerhalb eines Konzernes statt, bei der die Obergesellschaft die Untergesellschaft aufnimmt, entfallen die Bilanzgegenstände „Forderungen an verbundene Unternehmen", „Verbindlichkeiten gegenüber verbundenen Unternehmen" und „Beteiligungen"[43], soweit sie sich auf den fusionierten Konzernteil beziehen. Die Hinzufügung von Bilanzgegenständen, die nur dem übernommenen Betrieb dienen,

---

[43] Bezeichnungen der Bilanzgegenstände nach § 151 Abs. 1 AktG 1965.

wird in der Bilanz der übernehmenden Gesellschaft erforderlich. Liegt die Gegenleistung für die übernommenen Vermögenswerte höher als deren Buchwerte und werden die stillen Reserven nicht durch Höherbewertung aufgelöst, so muß der Differenzbetrag z. B. unter der Bezeichnung „Verschmelzungsmehrwert"[44] gesondert bilanziert werden (§ 348 Abs. 2 AktG 1965). Die in der Praxis aufgemachten Fusionsbilanzen unterscheiden sich nur durch die Offenlegung der stillen Reserven von anderen Bilanzen. Mit ihrer Hilfe soll für das Umtauschverhältnis der Kapitalanteile der Wert der Unternehmung als Ganzes ermittelt werden. Allerdings werden Ertragswertberechnungen anstelle der bilanziellen Methode der Unternehmenswertermittlung vorgezogen, nachdem nachgewiesen ist, daß eine Bilanz zur Ermittlung des Wertes einer Unternehmung als Ganzes nicht geeignet ist[45].

Auch im Falle des Ausscheidens eines Gesellschafters aus einer Personengesellschaft kann man von einer Wandlungsphase des betroffenen Betriebes sprechen, da sich in Personengesellschaften der Einfluß der persönlichen Eigenarten und Qualitäten der Gesellschafter auf den Betrieb besonders deutlich auswirkt. Beim Ausscheiden eines Gesellschafters muß in der Bilanz anstelle seines Kapitalanteils sein Auseinandersetzungsguthaben ausgewiesen werden, dessen wertmäßige Festlegung oft mit Hilfe einer besonderen Auseinandersetzungsbilanz, in der die Bilanzgegenstände neu bewertet werden, erfolgt[46]. Dabei können auch in der regulären Bilanz nicht enthaltene Bilanzgegenstände berücksichtigt werden, die durch die Legung stiller Reserven zu Lasten der Gewinnauszahlung an den nun ausscheidenden Gesellschafter oder infolge einer allzu strengen Auslegung des Vorsichtsprinzips bereits völlig abgeschrieben waren. Da die Neubewertung in der Auseinandersetzungsbilanz immer sehr schwierig ist, wird auch das auf Vorausschätzungen basierende Ertragswertverfahren zur Ermittlung des Auseinandersetzungsguthabens herangezogen. Da das wie auch immer ermittelte oder ausgehandelte Auseinandersetzungsguthaben fast immer von dem bilanziellen Kapitalposten des ausscheidenden Gesellschafters abweicht, weil es ja auch stille Reserven enthält, müßte für die Differenz ein Ausgleichsposten eingeführt werden, was aber auf die Aktivierung eines originären Geschäftswertes hinausliefe und deshalb nach den Grundsätzen ordnungsmäßiger Buchführung unzulässig ist.

Man führt den Ausgleich bei einem den Kapitalposten übersteigenden Auseinandersetzungsguthaben durch Verminderung der Kapitalposten

---

[44] E. Heinen, Handelsbilanzen, 4. Auflage, Wiesbaden 1968, S. 323 f.

[45] Vgl. E. Heinen, Handelsbilanzen, a.a.O., S. 316; E. Kosiol, Buchhaltung und Bilanz, 2. Auflage, Berlin 1967, S. 12; H. Münstermann, Wert und Bewertung der Unternehmung, Wiesbaden 1966, S. 19 ff. und zur Ertragswertermittlung S. 29—90.

[46] Vgl. E. Heinen, Handelsbilanzen, a.a.O., S. 339—344.

der übrigen Gesellschafter und soweit möglich auch durch Erhöhung der Buchwerte der Vermögensposten herbei[47]. Für die Bilanzgliederung hat also das Ausscheiden eines Gesellschafters keinen besonderen Einfluß, außer daß ggf. völlig abgeschriebene Bilanzgegenstände, die in den Bilanzen bereits nicht mehr geführt wurden, wieder mit neuen Werten in die Bilanz aufgenommen werden und das Kapitalkonto des ausgeschiedenen Gesellschafters nicht mehr als Bilanzgegenstand erscheinen kann.

Entsprechend ist die Situation bei der Aufnahme eines neuen Gesellschafters. Es muß für die Verbuchung seines Kapitalanteiles ein persönliches Kapitalkonto eingeführt werden. Erfolgt die Einlage in Sachgütern, so kann durch deren Eigenart die Bilanzgliederung geändert werden, wenn die entsprechenden Bilanzgegenstände zuvor noch nicht in der Bilanz vorhanden waren. Bei Bareinlagen wird auf den Geschäftsanteil oft nicht die volle Einlage angerechnet, sondern zum Ausgleich von stillen Reserven, an denen der neue Gesellschafter beteiligt wird, wird in Höhe des den Geschäftsanteil übersteigenden Einzahlungsbetrages eine offene Rücklage als zusätzlicher Bilanzposten gebildet, falls nicht der Bareinleger direkt an die Mitgesellschafter eine Ausgleichszahlung leistet, ohne daß die Bilanz der Gesellschaft davon berührt wird[48].

2. Von der Wirtschaftsordnung abhängige Bedingungen der Bilanzgliederung

Für die moderne arbeitsteilige Fremdbedarfsdeckungswirtschaft in meist auf wenige Produkte spezialisierten Betrieben sind verschiedene Wirtschaftsordnungen denkbar, deren betriebswirtschaftliche Bedeutung hauptsächlich darin liegt, ob sie ein Wirtschaften der Betriebe nach dem Autonomieprinzip, das dem einzelnen Betrieb selbständige Entscheidungen und Planungen überläßt, oder ob sie ein Wirtschaften der Betriebe nach dem Organprinzip vorsieht, bei dem Entscheidung und Planung betriebsextern von besonderen staatlichen Lenkungsstellen vorgenommen werden[49]. Zwischen diesen beiden als Extremfälle anzusehenden Wirtschaftsordnungen gibt es in der Realität zahlreiche Abstufungen und Kombinationen interner und externer Betriebsplanung[50] und auch Unterschiede in der Lenkungsmethode zwischen Bürokratie und pretialer Lenkung. Ein Hinweis auf die Gegensätzlichkeit und Vielfalt der Wirtschaftsordnungen möge hier genügen, um zu zei-

---

[47] Vgl. E. Heinen, a.a.O., S. 343.
[48] Vgl. E. Heinen, a.a.O., S. 317 f.
[49] Unterscheidung nach E. Gutenberg, Grundlagen der Betriebswirtschaftslehre, Band 1, Die Produktion, 4. Auflage, Berlin, Göttingen, Heidelberg 1958, S. 345.
[50] Vgl. E. Grochla, Betrieb und Wirtschaftsordnung, Berlin 1954, S. 34 ff.

gen, daß sie von erheblichem Einfluß auf die Art der Betriebsführung sind, und, wenn man die Bilanz als ein Instrument der Betriebsführung, insbesondere als eine der Grundlagen für betriebspolitische Entscheidungen und Planungen ansieht, auch Einfluß auf die jeweils zweckmäßige Gestaltung, d. h. Gliederung und Bewertung, der Bilanz besitzen. Im einzelnen bedeutet das, daß, wenn je nach der herrschenden Wirtschaftsordnung andere Stellen über die Betriebspolitik oder bestimmte Teile davon zu entscheiden haben, jeweils dementsprechend andere Bilanzempfänger mit eigenen Anforderungen an die Bilanz und ihre Gliederung berücksichtigt werden müssen. Diese Anforderungen schlagen sich bei Wirtschaftsordnungen, die nach dem Organprinzip mit (vorwiegend) externer Betriebsplanung arbeiten, in verbindlichen Vorschriften für die Gliederung der Bilanz, für die Bezeichnung und sachliche Abgrenzung der Bilanzgegenstände und für die Bewertung der Bilanzposten nieder, die für alle Betriebe eines bestimmten Bereiches einheitlich für einen längeren Zeitraum gelten sollen. Durch diese Maßnahmen sollen die einheitliche Leitung, Betreuung und Kontrolle der Betriebe und der Betriebsvergleich gefördert werden. Durch die Vereinheitlichung der Bilanzgliederungen geht die Möglichkeit, auf betriebsindividuelle Besonderheiten in der Bilanzgliederung Rücksicht zu nehmen, leicht verloren, was zu unzureichender Information der Bilanzempfänger und infolgedessen auch zu Fehlentscheidungen führen kann, wenn nicht detaillierte Sonderberichte und Nachweise außerhalb der Bilanz unter entsprechend höherem Arbeitsaufwand erstellt und von den entscheidungsberechtigten Bilanzempfängern ausgewertet werden.

Eng verbunden mit manchen Wirtschaftsordnungen ist eine entsprechende Ideologie, der eine ganz bestimmte Ausdrucksweise und Interpretation wirtschaftlicher Sachverhalte eigen ist. So findet man z. B. in den Bilanzen der mitteldeutschen „Volkseigenen Betriebe" (VEB) wohl aufgrund der ideologischen Ablehnung des Kapitalismus nicht die Bezeichnung „Kapital" sondern „Grundmittelfonds" und „Umlaufmittelfonds" für die Deckung der vom Staatshaushalt finanzierten Grund- und Umlaufmittel[51]. Die Ausdrücke „Grundmittel" und „Umlaufmittel" werden anstelle der wohl auch zu kapitalistisch klingenden Ausdrücke „Anlagevermögen" und „Umlaufvermögen" verwendet. Daraus, daß die Produktionsmittel volkseigen sind, wird die Berechtigung abgeleitet, in Höhe des Zeitwertes der Grundmittel[52] den Passivposten „Grundmittelfonds" in der Bilanz als besonderes Eigenkapital für Anlagevermögen aufzuführen. Es handelt sich dabei um eine direkte Zurechnung von

---

[51] Das Rechnungswesen der sozialistischen Industriebetriebe, Teil 1, 7. Auflage, Berlin (1964), S. 26 ff.
[52] Vgl. ebenda, S. 27.

einzelnen Aktiva zu bestimmten Passiva[53], die zu einer weitgehenden „Gliederungs- und Wertidentität der Aktiva und Passiva"[54] führt und die in den Bilanzen anderer Betriebe in anderer Wirtschaftsordnung nicht möglich wäre, da sämtliche Aktiva als Summe durch die Gesamtheit der Passiva gedeckt sind[55], wenn man von durchlaufenden Posten wie Treuhandvermögen absieht. Man kann bei den VEB aber die dem Betriebe zur Verfügung stehenden Mittel als Treuhandvermögen auffassen, das für den Staat bzw. das Volk im Betriebe verwaltet und genutzt wird.

In einer Wirtschaftsordnung mit Volkseigentum an den Produktionsmitteln und betriebsexterner Planung ist die Bilanz eines Volkseigenen Betriebes Teil der Finanzberichterstattung an die übergeordnete Vereinigung Volkseigener Betriebe (VVB) oder an staatliche Organe, an die Notenbank und an den Rat des Kreises[56]. Diese Stellen interessiert der Stand und die Entwicklung der im Betriebe eingesetzten Mittel für die Zwecke einer volkswirtschaftlichen Gesamtrechnung, für den Betriebsvergleich und die Kontrolle der Planerfüllung (z. B. Richtsatzplan für Umlaufmittel, Kreditplan und Investitionsplan).

Gemäß ihrer besonderen Zwecksetzung ist die Bilanz der VEB in drei Abschnitte auf der Aktivseite (Grundmittel, Umlaufmittel, Betriebsergebnis) und zwei Abschnitte auf der Passivseite (Fonds, Betriebsergebnis) eingeteilt[57]. Entsprechend der Aufteilung in Eigen- und Fremdkapital unterscheidet man in den VEB-Bilanzen eigene Fonds, die aus dem Staatshaushalt finanziert sind, und fremde Fonds, die sich aus Darlehen für Richtsatzplanbestände und Bankkrediten der Deutschen Notenbank und Lieferverbindlichkeiten zusammensetzen[58].

Eine ähnliche Gestalt weisen auch die Bilanzen in der UdSSR und der CSSR auf. In der CSSR werden die Aktiva in 4 Gruppen eingeteilt (A. Grundmittel, B. Wirtschaftsgüter außerhalb des Umlaufs und richtsatzgebundene Umsatzmittel, C. Nichtrichtsatzgebundene Umsatzmittel, Forderungen und sonstige Aktiva, D. Wirtschaftsmittel und Aufwendungen für Investitionen und Generalreparaturen) und jeder dieser

---

[53] Diese Einzeldeckung bestimmter Aktiva durch bestimmte Passiva ist auch in sowjetrussischen Bilanzen zu finden. Vgl. A. A. Afanassjew, Grundzüge des Aufbaues einer buchhalterischen Bilanz, Berlin (Ost) 1953, S. 146 und 147.

[54] E. Weisenseel Die Grundlagen und die charakteristischen Grundzüge der Bilanz in der volkseigenen Industrie, Diss. Frankfurt/Main 1963, S. 61.

[55] Vgl. E. Kosiol, Buchhaltung und Bilanz, 2. Auflage, Berlin 1967, S. 13.

[56] Vgl. Das Rechnungswesen der sozialistischen Industriebetriebe, Teil 2, 4. Auflage, Berlin (1964), S. 161.

[57] Vgl. ebenda, S. 162—164.

[58] Vgl. Das Rechnungswesen der sozialistischen Industriebetriebe, Teil 1, 7. Auflage, a.a.O., S. 26 f.

Gruppen ein entsprechendes Passivum gegenübergestellt[59]. In der UdSSR werden ebenfalls 4 Gruppen von Aktiva (A. Grundmittel und abgezweigte Mittel, B. Richtsatzgebundene Mittel, C. In Verrechnung befindliche Mittel, D. Mittel in Investitionen) jeweils einer entsprechenden Gruppe von Passiva gegenübergestellt[60].

Allgemein läßt sich feststellen, daß von der Wirtschaftsordnung Einflüsse ausgehen, die eine spezielle Zwecksetzung für die Bilanz oder bestimmte Teile davon zur Folge haben[61]. Um diesen Zwecken gerecht zu werden, sind besondere Gliederungs- und Bewertungsmaßnahmen in der Bilanz anzuwenden, je nachdem, ob die Bilanz wie beim Organprinzip mehr betriebsexternen Stellen als Entscheidungsunterlage und Kontrollmittel dienen soll oder wie beim Autonomieprinzip vorwiegend für den betriebsinternen Gebrauch betimmt ist. Auch beim Autonomieprinzip kann die Wahl der geeigneten Bilanzgliederung nicht beliebig von jedem Betrieb getroffen werden, sondern auch hier wird durch gesetzliche Vorschriften, durch die das allgemeine Interesse der Öffentlichkeit und das besondere der Gläubiger, der Arbeitnehmerschaft, der Teilhaber und der Steuerbehörden an einer aussagekräftigen Bilanz gesichert werden soll, ein Rahmen gesetzt, innerhalb dessen sich die gewählte Bilanzgliederung zu halten hat.

3. Von Rechnungsgrundsätzen abhängige Bedingungen

Es gibt allgemeingültige Prinzipien, die von ordentlichen Kaufleuten als guter Handelsbrauch bei der Buchführung und Bilanzierung beachtet werden oder beachtet werden sollten. Diese Prinzipien basieren auf einer langen Tradition, passen sich aber durch laufende Weiterentwicklung den jeweils zeitbedingten wirtschaftlichen Verhältnissen an. Sie sind nämlich nicht starr festgelegt, wenn sie auch in vielen gesetzlichen Vorschriften[62] über die Buchhaltung und Bilanzierung mehr oder weniger präzise fixiert worden sind, sondern dadurch, daß sie von den jeweils als guter Handelsbrauch bei ehrbaren Kaufleuten (z. B. vertreten durch den Bundesverband der Deutschen Industrie sowie Industrie- und Handelskammern) und auch Buchhaltungsfachleuten (z. B. vertreten

---

[59] Vgl. Josef Blecha. Der tschechoslowakische Kontenrahmen für Industriebetriebe und die Organisation ihres Rechnungswesens, ZfB 1962, S. 290.

[60] Vgl. A. A. Afanassjew, Die Grundzüge des Aufbaues einer buchhalterischen Bilanz, 3. Auflage, Berlin 1953, S. 146 f.

[61] Die besonderen Aufgaben der Bilanzen volkseigener Betriebe im Rahmen der Planwirtschaft werden den Aufgaben der Bilanz in der Marktwirtschaft von E. Weisenseel, Die Grundlagen und die charakteristischen Grundzüge der Bilanz in der volkseigenen Industrie, Diss. Frankfurt (Main) 1963, passim gegenübergestellt. Die Arbeit berücksichtigt die Entwicklung des Rechnungswesens in der DDR bis etwa zum Jahre 1956.

[62] Zum Beispiel §§ 38 ff. HGB; §§ 148—178 AktG 1965; §§ 41 f. GmbH-Gesetz; §§ 33—33 h Genossenschaftsgesetz von 1889.

durch das Institut der Wirtschaftsprüfer in Deutschland e. V., Düsseldorf) geltenden Gepflogenheiten bestimmt sind, ist den Grundsätzen ordnungsmäßiger Buchführung und Bilanzierung eine hohe Flexibilität eigen und ihre ständige Aktualität gewährleistet[63]. Trotz dieser Flexibilität sind sie für den einzelnen bilanzierenden Betrieb als ein feststehender Rahmen anzusehen, innerhalb dessen die Buchführung und Bilanzierung zu bleiben hat.

Nach Gutenberg gelten für die Buchhaltung, deren Ordnungsmäßigkeit ja die Voraussetzung für eine ordnungsmäßige Bilanz ist, die Grundsätze „... der Vollständigkeit, der jederzeitigen Nachprüfbarkeit und der materiellen Richtigkeit der buchhalterischen Aufzeichnungen"[64].

Diese konzentriert formulierten Grundsätze enthalten die auch für die Gliederung einer aus der Buchführung zu entwickelnden Bilanz bedeutsamen Grundsätze der Klarheit, der Übersichtlichkeit, der Verwendung einer lebenden Sprache und deren Schriftzeichen, des Verbotes, Forderungen und Schulden auf falsche oder erdichtete Namen oder ohne dahinter stehenden Anspruch zu buchen, und des Gebotes der vollständigen Erfassung aller buchungsfähigen Geschäftsvorfälle und der sachlich richtigen Bezeichnung der Konten. Die materielle Richtigkeit der Buchführung wird durch Abstimmung mit den Ergebnissen einer permanenten oder einer Stichtagsinventur gewährleistet. Durch die Abstimmung mit dem Inventar wird verhindert, daß etwa nicht mehr verfügbare Gegenstände als Bilanzgegenstände und -posten in der Bilanz erscheinen können und daß unbeabsichtigt bilanzfähige Vermögensteile von der Bilanzierung ausgeschlossen werden.

Daß die Grundsätze ordnungsmäßiger Buchführung auch für den Jahresabschluß und damit für die Bilanz gelten sollen[65], wird ausdrücklich im § 149 Abs. 1 AktG 1965 vorgeschrieben. Danach soll der Jahresabschluß insbesondere klar und übersichtlich aufgestellt werden und „... muß im Rahmen der Bewertungsvorschriften einen möglichst sicheren Einblick in die Vermögens- und Ertragslage der Gesellschaft geben"[66]. Dieser Absatz kann mehr oder weniger streng ausgelegt werden. Nimmt man es mit den Erfordernissen der Klarheit und Übersichtlichkeit sehr genau, so dürfte die im § 151 Abs. 1 AktG 1965 enthaltene Bilanzgliederung für viele Betriebe nicht ausreichen oder nicht gut geeignet sein, wenn z. B. der Betrieb in mehreren Ländern und in meh-

---

[63] Vgl. U. Leffson, Die Grundsätze ordnungsmäßiger Buchführung, Düsseldorf 1964, S. 3, vgl. auch S. 43 f.

[64] E. Gutenberg, Einführung in die Betriebswirtschaftslehre, Wiesbaden 1958, S. 171.

[65] Vgl. U. Leffson, Die Grundsätze ordnungsmäßiger Buchführung, Düsseldorf 1964, S. 2 und S. 4; E. Heinen, Handelsbilanzen, a.a.O., S. 82.

[66] § 149 Abs. 1 AktG 1965.

reren Branchen aktiv ist und dies in der Bilanz zum Ausdruck kommen soll. Für solche Betriebe kann aufgrund des § 149 AktG 1965 eine andere Gliederung der Bilanz als die des § 151 gesetzlich erforderlich sein. Sie muß allerdings die im § 151 Abs. 1 genannten Bilanzgegenstände und -posten gesondert enthalten[67]. Die Reihenfolge und Bezifferung dürfte dabei wohl nicht eingehalten werden können und müssen.

Im Rahmen der Grundsätze ordnungsmäßiger Buchführung müssen bei der Bilanzgliederung die Grundsätze ordnungmäßiger Bilanzierung beachtet werden. Hierbei handelt es sich im einzelnen um die Grundsätze der Bilanzkontinuität, der Bilanzwahrheit und der Bilanzklarheit.

Der Grundsatz der *Bilanzkontinuität* verlangt die Übereinstimmung der Schlußbilanz der abgelaufenen Bilanzperiode mit der Eröffnungsbilanz der folgenden Periode (Bilanzidentität), und zwar hinsichtlich der Gliederung, der Benennung der Bilanzgegenstände, der Zuordnungsregeln zwischen realen Gegenständen und Bilanzgegenständen (inhaltliche Abgrenzung) und der Bewertungsverfahren[68]. Die Einhaltung dieses Grundsatzes bedeutet für die Bilanzgliederung, daß nicht ohne weiteres zum Beginn eines neuen Geschäftsjahres eine andere Bilanzgliederung verwendet werden kann[69]. Außerdem soll nicht durch unterschiedliche Gliederung die Vergleichbarkeit zwischen den Schlußbilanzen aufeinander folgender Perioden unmöglich gemacht werden. Wenn ein Wechsel der Bilanzgliederung nicht zu vermeiden ist, wie es z. B. nach dem Inkrafttreten der Gliederungsvorschriften laut § 151 AktG 1965 der Fall war, versucht man den Grundsätzen ordnungsmäßiger Buchführung, insbesondere dem Grundsatz der Bilanzkontinuität gerecht zu werden, indem man nachträglich für die Zwecke des Bilanzvergleiches eine oder mehrere zurückliegende Bilanzen nach dem neuen Schema gliedert. Auch durch die Einführung der Mehrwertsteuer[70] erhalten manche Bilanzposten einen neuen sachlichen Inhalt infolge der gesonderten Abrechnung und Verbuchung der Umsatzsteuer. Durch diese steuerrechtliche Maßnahme wird die Vergleichbarkeit der Bilanzen vor und nach der Einführung der Mehrwertsteuer beeinträchtigt, da der Grundsatz der Bilanzkontinuität wegen der Änderung des sachlichen Inhaltes einiger Bilanzgegenstände verletzt wird. Da die steuerlichen Vorschriften auch dem Bilanzleser zugänglich sind, kann er sie bei sei-

---

[67] Vgl. Adler—Düring—Schmaltz, a.a.O., § 149 Tz. 23, S. 23 und § 151 Tz. 9, S. 168.

[68] Vgl. G. Wöhe, Einführung in die Allgemeine Betriebswirtschaftslehre, 8. Auflage, Berlin und Frankfurt/Main 1968, S. 513 f; E. Heinen, Handelsbilanzen, a.a.O., S. 94 f.

[69] Vgl. G. Wöhe, Einführung in die Allgemeine Betriebswirtschaftslehre, a.a.O., S. 515.

[70] Umsatzeuergesetz vom 29. 5. 1967 (BGBl. I 545).

nen Betrachtungen berücksichtigen, und dadurch wird für ihn der Bilanzvergleich nur erschwert, aber nicht unmöglich oder fragwürdig. Der Grundsatz der *Bilanzwahrheit* wird zwar oft nur mit Bewertungsproblemen der Bilanz in Zusammenhang gebracht[71], er betrifft aber auch die Gliederung einer Bilanz, wenn man von einer wahren oder wenigstens relativ wahren Bilanz[72] verlangt, daß sie entsprechend den Grundsätzen ordnungsmäßiger Buchführung vollständig ist, also wie in § 40 Abs. II HGB vorgeschrieben, *sämtliche* Vermögensgegenstände und Schulden enthält, und frei von falschen oder fiktiven Bilanzgegenständen und -posten ist sowie nur aus richtiger Periodenabgrenzung resultierende Verrechnungsposten mit zutreffender Bezeichnung umfaßt.

Der für die Bilanzgliederung wichtigste Bilanzierungsgrundsatz ist der Grundsatz der *Bilanzklarheit*. Nach le Coutre erfordert die Bilanzklarheit:

„1. *Eindeutige,* sachlich zutreffende *Bezeichnung* des Inhaltes der einzelnen Bilanzposten.

2. *Aufgliederung nach den wirtschaftlichen Zwecken,* für die die einzelnen Vermögens- und Kapitalteile im Betriebe eingesetzt sind (Funktionen und Aufgaben).

3. *Auseinanderhaltung* der wesensverschiedenen Vermögens- und Kapitalteile (natürliche Arten, rechtliche Bindungen und spezifische Risiken).

4. *Vollständige Angabe* aller Vermögens- und Kapitalbestände, die in Betrieb und Unternehmung investiert sind.

5. *Sichtbarmachung der Bewertung* aller Bilanzposten, insbesondere aller Vermögensteile"[73].

Diese die Bilanzklarheit betreffenden Ausführungen le Coutres überschneiden sich teilweise mit den Erfordernissen für die Bilanzwahrheit. Le Coutre versteht nämlich unter einer wahren Bilanz eine Bilanz, die klar und vollständig ist, „die Vermögensteile zu Anschaffungswerten anführt ... (und die) ... vorgenommene Bewertung der einzelnen Bilanzposten durch Anwendung der indirekten Bewertungsmethode ersichtlich macht"[74]. Vollständigkeit und Sichtbarmachung der Bewertung gehören demnach also sowohl zur Bilanzklarheit als auch zur

---

[71] So z. B. E. Gutenberg, Einführung in die Betriebswirtschaftslehre, Wiesbaden 1958, S. 171 f.
[72] Vgl. E. Heinen, Handelsbilanzen, a.a.O., S. 91 f.
[73] W. le Coutre, Grundzüge der Bilanzkunde, Teil 1, 4. Auflage, Wolfenbüttel 1949, S. 248 f. (Hervorhebungen im Original gesperrt).
[74] Ebenda, S. 250 f. (Sperrungen weggelassen).

Bilanzwahrheit, der nach le Coutre auch die Bilanzklarheit zu dienen hat[75].

Für die vorliegende Untersuchung ist es aber nicht wesentlich, eine präzise Trennung zwischen den einzelnen Grundsätzen ordnungsmäßiger Buchführung und Bilanzierung zu finden und vorzunehmen, vielmehr kommt es darauf an, diese Grundsätze als ein zusammenhängendes System von Bedingungen zu begreifen, die als fester Rahmen bei der Bilanzgliederung zu beachten sind. Da sich die Grundsätze ordnungsmäßiger Buchführung und Bilanzierung nicht nur auf die Bilanzgliederung, sondern auch auf die Bewertung und die technische Durchführung von Buchungen und Aufbewahrungsmaßnahmen beziehen, brauchen hier nur diejenigen Elemente der Grundsätze ordnungsmäßiger Buchführung und Bilanzierung behandelt zu werden, die für die Bilanzgliederung wichtig sind. *Danach muß eine Bilanzgliederung, die den Grundsätzen ordnungsmäßiger Buchführung und Bilanzierung entspricht, die folgenden Bedingungen erfüllen:*

1. Die Bezeichnung jedes Bilanzgegenstandes muß seinem sachlichen Inhalt entsprechen.

2. Es dürfen keine mehrdeutigen Bezeichnungen verwendet werden.

3. Der Begriff eines Bilanzgegenstandes muß so definiert sein, daß nachzuprüfen ist, auf welche Wirtschaftsgüter oder rein rechnerischen Tatbestände (Wertberichtigung, Abgrenzungsposten, Korrekturposten) er sich bezieht.

4. Der Begriff eines Bilanzgegenstandes muß so eng sein, daß in ihm nicht ein zu großer Anteil der Gesamtheit der Aktiva oder der Passiva zusammengefaßt wird und dadurch in der Bilanz keine ausreichende Differenzierung und Klarheit erreicht wird.

5. Die Begriffe der Bilanzgegenstände sollen so gebildet sein, daß alle bilanzfähigen Gegenstände, ohne daß Zuordnungsschwierigkeiten entstehen, ihren Platz in der Bilanz finden können (Vollständigkeitsprinzip).

6. Um die Übersichtlichkeit einer Bilanz zu fördern, sollten Bagatellposten unter einem Bilanzgegenstand mit weitem Begriffsumfang zu einem Sammelposten (z. B. „sonstige Aktiva") zusammengefaßt werden, soweit dies ohne Verstoß gegen gesetzliche Vorschriften oder gegen die Grundsätze ordnungsmäßiger Buchführung möglich ist.

7. Die von le Coutre geforderte „Sichtbarmachung der Bewertung aller Bilanzposten . . ."[76] zielt auf die indirekte Abschreibung mit Ausweis

---

[75] Vgl. ebenda, S. 251.
[76] W. le Coutre, Grundzüge der Bilanzkunde, a.a.O., S. 249 (Sperrung weggelassen).

der Bruttoanschaffungswerte und der aufgelaufenen Abschreibungen als besonderen Bilanzposten. Heute wird dieses Verfahren nur für das Anlagevermögen gelegentlich angewandt, obwohl es im Prinzip auf alle Bilanzgegenstände anzuwenden wäre, für die Abschreibungen verrechnet werden. Die Anwendung der indirekten Abschreibung bedeutet für die Bilanzgliederung die Einführung zusätzlicher Bilanzgegenstände und -posten.

8. Um der Bilanzklarheit willen dürfen Aktiv- und Passivposten nicht saldiert werden[77].

9. Die Bilanz muß in einer lebenden Sprache und mit den „Schriftzeichen einer solchen" (§ 43 Abs. I HGB) aufgestellt werden. Das HGB fordert dies für die „ ... Führung der Handelsbücher und bei den sonst erforderlichen Aufzeichnungen ..."[78], also auch für die Bilanz. Das bedeutet, daß auch die Mängel und Ungenauigkeiten der verwendeten Sprache, wie z. B. ein regional und zeitlich verschiedener Sprachgebrauch, sich in der Bilanz ungünstig auswirken und die Eindeutigkeit und Klarheit der Bilanz beeinträchtigen können. Diese Gefahr wird vermindert, wenn in der Bilanz nicht die Ausdrücke der Umgangssprache mit der umgangssprachlich ungenauen Interpretation verwendet werden, sondern eine von Wissenschaftlern und Buchhaltungsfachleuten gepflegte *Fachsprache,* die mit klaren Begriffen arbeitet und zumindest bei Fachleuten rein sprachlich bedingte Mängel an Eindeutigkeit und Klarheit ausschließen soll. Dieser Vorteil der Fachsprache in der Bilanz steht dem Nachteil gegenüber, daß mit fortschreitender Entwicklung und Verfeinerung einer Fachsprache eine Entfernung von der Umgangssprache verbunden ist, die dazu führt, daß es auch dem gebildeten Laien unmöglich ist, die Fachsprache richtig zu verstehen. Da die Bilanzempfänger aber nicht nur Buchhaltungsfachleute sind, sollte in der Bilanz die Anwendung einer zu weit entwickelten Fachsprache vermieden werden. Wenn die Grundsätze ordnungsmäßiger Buchführung und Bilanzierung die Verwendung einer lebenden Sprache vorschreiben, so soll damit erreicht werden, daß die Angaben nachprüfbar und nötigenfalls unter Hinzuziehung eines Dolmetschers allgemeinverständlich sind.

Wird die Bilanz durch entsprechende Ausführungen in einem Geschäftsbericht erläutert, wie es bei Aktiengesellschaften (§ 160 AktG 1965) und Genossenschaften (§ 33 GenG) vorgeschrieben ist, so kann auch eine Fachsprache-Bilanz den Laien weitgehend verständlich gemacht werden. Bei den Nicht-Aktiengesellschaften ist der Kreis der Bilanzempfänger ohnehin klein und besteht oft zu einem großen

---

[77] Vgl. E. Heinen, Handelsbilanzen, 4. Auflage, Wiesbaden 1968, S. 91.
[78] § 43 Absatz I HGB.

Teil aus Fachleuten, so daß besondere Erläuterungen zu den in der Bilanz gebrauchten Fachausdrücken nicht erforderlich wären. Die Anwendung einer Fachsprache ist also nicht in jedem Falle für die Bilanz abzulehnen, sondern nur dann, wenn durch sie gegenüber bestimmten Bilanzempfängern der Bilanzinhalt verschleiert und unverständlich gemacht wird und Erläuterungen nicht gegeben werden.

Die unter den Ziffern 1 bis 9 genannten, auf den Grundsätzen ordnungsmäßiger Buchführung und Bilanzierung basierenden Bedingungen für die Bilanzgliederung beziehen sich auf die Wahl geeigneter Begriffe und Bezeichnungen und die Vollständigkeit der Bilanz. Diese Bedingungen gelten für die Bilanzgliederung, unabhängig davon, welcher besondere Zweck mit der Bilanz verfolgt werden soll. Nach Heinen enthalten die Grundsätze ordnungsmäßiger Buchführung und Bilanzierung alle Regeln, „ ... die zur richtigen Rechenschaftslegung, d. h. primär zur Ermittlung des richtigen Periodenerfolges erforderlich sind"[79]. Das bedeutet die Bezugnahme auf einen bestimmten Bilanzzweck. Auch Leffson orientiert sich hinsichtlich der Grundsätze ordnungsmäßiger Buchführung an Hauptzwecken der Buchführung und des Jahresabschlusses, wofür er Dokumentation und Rechenschaft angibt, und Nebenzwecken wie Kontrolle des Betriebes insgesamt und in seinen Teilen und die Ermittlung eines verteilbaren Jahresgewinnes[80]. Bezieht man in die Grundsätze ordnungmäßiger Buchführung und Bilanzierung bestimmte Zwecksetzungen mit ein, was nicht immer expliziert wird, so lassen sich als Erfordernisse für die Bilanzklarheit bestimmte Gliederungsgesichtspunkte nennen, wie Gliederung der Aktiva nach den gewollten Verwendungszwecken, nach dem Grade der Realisierbarkeit, nach der Risikobelastung und der Passiva nach Herkunft und nach Fristen.

4. Von der Bewertung abhängige Bedingungen

Bei einer Untersuchung über die Gliederung der Bilanz ist die Bewertungsart, die auf die Bilanzposten angewendet wird, als ein Datum anzusehen, das für die Bildung einer Bilanzgliederung den Charakter einer Rahmenbedingung hat. Bei der Bilanzgliederung sollte auf die Bewertung der Bilanzposten Rücksicht genommen werden, da es die Bilanzklarheit beeinträchtigt, wenn in einem Bilanzposten Werte verschiedenen Charakters zusammengefaßt werden, wie z. B. ursprüngliche pagatorische Anschaffungswerte und abgeleitete pagatorische Werte

---

[79] E. Heinen, Handelsbilanzen, a.a.O., S. 81 (Hervorhebungen weggelassen).

[80] Vgl. U. Leffson, Die Grundsätze ordnungsmäßiger Buchführung, Düsseldorf 1964, S. 45.

(Tagesbeschaffungswerte)[81]. Sind die unter einem Bilanzgegenstand bilanzierten Objekte nicht zur gleichen Zeit angeschafft worden, so werden in dem zugehörigen Bilanzposten Anschaffungswerte, die zu verschiedenen Terminen realisiert wurden, zusammengefaßt. Dabei kann für die verschiedenen Termine jeweils ein anderes Preisniveau gegolten haben[82]. Daher entsteht auch bei Anwendung des Anschaffungswertprinzips in einem solchen Fall in dem betreffenden Bilanzposten ein Wertegemisch aus realisierten pagatorischen Werten.

Zu einem Wertegemisch aus realisierten und nicht realisierten pagatorischen Werten in den Bilanzposten führt das Niederstwertprinzip, wenn es als „exaktes Niederstwertprinzip"[83], wie es in § 155 Abs. 2 AktG 1965 vorgeschrieben ist, angewendet wird. Denn z. B. in dem zu dem Bilanzgegenstand „Vorräte an Roh-, Hilfs- und Betriebsstoffen" gehörenden Bilanzposten können bei Anwendung des exakten Niederstwertprinzips sowohl ursprüngliche Anschaffungswerte für diejenigen Vorräte enthalten sein, deren Tagesbeschaffungswert nicht niedriger liegt, als auch Tagesbeschaffungswerte (unrealisierte pagatorische Werte) für diejenigen Teile der Vorräte, bei denen die Tagesbeschaffungswerte die ursprünglichen Anschaffungswerte unterschritten haben. Wird das Niederstwertprinzip als „Grenzwertprinzip"[84] angewandt, d. h. von Anschaffungswert und Tagesbeschaffungswert gilt der jeweils niedrigere Wert als obere Bewertungsgrenze[85], während die untere Bewertungsgrenze null DM ist, so sind die zwischen diesen Bewertungsgrenzen liegenden Bilanzwerte willkürliche, nicht pagatorische, nicht realisierte Werte. Sie können in der Bilanz gemeinsam mit realisierten und unrealisierten pagatorischen Werten in einem Bilanzposten zusammengefaßt werden, der dann ein Wertegemisch enthält.

Die Anwendung des Niederstwertprinzips entspricht dem Grundsatz der Vorsicht und soll dazu führen, daß „... am Bilanzstichtag erkennbare, aber noch nicht realisierte Verluste bereits in alter Rechnung berücksichtigt werden müssen"[86].

Das Niederstwertprinzip ist durch seine langjährige und internationale[87] Anwendung und Bewährung aus der Buchhaltung nicht mehr wegzudenken. An seiner Existenzberechtigung soll hier auch nicht ge-

---

[81] Vgl. E. Kosiol, Bilanzreform und Einheitsbilanz, a.a.O., S. 117 f.
[82] Vgl. U. Leffson, Die Grundsätze ordnungsmäßiger Buchführung, Düsseldorf 1964, S. 98.
[83] E. Kosiol, Buchhaltung und Bilanz, a.a.O., S. 99.
[84] Ebenda, S. 102.
[85] Vgl. § 133 Abs. 3 AktG 1937; E. Kosiol, a.a.O., S. 102.
[86] Adler—Düring—Schmaltz, Rechnungslegung und Prüfung der Aktiengesellschaft, Band I, a.a.O., § 155 Tz. 148, S. 533.
[87] Vgl. Der Jahresabschluß von Aktiengesellschaften in Europa und USA, I. Teil, Hrsg. AWV, AWV-Schriftenreihe Nr. 138, Berlin 1966, S. 47, S. 88, S. 120, S. 149, S. 176, S. 209.

zweifelt werden, aber im Interesse der Bilanzklarheit muß darauf hingewiesen werden, daß durch die Anwendung des Niederstwertprinzips bei vielen Bilanzposten ein Gemisch von verschiedenen Wertarten entsteht, wenn man nicht die Bilanzposten, auf die das Niederstwertprinzip angewendet wird, so aufteilt, daß jeweils in einem Bilanzposten nur eine einzige Wertart auftritt und, wenn für eine unter einem Bilanzgegenstand zusammengefaßte Gruppe von Wirtschaftsgütern verschiedene Wertarten aufgrund des Niederstwertprinzips jeweils für die einzelnen Gegenstände in Frage kommen, für jede Wertart ein besonderer Bilanzposten gebildet wird. In der Bezeichnung des entsprechenden Bilanzgegenstandes wäre dann anzugeben, welche Wertart für den zugehörigen Bilanzposten gilt (Anschaffungswert, Tagesbeschaffungswert als Börsen- oder Marktwert, Minderwert unter dem Anschaffungs- und Tagesbeschaffungswert). Ein solches Verfahren würde zwar zur inhaltlichen Bilanzklarheit beitragen, aber die Bilanz würde durch die zahlreichen zusätzlichen Bilanzposten auch unübersichtlicher. Daher kommt dieses Verfahren wenigstens für publizierte Bilanzen kaum in Frage. Die Aufteilung der Bilanzposten nach Wertarten würde aber zeigen, ob der Bilanzerfolg durch unrealisierte Verluste beeinflußt wird und ob z. B. der Einkauf erfolgreich disponieren konnte, was daran erkennbar wäre, daß die Anschaffungswerte unter den Tagesbeschaffungswerten liegen und die zu Anschaffungswerten bilanzierten Vorräte einen hohen Anteil ausmachen.

Die kumulierten Abschreibungen auf den niedrigeren Tageswert oder einen sonstigen unter dem Anschaffungswert liegenden Minderwert können in der Bilanz als Wertberichtigungen unter einem besonderen Bilanzgegenstand auf der Passivseite aufgeführt werden, wenn auf der Aktivseite die vollen Anschaffungswerte weitergeführt werden. Da man aber darin eine Aufblähung der Bilanz und bei publizierten Bilanzen eine für nicht nötig gehaltene zusätzliche Information erblickt, werden meist nur die Abschreibungen der abgelaufenen Periode und die Buchwerte neben den Zu- und Abgängen in der Bilanz geführt.

Beim abnutzbaren Anlagevermögen werden Abschreibungen planmäßig nach dem mengenmäßigen Verbrauch an Nutzungsmöglichkeiten vom Anschaffungs- oder Herstellwert vorgenommen, die die aktivierten Anschaffungsausgaben als Aufwand auf die voraussichtliche Nutzungszeit verteilen sollen. Daneben kommen auch außerplanmäßige Sonderabschreibungen für Wertminderung (z. B. infolge vorzeitiger Beendigung der Nutzungszeit) vor. Es entspricht der Bilanzklarheit, wenn diese verschiedenen Abschreibungsarten getrennt bilanziert werden[88].

---

[88] Außerplanmäßige Abschreibungen werden neben planmäßigen Abschreibungen in der Bilanz zum 31. 12. 1967 der Concordia Bergbau-AG, Oberhausen, gesondert ausgewiesen (veröffentlicht in: Handelsblatt, Düsseldorf, vom 3. 9. 1968, Nr. 169, S. 8).

Eine Trennung der Bilanzposten des abnutzbaren Anlagevermögens, die zu vollen Anschaffungswerten oder zu um planmäßige Anschaffungswertabschreibungen verminderten Anschaffungswerten (Anschaffungsrestwerten) bewertet sind, von den Posten, die mit niedrigeren Tageswerten bewertet sind, würde der Bilanzklarheit dienen und wäre praktisch auch durchführbar, wenn von einem Gegenstand sowohl mengenhafte Anschaffungswertabschreibungen als auch zusätzliche Abschreibungen auf einen niedrigeren unrealisierten Tageswert vorgenommen werden. Der entstandene Restwert ist dann nicht mehr anschaffungswertorientiert. Daher sollte er nicht in einem Posten zusammen mit anschaffungswertorientierten Werten bilanziert werden. Auch die Sofortabschreibung sogenannter geringwertiger Wirtschaftsgüter im Jahre der Anschaffung ohne Rücksicht auf die Nutzungsdauer (§ 6 Abs. 2 EStG) ist ein Bewertungsakt, der zusammen mit den Sonderabschreibungen zu erhöhten Abschreibungen in der laufenden Periode und zu geringeren Abschreibungen in den folgenden Perioden führt. Ein gesonderter Ausweis dieser Sofortabschreibung sollte durch eine entsprechende Bilanzgliederung ermöglicht werden[89]. Man kann beim Anlagevermögen einen einzigen Sammelposten für geringwertige Wirtschaftsgüter des Anlagevermögens führen oder die einzelnen in Frage kommenden Posten in regulär bewertete und von der Sofortabschreibung betroffene Anteile aufspalten, für die wiederum die direkte oder die indirekte Abschreibung gewählt werden kann. Wird die Möglichkeit der Sofortabschreibung voll ausgeschöpft, so ergibt sich bei direkter Abschreibung für die geringwertigen Wirtschaftsgüter ein Endbilanzwert von null DM, oder bei indirekter Abschreibung ergeben sich gleich hohe Beträge unter Wertberichtigungen und unter geringwertigen Wirtschaftsgütern. Nach dem Ausscheiden von geringwertigen Wirtschaftsgütern aus dem Betrieb sind sowohl die Wertberichtigungen als auch der Posten der geringwertigen Wirtschaftsgüter um die Anschaffungswerte der abgegangenen Gegenstände zu vermindern. Die Wertberichtigungen zu geringwertigen Wirtschaftsgütern enthalten in Höhe der Überabschreibungen Eigenkapital, das sich mit fortschreitender Abnutzung der geringwertigen Wirtschaftsgüter vermindert. Bei sorgfältiger Bilanzgliederung sollten diese Wertberichtigungen, wenigstens wenn sie hohe Beträge enthalten, in dem Grad der Abnutzung entsprechende Korrekturposten und durch Sofortabschreibung gebildete Rücklagen aufgeteilt werden. Dabei wird man nur eine ungefähre

---

[89] Zugang und Abschreibung für geringwertige Wirtschaftsgüter werden z. B. in der Bilanz zum 31. 12. 1966 der Alexanderwerk AG, Remscheid, angegeben. Anfangs- und Endbestand sind je —,— DM. In der publizierten Bilanz zum 31. 12. 1967 (Handelsblatt Nr. 172, S. 16 vom 6. 9. 1968) fehlen diese Angaben allerdings.

Aufteilung vornehmen, um unverhältnismäßig hohen Arbeitsaufwand zu vermeiden.

Meistens werden bei Aktiengesellschaften aber die Zugänge und Sofortabschreibungen für geringwertige Anlagegüter über 100 DM mit den übrigen Zugängen und Abschreibungen beim Anlagevermögen zusammengefaßt und sind daher als solche nicht in der Bilanz erkennbar. Anlagegüter unter 100 DM werden nicht als Zugänge geführt, sondern als Materialaufwand behandelt[90].

Außer bei den geringwertigen Wirtschaftsgütern werden auch bei anderen Bilanzgegenständen um der Minderung des steuerpflichtigen Gewinnes willen steuerrechtlich aus Gründen der Wirtschaftsförderung zugelassene Überabschreibungen[91], die eine Vorwegnahme künftiger Abschreibungen darstellen, vorgenommen. So dürfen z. B. auf Investitionen in West-Berlin bei Gebäuden und abnutzbaren beweglichen Anlagevermögensgegenständen nach § 14 des Berlinhilfe-Gesetzes (von 1964) ohne Rücksicht auf die wirtschaftliche Nutzungsdauer bis 75 % im Jahre der Anschaffung abgeschrieben werden. Da wegen des Maßgeblichkeitsgrundsatzes diese Abschreibungen auch in der Handelsbilanz vorgenommen werden müssen, sollten wegen der erheblichen Bewertungsdifferenz die Gegenstände, auf die diese Bewertung angewandt wurde, gesondert bilanziert werden, oder es sollte die indirekte Abschreibungsmethode unter Bildung besonderer Berlinhilfe-Wertberichtigungsposten benutzt werden.

Die dargestellten besonderen Bewertungsmethoden für bestimmte Bilanzgegenstände mögen als Beispiel dafür gelten, daß bei vom Anschaffungswert abweichenden Bewertungen der Bilanzgegenstände unrealisierte Verluste oder Gewinne in die Bilanz einbezogen werden[92]. Ob dies zur Erreichung der damit verfolgten Ziele sinnvoll ist, ist für unser Thema nicht wichtig. Hier kommt es nur darauf an, daß in der Bilanz tatsächlich sehr verschiedenartige Wertansätze vorkommen und daß diese Verschiedenheit durch Gliederungsmaßnahmen wie gesonderten Ausweis der besonderen Bewertungen unterliegenden Posten durch Einteilung nach dem Gliederungsmerkmal „Wertart" und durch Einführung von steuerlichen Wertberichtigungsposten als Korrekturposten[93] auf der anderen Bilanzseite neben den handelsrechtlichen

---

[90] Vgl. Adler—Düring—Schmaltz, Rechnungslegung und Prüfung der Aktiengesellschaft, a.a.O., § 152 Tz. 17, S. 286, Tz. 22, S. 288 und § 153 Tz. 87, S. 396.

[91] Vgl. J.-F. Karsten, Die Deformierung der handelsrechtlichen Rechnungslegung durch steuerliche Maßnahmen der Wirtschaftsförderung, in: Der Betriebsberater, 22. Jg. 1967, H. 11, S. 425—428.

[92] Vgl. E. Kosiol, Buchführung und Bilanz, 2. Auflage, Berlin 1967, S. 96 f.

[93] Vgl. U. Leffson, Der Jahresabschluß in der Aktienrechtsreform, Wiesbaden 1961, S. 52 f.

Wertberichtigungen soweit sichtbar gemacht werden kann, wie es die Befolgung des Grundsatzes der Bilanzklarheit erfordert.

IV. Die Bedeutung logischer Grundregeln für die Bilanzgliederung

Die Bilanzgliederung ist ein System von Begriffen, die zueinander in bestimmten logischen Verhältnissen stehen. Die Begriffe in der Bilanzgliederung beziehen sich auf zu bilanzierende Tatbestände, die mit einem Bilanzwert in die Bilanz aufzunehmen sind. Die Begriffe der Bilanzgegenstände werden durch sprachliche Ausdrücke (Wörter, Vokabeln) einer lebenden Sprache in der Bilanz erfaßt.

Da die Bildung von Begriffen, die miteinander ein Begriffssystem bilden, wie es in der Bilanzgliederung der Fall ist, ein logischer Vorgang ist, erscheint es nötig, in einer betriebswirtschaftlichen Arbeit über die Bilanzgliederung auch die logischen Gesichtspunkte des Einteilens und der Begriffsbildung kurz zu behandeln. Der Grundsatz der Bilanzklarheit erfordert nämlich auch, daß die Bilanzgliederung logisch klar aufgebaut ist, damit es keine Schwierigkeiten bei der Bilanzierung etwa wegen sich überschneidender Begriffe geben kann.

Für die logische Untersuchung von Begriffen und Begriffssystemen kommt die extensionale, auf den Begriffsumfang bezogene, und die intensionale, auf den Begriffsinhalt bezogene, Betrachtungsweise in Frage[94]. Bei der Extension eines Begriffes ist zwischen dem empirischen und dem logischen Umfang eines Begriffes zu unterscheiden[95]. Der empirische Umfang eines Begriffes entspricht der Klasse aller unter ihn fallenden empirischen Objekte[96], während der logische Umfang eines Begriffes alle unter ihn fallenden Unterbegriffe umfaßt[97]. Der Inhalt eines Begriffes dagegen wird durch seine Merkmale und deren Ausprägungen festgelegt. Je mehr Merkmale eines Begriffes in ihrer Ausprägung festgelegt sind, desto größer ist sein Inhalt und desto geringer ist sein logischer und meist auch sein empirischer Umfang. Von anderen Begriffen unterscheidet er sich dadurch, daß sie wenigstens ein Merkmal mit einer anderen Ausprägung besitzen. Dieses Merkmal ist dann das Unterscheidungskriterium. Sind bei voneinander zu unterscheidenden Begriffen mehrere Merkmale mit ihren Ausprägungen nicht gemeinsam, so gibt es dementsprechend viele Unterscheidungs-

---

[94] Vgl. N. Szyperski, Zur Problematik der quantitativen Terminologie in der Betriebswirtschaftslehre, Berlin 1962, S. 22.

[95] Vgl. N. Szyperski, Zur Problematik der quantitativen Terminologie in der Betriebswirtschaftslehre, a.a.O., S. 28.

[96] Vgl. A. Diemer, Grundriß der Philosophie, Meisenheim/Glan 1962, S. 419; G. Klaus, Einführung in die formale Logik, Berlin (Ost) 1958, S. 146.

[97] Vgl. Christoph Sigwart, Logik, 5. Auflage, 1. Band, Tübingen 1924, S. 359 f.; Alexander Pfänder, Logik, 3. Auflage, Tübingen 1963, S. 149.

kriterien, die alternativ zur Verfügung stehen. Sind die Ausprägungsformen scharf voneinander getrennt, können die Begriffe als starre
Begriffe klassifiziert werden. Sind dagegen die Übergänge zwischen
den Ausprägungsformen der Merkmale fließend, kann man nur typologische Einteilungen vornehmen[98]. Beide Verfahren haben für die
Bilanzgliederung Bedeutung. Bei beiden Verfahren kommt es darauf
an, Merkmale zu finden, deren verschiedene Ausprägungsformen eine
begriffliche Einteilung ermöglichen, die die Zuordnung von zu bilanzierenden Tatbeständen zu bestimmten Bilanzgegenständen so vornehmen lassen, daß damit dem Rechnungsziel der Bilanz gedient ist. Daher
hängt es vom Bilanzzweck ab, welche Merkmale als Einteilungskriterien
jeweils in Frage kommen. Dabei sind Merkmale, die auf alle Bilanzgegenstände beider Bilanzseiten zutreffen, solche, die nur auf eine
Bilanzseite zutreffen, und solche, die nur auf einen kleinen Teil aller
Bilanzgegenstände zutreffen, zu unterscheiden.

Will man einen Gegenstandsbereich wie etwa das Gesamt der zu
bilanzierenden Tatbestände mit Hilfe eines Begriffssystems ordnen, so
daß jeder Tatbestand einem bestimmten Begriff des Systems entspricht
und unter jedem Begriff des Systems ganz bestimmte Tatbestände zu
verstehen sind, kommen als logische Verfahren das klassifizierende und
das typologische Einteilungs- und Begriffsbildungsverfahren in Betracht. Beim klassifizierenden Verfahren wird ein Merkmal eines einzu-
teilenden Oberbegriffes als Unterscheidungskriterium ausgewählt, und
es werden seine möglichen Ausprägungsformen untersucht. Sind sie
klar voneinander abgrenzbar, ist das Merkmal logisch als Unterscheidungskriterium geeignet. Sind die Ausprägungsformen praktisch leicht
nachweisbar und ist eine Einteilung mit Hilfe der Ausprägungsformen
eines Merkmals für den Einteilungszweck (z. B. Bilanzzweck) nützlich,
so ist das Merkmal auch praktisch als Einteilungskriterium geeignet.
Für die einzelnen Unterbegriffe werden die Ausprägungsformen des
als Einteilungskriterium dienenden Merkmals jeweils festgelegt, während sie für den Oberbegriff logisch variabel sind[99]. Ist die Zahl der
Ausprägungsformen sehr groß und kommt es für den jeweiligen Unter-
suchungszweck nur auf die Bildung eines oder weniger Unterbegriffe
an, so können auch nur diese wichtigen Unterbegriffe gebildet werden
und die übrigen Unterbegriffe unter der Bezeichnung „sonstige" oder
„andere" zusammengefaßt werden. Viele Merkmale haben aber nur die
beiden Ausprägungsformen „vorhanden" oder „nicht vorhanden". Bei
der Bildung eines Begriffssystems können derartige Einteilungen von
Oberbegriffen in Unterbegriffe mehrmals hintereinander geschaltet

---

[98] Vgl. B. Tietz, Bildung und Verwendung von Typen in der Betriebswirtschaftslehre, Köln und Opladen 1960, S. 25.
[99] Vgl. W. Wundt, Logik, 1. Band, 4. Auflage, Suttgart 1919, S. 60.

werden, indem die Unterbegriffe jeweils wieder als Oberbegriffe verwendet werden und mit Hilfe eines ihrer Merkmale weiter in Unterbegriffe eingeteilt werden. Man gelangt so schon nach wenigen Stufen, insbesondere wenn Merkmale mit vielen Ausprägungsformen als Einteilungskriterien verwendet werden, zu einer umfangreichen Begriffspyramide mit zahlreichen untersten Begriffen. Diese große Zahl unterster Begriffe wird aber oft für die praktischen Zwecke nicht benötigt. Denn es können sogar Leerstellen dabei sein, das sind solche Begriffe, die keinen empirischen Umfang haben.

Weniger zahlreiche Unterbegriffe entstehen, wenn man einen Oberbegriff alternativ mit Hilfe des einen oder anderen seiner Merkmale einteilt. Für die Bilanzgliederung bedeutet dies, daß, da immer nur ein Merkmal als Einteilungskriterium zum Zuge kommt, die damit gebildete Bilanzgliederung nur einem sehr eng begrenzten Zweck gerecht werden kann. Da für die Bilanz im allgemeinen neben einem Hauptzweck auch noch Nebenzwecke gelten, kommt für die Bilanzgliederung mehr das Verfahren der mehrfachen Subordination von Begriffen in Betracht. Je nach Bedarf kann dabei auch die Bildung von untersten Begriffen auf einzelne Bereiche eingeschränkt oder auf das ganze Begriffssystem ausgedehnt werden.

Das typologische Einteilungsverfahren erlaubt die Verwendung von Merkmalen als Einteilungskriterium, deren Ausprägungsformen nicht scharf voneinander zu trennen sind. Zwischen den Ausprägungsformen können fließende Übergänge bestehen, z. B. lang-, mittel- und kurzfristig. Als typisch oder besonders charakteristisch geltende Ausprägungsformen sind dann begriffsbildend. Sie werden durch geeignete Beispiele der Praxis erläutert. Wird nur ein einziges Merkmal für die typologische Begriffsbildung herangezogen, gelangt man zu eindimensionalen Typen. Mehrdimensionale Typenbegriffe gewinnt man, wenn mehrere abstufbare Merkmale gleichrangig zur Bildung typologischer Unterbegriffe benutzt werden[100]. Für die Zuordnung empirischer Tatbestände zu bestimmten mehrdimensionalen Typenbegriffen ist der Gesamteindruck des jeweiligen Tatbestandes, den etwa ein Fachmann als Indikator gewinnen kann, maßgebend. Dieses subjektive Element der Typologie kann zu Willkür und Mißverständnissen führen, insbesondere wenn zur Erreichung bilanzpolitischer Ziele absichtlich unpräzise Begriffe in der Bilanzgliederung verwendet werden, denen auch nur unpräzise die zu bilanzierenden Tatbestände zugeordnet werden können.

---

[100] Vgl. E. Kosiol, Die Unternehmung als wirtschaftliches Aktionszentrum, Reinbek bei Hamburg 1966, S. 24.

V. Die Verknüpfung von Rechnungsziel, Rahmenbedingungen und logischen Gesichtspunkten bei der Bildung einer Bilanzgliederung

Bei der Aufstellung einer Bilanzgliederung dürfen die Gesichtspunkte der Zwecksetzung, des sachlichen Umfanges, der Logik und der Bedingungen, die durch die Eigenart des Betriebes, durch die gegebene Wirtschaftsordnung, durch die herrschenden Bilanzierungsgrundsätze und durch die handels- und steuerrechtlichen Bewertungsmaßnahmen fixiert sind, nicht isoliert betrachtet werden, vielmehr kommt es darauf an, unter möglichst weitgehender Berücksichtigung aller genannten Bedingungen den gesetzten Bilanzzweck zu erfüllen. Stehen die Rahmenbedingungen der vollen Erfüllung eines Bilanzzweckes entgegen, ist zu erwägen, ob auch eine Teilerfüllung des Bilanzzweckes sinnvoll ist, ob die Rahmenbedingungen gemildert oder teilweise ausgeschaltet werden können oder ob die Bilanz als für den gesetzten Zweck unter den gegebenen Bedingungen ungeeignetes Mittel anzusehen ist.

Die erwähnten Rahmenbedingungen können auch untereinander widersprüchlich sein. Das ist beispielsweise der Fall, wenn bei einer bestimmten Wirtschaftsordnung im Interesse einer guten zwischenbetrieblichen Bilanzvergleichbarkeit und zentralen Kontrolle der Betriebe ein festes Gliederungsschema für zahlreiche Betriebe erforderlich ist und infolgedessen die von den betriebsindividuellen Eigenarten bestimmten Bedingungen für eine Bilanzgliederung nur ungenügend zur Geltung kommen können. Auch können bei einer Wirtschaftsordnung vom Typ der Zentralverwaltungswirtschaft mit betriebsexternen Planungs-, Lenkungs- und Kontrollfunktionen andere Bilanzierungsgrundsätze und Bewertungsvorschriften verfügt werden als bei anderen Wirtschaftsordnungen gelten[101], da z. B. die Preise als Basis für die Bilanzbewertung, wenn sie staatlich fixiert und garantiert sind, keine besonderen, ihren Schwankungen Rechnung tragenden, Bewertungsmaßnahmen wie die Anwendung des Niederstwertprinzips bedingen. Eine Gliederung der Bilanz nach Bewertungsarten wäre dann nicht möglich.

Zwischen den von der Bewertung ausgehenden Bedingungen und anderen Rahmenbedingungen kann ebenfalls ein Widerspruch entstehen, wenn, um Steuervorteile durch Inanspruchnahme von steuerrechtlich erlaubten Sonderabschreibungsmöglichkeiten auszunutzen, die Bilanzierungsgrundsätze der Vollständigkeit und der Klarheit der Bilanz verletzt werden oder sonst in der Bilanz erkennbare betriebsspezifische Eigenarten nicht berücksichtigt werden können. Das ist der Fall, wenn wegen der Sofortabschreibung auf geringwertige Wirtschaftsgüter einige Bilanzposten als Bestände in der Bilanz nicht er-

---

[101] Vgl. U. Leffson, Die Grundsätze ordnungsmäßiger Buchführung, Düsseldorf 1964, S. 52 (Fußnote 13).

scheinen können, obgleich dies betriebswirtschaftlich gesehen erforderlich wäre.

Der zwischen den steuerrechtlichen Bewertungen und den Erfordernissen der Grundsätze ordnungsmäßiger Buchführung und Bilanzierung mögliche Widerspruch wird dadurch aufgelöst, daß die Grundsätze ordnungsmäßiger Buchführung und Bilanzierung entsprechend weniger streng aufgefaßt werden und die steuerrechtlich für zulässig gehaltenen Bewertungen auch handelsrechtlich anerkannt werden und auf dem Umwege über das Handelsrecht Eingang in die Grundsätze ordnungsmäßiger Bilanzierung finden. Ein Beispiel hierfür bieten die Vorschriften in den §§ 154 Abs. 2 und 155 Abs. 3 AktG 1965, in denen ausdrücklich auf die Vorschriften des Einkommensteuerrechtes Bezug genommen wird. Da die Bilanzierungsvorschriften des alten Aktiengesetzes von 1937 auch sinngemäß auf Betriebe mit anderer Rechtsform als Teil der Grundsätze ordnungsmäßiger Buchführung und Bilanzierung[102] angewendet wurden, ist es denkbar, daß auch die Vorschriften des neuen Aktiengesetzes mit der Zeit allgemeine Geltung erlangen, soweit sie nicht allein rein aktienrechtlichen Belangen wie dem Prinzip der Wahrung und des Schutzes von Aktionärsinteressen dienen[103]. Die Ausnutzung von Steuervorteilen dagegen ist aber keine nur auf Aktiengesellschaften beschränkte Erscheinung. Wie sehr das Einkommensteuerrecht die Bilanzierung beeinflußt, wird auch an der Tatsache deutlich, daß viele kleinere Betriebe nur eine Steuerbilanz aufstellen und diese wohl auch als betriebswirtschaftliche Bilanz verwenden[104]. Der Aussagewert solcher Bilanzen würde sehr verbessert, wenn ihre Posten aufgeteilt würden in Beträge, die aus einer Bewertung resultieren, die auch betriebswirtschaftlich begründet ist, und andere Beträge, die sich aufgrund einer steuerrechtlich zulässigen, betriebswirtschaftlich aber nicht erforderlichen Unterbewertung ergeben haben. Ein dritter Teilbetrag kann die Summen ausweisen, bei denen die steuerliche Bewertungsuntergrenze über dem unter betriebswirtschaftlicher Betrachtung anzusetzenden Wert liegt.

Da eine einkommensteuerrechtliche Bilanz der Ermittlung des steuerpflichtigen Erfolges dient und dazu die z. T. von volkswirtschaftspolitischen Aspekten beeinflußten steuerrechtlichen Bewertungen enthält, kann sie nicht auch dem Zweck der Ermittlung des betriebswirtschaftlichen Periodenerfolges genügen. Durch die Aufteilung der Bilanzposten in der oben erwähnten Weise unter dem Gesichtspunkt der Art der

---

[102] Vgl. E. Kosiol, Buchhaltung und Bilanz, 2. Auflage, Berlin 1967, S. 150 f.

[103] Zum Grundsatz des Aktionärsschutzes z. B. durch Einschränkung des Ermessensspielraumes bei stillen Reserven: E. Heinen, Handelsbilanzen, 4. Auflage, Wiesbaden 1968, S. 89 f.

[104] Vgl. E. Gutenberg, Einführung in die Betriebswirtschaftslehre, Wiesbaden 1958, S. 173.

Bewertung wird es aber dem Bilanzleser ermöglicht zu erkennen, daß in der Steuerbilanz von betriebswirtschaftlichen Grundsätzen abweichende Bewertungen vorgenommen wurden. Da die entsprechenden steuerlichen Vorschriften jedermann zugänglich sind, kann aus einer so gegliederten Bilanz wenigstens ein Schluß auf den betriebswirtschaftlichen Erfolg gezogen werden. Auch zur Feststellung, ob eine Überschuldung droht, ist es wichtig zu wissen, bei welchen Posten Unterbewertungen vorhanden sind. Man kann die Frage nach der Überschuldung bei geringem Verschuldungsgrad meist anhand einer nicht besonders darauf ausgerichteten Bilanz beantworten. Kommt es aber auf eine exakte Darstellung des Verschuldungsgrades an, so muß eine besondere Bilanz, die nicht auch den steuerlichen Bewertungsvorschriften entsprechen kann, aufgestellt werden. Auf die Berücksichtigung der von Bewertungsmaßnahmen bestimmten Rahmenbedingung wird also dann verzichtet.

Zwischen den von steuerlichen Bewertungsvorschriften und den von der herrschenden Wirtschaftsordnung herzuleitenden Einflüssen auf die Bilanzgliederung dürfte eigentlich kein Widerspruch entstehen, da die politischen Verfechter einer bestimmten Wirtschaftsordnung, wenn sie ihre Vorstellungen von einer Wirtschaftsordnung durchgesetzt haben, auch die ihrem System zuwiderlaufenden steuerrechtlichen Bilanzierungsvorschriften — vielleicht mit einer gewissen Verzögerung — einer Änderung im Sinne der durchgesetzten Wirtschaftsordnung unterwerfen können.

Im Rahmen einer Wirtschaftsordnung ist der Bilanz eine bestimmte Aufgabe zugewiesen. Auch die Entscheidung über ihre spezielle Gestaltung liegt je nach Wirtschaftsordnung bei Stellen innerhalb oder außerhalb des Betriebes. Generell kann man feststellen, daß für jede Wirtschaftsordnung bestimmte Bilanzzwecke typisch sind. So geht es in einer staatskapitalistischen Wirtschaftsordnung hauptsächlich um den Nachweis der Planerfüllung und der Erhaltung des im Betriebe eingesetzten Volksvermögens sowie um die Abrechnung über den Verbleib der zur Verfügung gestellten Mittel, also Aspekte der Vermögensrechnung, während bei einer privatkapitalistischen Wirtschaftsordnung die Erfolgsermittlung und der Nachweis der Liquiditätslage, soweit das durch die Bilanz möglich ist, als Bilanzzwecke dominieren. Denn durch die Bilanz erhält der Unternehmer als Rechenschaft vor sich selbst die nötige Übersicht über die wirtschaftliche Lage des Unternehmens als Ganzes, die er braucht, um sich entsprechend dem Konzept einer Marktwirtschaft durch unternehmerische Maßnahmen den wechselnden Bedingungen auf den Absatz- und Beschaffungsmärkten anzupassen. Für das gute Funktionieren einer Marktwirtschaft ist es nötig, daß die Unternehmer die ihnen in der Wirtschaftsordnung zugewiesenen Aufgaben, die richtigen dispositiven Entscheidungen zu fällen, erfüllen. Da sie als Grundlage dazu hinsichtlich der Rentabilität und Liquidität des Betriebes aussagekräftige Bilanzen haben müssen, sind Bilanzen, die solchen Zwecken dienen, als typisch für die marktwirtschaftliche Ordnung anzusehen.

Auch zur marktwirtschaftlich richtigen Lenkung des Kapitals dienen die den Kapitalgebern zur Kenntnis gelangenden Bilanzen. Es besteht daher vom Standpunkt der freiheitlich-marktwirtschaftlichen Wirtschaftsordnung die Notwendigkeit einer externen Rechenschaft und Bilanzpublizität gegenüber den tatsächlichen und den potentiellen Kapitalgebern, damit diese ihre für das gute Funktionieren der Wirtschaftsordnung wichtige Entscheidung über Gewährung oder Abzug von Kapital auf der Grundlage zweckdienlicher Informationen treffen können[105]. Nach welchen Grundsätzen die Rechenschaft durch die Bilanz erfolgen soll, muß daher auch im Zusammenhang mit der herrschenden Wirtschaftsordnung gesehen werden. Man kann die geltenden allgemein anerkannten Bilanzierungsgrundsätze deshalb auch als einen Ausdruck der herrschenden Wirtschaftsordnung auffassen.

Je nach gesetztem Bilanzzweck sind die Bedingungen für die Bilanzgliederung, die mit der Eigenart des Betriebes zusammenhängen, mehr oder weniger stark zu berücksichtigen. Besteht der Bilanzzweck in der Ermittlung des Periodenerfolges, so müssen diejenigen Bilanzgegenstände, deren Posten den Erfolg beeinflussen (Wertberichtigungen, Rückstellungen, Abgrenzungsposten), entsprechend den betrieblichen Eigenarten (z. B. besondere Risikoverhältnisse, Saisonschwankungen) in der Bilanzgliederung unbedingt erscheinen, während andere Bilanzposten weitgehend zusammengefaßt werden könnten. Andere Bilanzzwecke erfordern dagegen die Darstellung des betriebsindividuellen Kapital- und Vermögensaufbaues durch tiefgegliederte Bilanzierung. Eine gröbere Gliederung würde die speziellen Verhältnisse des einzelnen Betriebes nicht deutlich werden lassen.

Die Bilanzierungsgrundsätze sind an dem allgemeinen Prinzip der gewissenhaften und regelmäßigen Rechenschaft orientiert. Daraus kann abgeleitet werden, daß sie nicht jedem Bilanzzweck gegenüber neutral sind, sondern daß ihnen etwa die Vorstellung zugrunde liegt, die Bilanz solle unter Wahrung des Prinzips der Vorsicht und des Gläubigerschutzes sowie ggf. auch des Aktionärsschutzes einen Periodengewinn ausweisen, dessen Höhe Auskunft über die Resultate unternehmerischer Tätigkeit und damit einen Rechenschaftsbericht bietet. Die Bilanzierungsgrundsätze dürften also mit dem dominierenden Bilanzzweck har-

---

[105] Vgl. U. Leffson, Die Grundsätze ordnungsmäßiger Buchführung, Düsseldorf 1964, S. 50 ff.

monieren[106]. Findet zusammen mit einem Wechsel der Wirtschaftsordnung auch ein Wechsel des dominierenden Bilanzzweckes statt, so werden sich, sei es durch Verfügung von Staats wegen oder sei es aufgrund
der den Grundsätzen ordnungsmäßiger Buchführung und Bilanzierung
eigenen Anpassungsfähigkeit und Flexibilität, die Bilanzierungsgrundsätze entsprechend den neuen Erfordernissen modifizieren. Bei speziellen Bilanzzwecken, die wesentlich von dem dominierenden Bilanzzweck
abweichen, könnten Widersprüche zu den Bilanzierungsgrundsätzen
auftreten, wenn diese Grundsätze nicht so allgemein gehalten sind und
auf rein formale Regeln beschränkt bleiben, daß sie für alle betriebswirtschaftlichen Bilanzen gelten. Für die Gliederung jeder Bilanz gilt
daher das allgemeine Prinzip der Klarheit, das je nach Zweck der
Bilanz verschiedene Ausprägungen haben kann.

Die formalen Rahmenbedingungen für die Bilanzgliederung, die in
den Grundsätzen ordnungsmäßiger Bilanzierung und in den für Einteilungen geltenden logischen Erfordernissen enthalten sind, können mit
dem Zweck einer Bilanz nicht in Widerspruch geraten. Sie sind zweck-
neutral. Die erwähnten Schwierigkeiten bei den anderen Rahmenbedingungen entstehen dadurch, daß sie mit einer bestimmten Zwecksetzung
korrespondieren. Da der bilanzierende Betrieb auf die mit den materiellen Rahmenbedingungen verbundenen Zielsetzungen keinen Einfluß
hat, sondern sie als Datum beachten muß, darf aus der Sicht des bilanzierenden Betriebes von einem festen Rahmen von Bedingungen gesprochen werden, die bei der Wahl oder der Aufstellung einer Bilanzgliederung zu beachten sind.

Erfordert ein besonderer Bilanzzweck, der von den den Rahmenbedingungen immanenten Zwecken abweicht, eine Außerachtlassung
materieller Rahmenbedingungen, so kann er nicht durch die streng an
die Rahmenbedingungen gebundenen regulären Jahresabschlußbilanzen
erfüllt werden. Es muß dann zusätzlich eine Sonderbilanz als Statusbilanz angefertigt werden. In manchen Fällen mag es auch möglich
sein, durch Vermerke und Zusätze zur regulären Bilanz das gesetzte
Ziel zu erreichen. So ist es beispielsweise möglich, in einer Bilanz sowohl Auskunft über die für den Liquiditätsnachweis wichtigen Gesamt-
und Restlaufzeiten von Verbindlichkeiten als auch über ihre dingliche
Sicherung zu geben. Das geschieht mit Hilfe der im § 151 Abs. 1 AktG
1965 vorgeschriebenen Zusätze wie z. B. „davon durch Grundpfandrechte gesichert:" und „von Nummern 1 bis 3 sind vor Ablauf von vier

---

[106] Nach U. Leffson, Die Grundsätze ordnungsmäßiger Buchführung,
Düsseldorf 1964, S. 45, sind die Grundsätze ordnungsmäßiger Buchführung
aus den Zwecken der Buchführung und des Jahresabschlusses und den
darzustellenden Sachverhalten abzuleiten.

Jahren fällig:". Die diesen Zusätzen zugeordneten Beträge stehen außerhalb der Bilanzrechnung, und zwar meist in einer Vorspalte. Man kann sie daher auch nicht unbedingt als einen Teil der Bilanz ansehen, sondern eher als einen in die Bilanz verlegten Teil des Geschäftsberichtes. Die Bilanzzusätze als formales Darstellungsmittel werden weiter unten[107] gesondert untersucht.

---

[107] Vgl. Abschnitt D IV dieser Arbeit, S. 97 ff.

D. Möglichkeiten der Gestaltung einer Bilanzgliederung

I. Formale Darstellungsmöglichkeiten

Die übliche Form der Darstellung einer Bilanz ist das Konto. Dabei werden auf der rechten Seite die Passiva und auf der linken Seite die Aktiva untereinander mit der Bezeichnung des Bilanzgegenstandes und dem Geldbetrag, mit dem der Bilanzgegenstand bewertet ist, als Bilanzposten aufgeführt. Die Bilanzposten der Aktiva und der Passiva bilden je eine Kolonne von Zahlen, die addiert werden. Bei Erfolgsermittlungsbilanzen wird der errechnete Bilanzverlust den Aktiva zugeschlagen und ein ermittelter Gewinn den Passiva zugerechnet, so daß unter Einschluß des als Saldo ermittelten Erfolges beide Bilanzseiten bei der Addition der Bilanzposten mit einer gleich hohen Summe, der Bilanzsumme, schließen.

Die Reihenfolge der Bilanzposten bei der Addition ist grundsätzlich beliebig. Wird eine bestimmte Reihenfolge gewählt, so erfüllt man damit nicht ein Erfordernis der Bilanz als einer Rechnung, sondern man kann durch die Bildung einer Reihenfolge dem Bilanzleser das Auffinden bestimmter Bilanzgegenstände erleichtern und versuchen, seine Aufmerksamkeit in eine gewünschte Richtung zu lenken, was durch die Wahl eines entsprechenden Merkmals als Grundlage für die Reihenbildung erreicht wird.

Die bekanntesten Prinzipien für die Bildung einer Reihenfolge der Bilanzgegenstände sind das Liquiditätsgliederungsprinzip (Darstellung der Flüssigkeit der Aktiva und der Fälligkeit der Passiva), das Prozeßgliederungsprinzip (Einteilung der Aktiva entsprechend dem Ablauf des betrieblichen Leistungsprozesses) und das Prinzip der Gliederung nach Rechtsverhältnissen (Einteilung der Aktiva in Sachen und Rechte und der Passiva nach ihrer rechtlichen Form)[1]. Die Anwendung dieser Prinzipien setzt jeweils einen entsprechenden Bilanzzweck als gegeben voraus. In der Praxis werden sie nur kombiniert, nicht aber einzeln in reiner Form realisiert[2].

Will man nur das Auffinden bestimmter Bilanzgegenstände in einer umfangreichen Bilanz durch die Bildung einer Reihenfolge erleichtern, wäre es am besten, die Bilanzgegenstände in alphabetischer Reihenfolge

---

[1] Vgl. E. Heinen, Handelsbilanzen, 4. Auflage, Wiesbaden 1968, S. 103 f.
[2] Vgl. E. Heinen, Handelsbilanzen, 4. Auflage, Wiesbaden 1968, S. 104.

wie in einem Lexikon aufzuführen. Dieses Verfahren wird aber praktisch nicht verwendet, da bei so schematischem Vorgehen keine wirtschaftlichen Sachverhalte durch die Gliederung und Reihenfolge der Bilanzgegenstände sichtbar gemacht werden. Auch die Möglichkeit, die Bilanzgegenstände nach der Höhe der zugehörigen Bilanzposten zu ordnen, wird für die Bilanzgliederung nicht genutzt, obgleich es für die Analyse der Vermögens- und Kapitalstruktur mit Hilfe der Bilanz interessant ist, welche Bilanzgegenstände mit den höchsten Geldbeträgen bilanziert sind und in welcher Reihenfolge die übrigen Bilanzgegenstände bis zu den niedrigsten Bilanzposten folgen. Auch der Vergleich der so gebildeten Reihenfolge der Aktiva mit der der Passiva könnte für die Analyse der Deckungsverhältnisse wichtig sein. Bei Verschiebungen innerhalb der Vermögens- und Kapitalstruktur in der Bilanz kann eine Änderung der Reihenfolge der Bilanzgegenstände gegenüber der vorhergehenden Bilanz eintreten. Die Strukturveränderungen würden bei einem Bilanzvergleich sofort auffallen, wenn sie zu einer anderen Rangfolge der Bilanzgegenstände führen. Da der Anlaß zur Rangfolgeänderung bei geringerem Abstand der Beträge der Bilanzposten voneinander nur gering zu sein braucht und bei größerem Abstand entsprechend größer sein muß, ist das Prinzip der Rangfolge nach der Höhe der Binlanzposten nicht immer gleich aussagekräftig. Da außerdem der Wechsel in der Reihenfolge der Bilanzgegenstände den Vergleich von mehr als zwei Bilanzen miteinander erheblich erschwert, wird dieses Gliederungsprinzip praktisch nicht angewendet. Sachlich zusammengehörige Bilanzgegenstände werden bei Anwendung des Prinzips der Bilanzpostenrangfolge meist voneinander getrennt. Bei einer sehr differenzierten Bilanzgliederung ist die Aussagekraft des Rangfolgeprinzips wegen der großen Zahl der Bilanzgegenstände und deren jeweils kleinem Anteil an der Bilanzsumme gering. Werden die Bilanzgegenstände in sachlich zusammengehörigen größeren Gruppen zusammengefaßt, so ist es für die Analyse der Struktur des Bilanzverögens und des Bilanzkapitals interessant, welche der anstelle der einzelnen Bilanzgegenstände in der Bilanz aufgeführten Gruppen, die man als Bilanzgegenstände höherer Ordnung ansehen kann, da sie logisch den unter ihrem Begriff zusammengefaßten Bilanzgegenständen als Oberbegriff übergeordnet sind, mit den höchsten Bilanzposten bewertet sind und damit den größten Anteil an der Bilanzsumme und am Bilanzvermögen oder -kapital haben und in welcher Reihenfolge nach der Höhe der Bilanzposten die übrigen Gruppen folgen. Will man nicht nur alternativ entweder die Bilanzgegenstände höherer Ordnung oder die originären, nicht durch Zusammenlegung entstandenen Bilanzgegenstände in der Bilanz zeigen, so muß man die Bilanz um Vorspalten erweitern oder andere Zusätze

hinzufügen. Wenn man nicht von der einfachen Form des Kontos mit
je einer Spalte für Aktiv- und Passivposten abweichen will, müssen
die originären Bilanzgegenstände in der Bilanz vorgeschalteten Sammelkonten, die jeweils die Bezeichnung der in die Bilanz aufzunehmenden
Bilanzgegenstände höherer Ordnung tragen, zusammengefaßt werden.
Die Salden dieser Sammelkonten erscheinen dann in der Bilanz. Wie
sie entstanden sind, ist aus der Bilanz dann direkt nicht erkennbar.

Oft soll in einer Bilanz nicht nur die Zusammensetzung eines Bilanzpostens und zugehörigen Bilanzgegenstandes höherer Ordnung aus verschiedenen Arten von Bilanzgegenständen mit zugehörigen Bilanzposten dargestellt werden, sondern auch die Entwicklung der Bilanzposten z. B. aus Anfangsbestand, Zugängen aufgrund von mengenmäßiger
Zunahme, Zuschreibungen aufgrund von Bewertungsänderungen, Umbuchungen, Abgängen (mengenmäßig) und Abschreibungen, die nötigenfalls noch in gewöhnliche und außergewöhnliche Abschreibungen
(Sonderabschreibungen) zu unterteilen sind. Anstelle dieser zahlreichen
Komponenten eines Bilanzpostens genügen oft auch die Verkehrszahlen
aus den entsprechenden Konten der Buchhaltung (Summe der Soll-
und Summe der Habenbuchungen), aus deren Saldierung sich der
Bilanzposten in einer Beständebilanz ergibt. Als formales Darstellungsmittel für diese Zwecke reicht die Bilanz in der Form des einfachen Kontos nicht aus. Es werden so zahlreiche Vorspalten nötig,
daß die Bilanz das Aussehen einer Tabelle[3] erhält. Wird diese Tabellenbilanz zu umfangreich und unübersichtlich, so kann die Entwicklung
der Bilanzposten aus ihren Komponenten auch gesondert in einer eigenen Rechnung außerhalb der Bilanz dargestellt werden. Für das Anlagevermögen ist z. B. unter der Überschrift „Bewegung des Anlagevermögens" der nach § 152 Abs. 1 AktG 1965 nötige gesonderte Ausweis
der Zu- und Abgänge, Umbuchungen, Zu- und Abschreibungen in dem
Jahresabschluß der BASF zum 31. 12. 1968 in einer gesonderten Rechnung außerhalb der Bilanz zu finden[4].

Diese Trennung der eigentlichen Beständebilanz von den zusätzlichen
Angaben und Rechnungen dürfte wenigstens bei umfangreichen Bilanzen wie denen einer großen Aktiengesellschaft zur Übersichtlichkeit
und damit zur Bilanzklarheit beitragen. Falls in besonderen Fällen
noch weitere Zusätze zu den Bilanzposten und Bilanzgegenständen
erforderlich sind, kann die Bewegungsrechnung außerhalb der Bilanz
leichter erweitert werden als innerhalb der Bilanz, da die Bilanz
nicht beliebig um Vorspalten und Vermerke aufgebläht werden darf,
ohne unübersichtlich zu werden und so einen ihrer wichtigsten Zwecke,

---

[3] Vgl. W. le Coutre, Grundzüge der Bilanzkunde, a.a.O., S. 88 f., Beispiele
S. 90 und S. 101.
[4] BASF, Geschäftsjahr 1968, Ludwigshafen (1969), S. 78 f.

nämlich die zusammengefaßte Gesamtübersicht über Bilanzvermögen und -kapital zu liefern, zu verfehlen.

In manchen Bilanzen[5] findet man in den Vorspalten der Bilanzposten des Anlagevermögens die Bewegungsrechnung (Anfangsbestand + Zugänge — Abgänge — Abschreibungen) und in den nächsten Zeilen darunter beim Vorratsvermögen in derselben Spalte wie die Anlagenabschreibungen die Posten für die Bestände der Arten des Vorratsvermögens, während die Abschreibungen auf Vorräte überhaupt nicht in der Bilanz sichtbar werden. Ein solches Verfahren mag vielleicht der Platzersparnis beim Druck oder bei der Niederschrift der Bilanz dienen, der Klarheit und Übersichtlichkeit dient es aber gewißt nicht.

Die Erweiterung der Bilanz zur Tabelle durch Vorspalten gestattet auch die Darstellung sowohl der Entwicklung eines Bilanzpostens als auch seiner artmäßigen Zusammensetzung. Man muß nur genügend Spalten zur Verfügung haben und darauf achten, daß die Klarheit und Übersichtlichkeit der Bilanz nicht beeinträchtigt wird. Für einen Bilanzgegenstand (A + B) höherer Ordnung, der die originären Bilanzgegenstände A und B zusammenfaßt, hat die tabellarische Darstellung in der Bilanz z. B. etwa folgendes Aussehen:

Bilanzgegenstand (A+B)	Anfangsbestand DM	Zugang DM	Abgang DM	Abschreibung DM	Endbestand DM	Hauptspalte DM
Bilanzgegenstand A	100	100	80	20	100	
Bilanzgegenstand B	150	150	100	30	170	270
	(250)	(250)	(180)	(50)	(270)	

In der Bilanzrechnung werden nur die 270 DM erfaßt, die in der Hauptspalte stehen. Die übrigen Angaben in der Tabelle sind Zusätze. Zur Kontrolle und zur unmittelbaren Darstellung der Entwicklung des Bilanzgegenstandes höherer Ordnung (A + B) können die Summen der spaltenweisen Addition zugefügt werden (in obigem Beispiel in Klammern). Die dargestellte Spalteneinteilung sollte für die gesamte Bilanzseite beibehalten werden. Folgen in der Bilanz auch Bilanzgegenstände ohne artmäßige Unterteilung, so erscheint in der Spalte Endbestand

---

[5] Zum Beispiel Beton- und Monierbau AG, Düsseldorf, Bilanz zum 31. 12. 1967, veröffentlicht in: Handelsblatt, Düsseldorf, vom 16. 7. 1968, Nr. 134, Seite 15.

bei diesen Bilanzgegenständen der gleiche Betrag wie in der Hauptspalte.

Anstelle der oben beschriebenen tabellenartigen Darstellungsmethode für die Entwicklung eines Bilanzpostens kann auch die Staffel- oder Berichtsform als Gestaltungsprinzip der Bilanz angewendet werden[6]. Dabei werden die Beträge für den Anfangsbestand, für die Zugänge, für die Abschreibungen und für die Abgänge nicht nebeneinander in einer Zeile in den dafür vorgesehenen Spalten aufgeführt, sondern vertikal in einer Vorspalte untereinander gesetzt. Der Saldo mit dem Endbestand erscheint in der Hauptspalte der Bilanz und wird in die Bilanzrechnung aufgenommen. Bei Anwendung der Staffelform werden auch Zwischensummen und Differenzen ermittelt, für die in der Tabellenform jeweils eine zusätzliche Spalte nötig wäre. Die Summe aus Anfangsbestand und Zugängen oder die Differenz aus dieser Summe und den Abgängen ist keine zusätzliche Information für den Bilanzleser, da er sie sich aus den Summanden und den Abgängen und Abschreibungen als Subtrahenden selbst errechnen kann, falls diese Zahlen für ihn von Interesse sind. Eine Kontrollrechnung wie bei der Tabellenform ist bei der Staffelform nicht möglich. Daher kann auch nicht sowohl die Entwicklung des Bilanzpostens eines Bilanzgegenstandes höherer Ordnung als auch die Entwicklung der Bilanzposten der in ihm zusammengefaßten originären Bilanzgegenstände mit Hilfe der Staffelform aufgezeigt werden. Die Endbestände der originären Bilanzgegenstände allerdings können in einer Vorspalte erscheinen, wenn die Endbestände der übergeordneten Bilanzgegenstände in der Hauptspalte stehen. Es bleibt dem Bilanzleser überlassen, sich die Entwicklung der Bilanzposten der übergeordneten Bilanzgegenstände außerhalb der Bilanz selbst zu berechnen. Bei der Anwendung der Staffelform zieht sich die Bilanz erheblich in die Länge, wenn für zahlreiche Bilanzgegenstände die Entwicklung aus mehreren Komponenten dargestellt werden soll, und verliert an Übersichtlichkeit[7]. Daher findet man sie in der Praxis recht selten und nur bei Bilanzen, in denen nur für sehr wenige Bilanzgegenstände die Entwicklung der Bilanzposten gezeigt werden soll.

Recht häufig findet man in Bilanzen auf der Aktivseite für den Block des Anlagevermögens mit 8 bis 10 Bilanzgegenständen die tabellarische Darstellung der Entwicklung der Bilanzposten, während auf der Passivseite bei einzelnen Posten deren Entwicklung in Staffelform nach-

---

[6] Vgl. W. le Coutre, Grundzüge der Bilanzkunde, a.a.O., S. 89, Beispiele S. 84 und S. 160; derselbe, Totale Bilanz, in: Lexikon des kaufmännischen Rechnungswesens, Hrsg. K. Bott, 4. Band, 2. Auflage, Stuttgart 1957, Sp. 2588.

[7] Vgl. W. le Coutre, Grundzüge der Bilanzkunde, a.a.O., S. 89.

gewiesen wird[8]. Man bevorzugt also die Tabellenform mit der horizontalen Anordnung von Anfangsbestand, Zu- und Abgängen und Abschreibungen, wenn diese Angaben für zahlreiche Bilanzgegenstände gemacht werden, und die Staffelform mit der vertikalen Anordnung der Komponenten eines Bilanzpostens dann, wenn diese Angaben nur bei einem oder sehr wenigen Bilanzgegenständen erfolgen und diese Komponenten nicht zahlreich sind, wie z. B. bei Rückstellungen:

	(Vorspalte)	(Hauptspalte)
Rückstellungen		
Stand am 1. 1.	.... DM	
+ Neubildungen	.... DM	
./. Auflösungen	.... DM	
Stand am 31. 12.		.... DM

Will man die finanziellen Deckungsverhältnisse in der Bilanz besonders deutlich werden lassen, so kann die Bilanz in mehrere Rechnungen aufgeteilt werden. So kann man eine Teilbilanz für die kurzfristigen Posten, die vor Ablauf eines Jahres realisierbar oder fällig werden, und eine Teilbilanz für die übrigen als mittel- und langfristig geltenden Posten aufstellen[9]. Bei finanzieller Überdeckung der mittel- und langfristigen Aktiva durch die mittel- und langfristigen Passiva erscheint zum Ausgleich der beiden Teilbilanzseiten ein Posten mit der Bezeichnung „finanzielle Überdeckung" auf der Aktivseite der mittel- und langfristigen Rechnung und in gleicher Höhe auf der Passivseite der kurzfristigen Rechnung unter der Bezeichnung „mittel- und langfristig finanziert". Liegt finanzielle Unterdeckung der mittel- und langfristigen Aktiva durch die mittel- und langfristigen Passiva vor, so erscheinen die entsprechenden Ausgleichsposten bei der mittel- und langfristigen Rechnung auf der Passivseite und bei der kurzfristigen Rechnung auf der Aktivseite. Ohne große formale Schwierigkeit können in dem oben beschriebenen Sinne auch weitere Aufteilungen der Bilanz vorgenommen werden, indem mehr Fristigkeitsgruppen gebildet werden. Auch können anstelle der Fristigkeit andere Gesichtspunkte für eine Aufteilung in Teilbilanzen herangezogen werden.

Die beiden Zahlenreihen der Bilanz, die bei der Schreibweise in Kontoform nebeneinander stehen, werden gelegentlich, ohne daß ihr Inhalt dabei verändert wird, auch untereinander dargestellt, wenn

---

[8] Zum Beispiel in der Bilanz zum 31. 12. 1967 der Beton- und Monierbau AG, Düsseldorf, veröffentlicht in: Handelsblatt Nr. 134 vom 16. 7. 1968, S. 15.
[9] Ein Beispiel hierfür ist unter der Bezeichnung „Finanzielle Position" im Geschäftsbericht der BASF, Ludwigshafen, für das Geschäftsjahr 1968 auf Seite 65 enthalten.

dies aus Platzgründen günstig ist[10]. Da die mathematischen Zusammenhänge durch die veränderte Anordnung der Aktiva und Passiva nicht berührt werden, sondern ebenso gelten wie bei der üblichen Kontoform, kann man bei der Anordnung der beiden Spalten des Bilanzkontos untereinander von einem Spezialfall der bilanziellen Kontoform sprechen. Vielleicht sollte man für diesen Spezialfall den Ausdruck *„Listenbilanz"* benutzen, da alle Bilanzgegenstände wie in einer Liste untereinander stehen.

Ein Nachteil der Listenbilanz ist, daß nicht, wie bei der Bilanz in Kontoform, einander entsprechende Aktiv- und Passivposten in einer Zeile nebeneinander aufgeführt werden (z. B. „Grundkapital" und „Ausstehende Einlagen auf das Grundkapital; davon eingefordert:" nach dem Gliederungsschema des § 151 Abs. 1 AktG 1965).

Den eigentlichen Bilanzzahlen können auch bei der Bilanzierung in Listenform Staffeln oder Tabellen in Vorspalten zugefügt werden, die Auskunft über die Entwicklung der Bilanzposten geben.

Eine besondere Form der Listenbilanz liegt vor, wenn eine Bilanz im Prinzip folgendermaßen aufgebaut ist:[11]

Anlagevermögen	.... DM
+ Umlaufvermögen	.... DM
Gesamte Aktiva	.... DM
./. Laufende Verbindlichkeiten und Rückstellungen	.... DM
Nettovermögen	.... DM
Finanziert durch:	
Nominalkapital	.... DM
+ Rücklagen	.... DM
Gesamteigenkapital	.... DM

Außer den erwähnten Darstellungsformen der Bilanz, der einfachen und der durch Tabellen oder Staffeln erweiterten Kontoform, kann der Bilanzinhalt auch durch eine mathematische Gleichung wiedergegeben werden[12]. Auf der einen Seite einer solchen Gleichung hätten alle Aktivposten, auf der anderen Seite alle Passivposten zu erschei-

---

[10] Vgl. W. le Coutre, Grundzüge der Bilanzkunde, a.a.O., S. 89 ff. (Beispiele S. 90 und S. 91).

[11] Vgl. M. Meinhardt, Der Jahresabschluß von Aktiengesellschaften in Großbritannien, in: Der Jahresabschluß von Aktiengesellschaften in Europa und USA, Hrsg. AWV, Teil 1, AWV-Reihe Nr. 138, Berlin 1966, S. 68 und S. 102 f.

[12] Vgl. H. Langen, Das mathematische Skelett der pagatorischen Kontentheorie, ZfB 1965, S. 41.

nen. Bei einer Erfolgsermittlungsbilanzgleichung ist der Erfolg aus
der Gleichung

$$\text{Aktiva} - \text{Passiva} = \text{Erfolg}$$

zu ermitteln. Dabei erscheinen die einzelnen Aktivposten als Glieder
der Gleichung mit positivem Vorzeichen, während die einzelnen Passivposten mit dem negativen Vorzeichen versehen werden, wenn man
nicht durch Addition der Passivposten zunächst die Summe der Passiva
errechnet und diese Summe dann als Subtrahend von der Summe
der Aktiva abzieht. Der Erfolg kann als positive (Gewinn) und als
negative Zahl (Verlust) auftreten. Da es in der Bilanz meist nicht
nur darauf ankommt, einen Bilanzerfolg zu ermitteln, sondern auch
ein Nachweis über die Zusammensetzung der Aktiva und Passiva aus
verschiedenen Arten von Bilanzgegenständen in der Bilanz erbracht
werden soll, müssen in der Bilanzgleichung nicht nur die Zahlen der
Bilanzposten enthalten sein, sondern auch die Bezeichnungen der Bilanzgegenstände. Für diese Bezeichnungen können in der Praxis nicht
ohne weiteres nur mathematische Symbole verwendet werden, da sie
vielen Bilanzlesern vielleicht unverständlich sein werden, auch wenn
separat eine Erläuterung dazu gegeben wird. Wenn aber der reguläre
Bilanztext in die mathematische Gleichung aufgenommen wird, wird
sie sehr lang und unübersichtlich. Die Kontoform ist dann günstiger.

Wenn auch für die Praxis die Darstellungsform der mathematischen
Gleichung nicht geeignet sein dürfte, so hat sie für bilanztheoretische
Überlegungen durchaus einige Vorteile, die gerade in der Anwendung
mathematischer Symbole und der damit zusammenhängenden Präzision und Knappheit der Darstellung liegen. Auch lassen sich buchhalterische Vorgänge als mathematische Operationen innerhalb einer
Gleichung deuten. Allerdings sind nicht alle mathematischen Umfor-
mungen einer Gleichung unbedingt mit den Grundsätzen ordnungsmäßiger Bilanzierung vereinbar, wie z. B. die Saldierung getrennt
nachzuweisender Aktiva und Passiva. Für die Gliederung ergeben sich
aus der Bilanzierung in Form einer Gleichung keine neuen Probleme,
da durch diese besondere Form keine anderen Einteilungen der Bilanzgegenstände und -posten nötig werden. Eine Beschränkung kann man
darin sehen, daß in einer Gleichung nur diejenigen Werte als Bilanzposten erscheinen, die auch in die Bilanzrechnung eingehen sollen.
Man kann nicht sowohl die Entwicklung oder artmäßige Zusammensetzung eines Bilanzpostens als auch seinen Bilanzwert in die Gleichung
aufnehmen, da jeder Bilanzposten nur einmal verrechnet werden
darf.

Als weitere mathematische Darstellungsformen der Bilanz sind die Vektor- und die Matrizenform[13] der Bilanz zu nennen. Ihre Anwendung bedeutet eine Formalisierung, die über die in der üblichen Bilanzform, der Kontoform, anzutreffende Schematisierung der realen Tatbestände hinausgeht. Bildet man bei der Bilanzmatrix entsprechend viele Zeilen und bei der Vektorbilanz entsprechend viele Komponenten, so erlauben die beiden Darstellungsformen der Bilanz eine ebenso weitgehende Differenzierung des Bilanzinhaltes wie die Kontoform. Für Bilanzzusätze, etwa in Vorspalten, ist aber auch bei diesen Darstellungsformen keine Möglichkeit gegeben.

Diese Ausführungen über Darstellungsformen der Bilanz, die nicht der Kontoform oder einer ihrer Erweiterungen entsprechen, sollten darauf hinweisen, daß die Bilanz nicht notwendig immer die Gestalt eines Kontos haben muß, wenn auch zur Zeit diese Form allgemein wohl als die zweckmäßigste angesehen wird, um die bilanzmäßige Rechnung, die der Ermittlung eines Bilanzerfolges, der Bilanzsumme, des bilanzmäßigen Eigenkapitals, der Verschuldung oder anderer Größen dient, mit der bilanzmäßigen Darstellung von Vermögens- und Kapitalstruktur und der Zusammensetzung und Entwicklung der einzelnen Bilanzposten zu verbinden. Es ist daher richtig, bei der Definition der Bilanz die Bindung an die *Form* des Kontos als nicht zwingend notwendig zu bezeichnen[14], wohl aber die Bindung an das dem Konto zugrunde liegende mathematische Modell der zweiseitigen formal ausgeglichenen Aufstellung der Aktiva und Passiva. So bleibt genug Spielraum für die Wahl einer geeigneten Darstellungsform.

Neben der üblichen rein zahlenmäßigen Darstellungsweise in der Bilanz, bei der die Bilanzgegenstände mit Geldbeträgen bewertet sind, werden zur Verdeutlichung von Beziehungen der Bilanzposten untereinander auch aus den absoluten Zahlen errechnete relative Zahlen wie Prozentwerte (Bilanzsumme = 100 %) der Bilanz beigefügt. Da diese Prozentwerte ab- bzw. aufgerundet werden, sind sie für den Bilanzleser leichter zu überblicken. Er braucht anstelle der absoluten Zahlen mit vielen Stellen nur die Prozentzahl mit höchstens zwei Stellen vor und ggf. einer Stelle hinter dem Komma zu lesen, zu interpretieren und sich zu merken. Allerdings muß dazu bemerkt werden,

---

[13] Vgl. E. Kosiol, Buchhaltung und Bilanz, a.a.O., S. 75 ff. und S. 82 ff.; H. Langen, Das mathematische Skelett der pagatorischen Kontentheorie, ZfB 1965, S. 32—44; W. von Zwehl, Untersuchung zur Erstellung einer Planbilanz als Ergänzung des Jahresabschlusses, Berlin 1968 (Diss. Göttingen 1968), S. 122—147.

[14] W. le Coutre, Grundzüge der Bilanzkunde, a.a.O., S. 13, schreibt: „... in der Regel in Kontoform..." (im Original gesperrt); E. Kosiol, Buchhaltung und Bilanz, a.a.O., S. 12 formuliert: „Meist ... in der Gestalt eines Kontos...".

daß auch bei der Auf- bzw. Abrundung der absoluten Zahlen, z. B. auf Tausender, für den Bilanzleser eine ähnliche Erleichterung geschaffen werden kann. Für Zwecke des Bilanzvergleiches dürfte aber die Prozentbilanz als aus der Bilanz der absoluten Zahlen abgeleitete Bilanz unentbehrlich sein.

Eine besonders anschauliche Darstellungsform der Prozentbilanz, die sich gewiß bei der Veröffentlichung von Bilanzen großer Publikumsaktiengesellschaften bewähren wird, weist H. Krasensky nach[15]. Er verwendet für jedes Prozent der Aktiva eine farbige Scheibe und für jedes Prozent der Passiva einen farbigen Ring. So erscheinen auf jeder Bilanzseite 100 Zeichen (100 %) in 10 Zeilen zu je 10 Zeichen. Die Farben geben die Gliederung in Bilanzgegenstände höherer Ordnung an, während weitere Unterteilungen durch Hell- und Dunkelabstufung der Farben und durch zeichnerische Symbole dargestellt werden.

Die von Krasensky angeführten Beispiele zeigen in optisch eindrucksvoller Form den Vermögensaufbau und die Liquidität verschiedener Betriebstypen. Die Anwendung des bildstatistischen Verfahrens ermöglicht das Herausstellen wirtschaftlicher Beziehungen mit Hilfe der Bilanz in einer Weise, die den Blick des Lesers und Betrachters durch den Verzicht auf Nebensächlichkeiten sofort in die gewünschte Richtung lenkt. Auch Menschen mit mehr visueller Vorstellungskraft, denen die Zahlen der üblichen Bilanz nicht viel bedeuten, können aus einer bildstatistischen Bilanz die Hauptbeziehungen innerhalb der Bilanz leicht erkenen. Die Grenzen der Anwendbarkeit des bildstatistischen Verfahrens liegen dort, wo es auf die absoluten und genauen Werte und eine differenzierte Gliederung der Bilanz ankommt[16].

Eine andere anschauliche Darstellungsweise der Bilanz verwendet Nertinger[17]. Die Hauptgruppen in der Bilanz (Anlagen, Vorräte, Wertpapiere, Forderungen, Kasse, Bank und Postscheck auf der Aktivseite und auf der Passivseite eigene Mittel, Pensionsrückstellung, Darlehen der Unterstützungseinrichtung, Hypothekenschulden, mittelfristige Kredite, Bankschulden, Steuerschulden, Rückstellung für Wechselobligo, Wechselschulden und kurzfristige Verbindlichkeiten) werden mit untereinander angeordneten Rechtecken versehen, deren Länge dem Wert des Bilanzpostens entspricht. Bei einer der Fristigkeit entsprechenden Anordnung der Rechtecke und durch unterschiedliche Farbgebung (Aktiva, grün, eigene Mittel gelb, fremde Mittel rot) mit Abstufungen durch verschiedene Schraffierung werden die Liquiditäts- und Finan-

---

[15] Vgl. H. Krasensky, Bildstatistischer Bilanzatlas, Wien (1967), S. 8 f.
[16] Vgl. H. Krasensky, Bildstatistischer Bilanzatlas, a.a.O., S. 9.
[17] Josef Nertinger, Bilanzextrakte, Stuttgart, o. J., S. 9 f. und Tafel 3 und 4 im Anhang.

zierungsverhältnisse unmittelbar durch den optischen Eindruck offenbar. Auch dieses Verfahren eignet sich nur für den groben Überblick und erlaubt nicht etwa eine pfenniggenaue Darstellung. Es eignet sich besonders für die Information von Bilanzlesern, die keine Bilanzfachleute sind und auf einen Blick die Deckungsverhältnisse in der Bilanz sehen wollen.

II. Saldierte und unsaldierte Bilanz

Aufgrund der Buchungen einer Periode kann eine unsaldierte Umsatzbilanz gebildet werden, die die Verkehrszahlen sämtlicher Bestandskonten, also die Summen der Soll- und die Summen der Habenbuchungen für jeden Bilanzgegenstand enthält. Der Erfolg erscheint als der Saldo aus Soll- und Habenseite einer solchen Bilanz. Sie ist eine reine Bewegungsbilanz, wenn sie nicht die Anfangsbestände enthält. Da die Anfangsbestände durch die Eröffnungsbuchungen einer Periode aber in den Summen der Soll- und Habenbuchungen der Konten bereits enthalten sind, werden sie in der Regel auch in die Bewegungsbilanz mit aufgenommen. Werden die jeweils zu einem Bilanzgegenstand gehörenden Soll- und Habensummen saldiert, gewinnt man die Beständebilanz zum Schluß der Periode, wenn die Anfangsbestände in der Bewegungsbilanz bereits erfaßt waren. Sind die Anfangsbestände nicht in der Bewegungsbilanz enthalten, führt die Saldierung zu einer Veränderungsbilanz für die abgerechnete Periode. Dieselbe Veränderungsbilanz ergibt sich auch aus dem Vergleich der Anfangs- und Schlußbilanz einer Periode durch Berechnung der Bestandsdifferenzen[18].

Bei der Darstellung der unsaldierten Umsatzbilanz in Kontoform erscheinen alle Bilanzgegenstände, die sowohl Soll- als auch Habenbuchungen auf den zugehörigen Konten aufzuweisen haben, auf der linken und auf der rechten Bilanzseite, während Bilanzgegenstände, für die nur Buchungen auf einer Seite vorgenommen wurden, auch in der Bilanz nur auf dieser Seite erscheinen können. Dadurch kann sich ein Bilanzbild ergeben, bei dem die zusammengehörigen Soll- und Habensummen nicht in derselben Zeile stehen. Für einen Bilanzleser wird eine solche Bilanz unübersichtlich sein. Daher sollte in der unsaldierten Umsatzbilanz der Betrag null DM bei den Bilanzgegenständen, die nur einseitige Buchungen aufzuweisen haben, auf der jeweils anderen Bilanzseite eingesetzt werden, damit auf der linken Bilanzseite dieselbe Reihenfolge gilt wie auf der rechten und zusammengehörige Posten immer in derselben Zeile stehen. Saldierungen können dann leichter vorgenommen werden. Die unsaldierte Umsatzbilanz gibt ein Bild von der wirtschaftlichen Aktivität eines Betriebes, sofern

---

[18] Vgl. E. Kosiol, Buchhaltung und Bilanz, a.a.O., S. 34.

nicht durch zahlreiche Buchungen ohne wirtschaftlichen Hintergrund, wie Stornierungen und Umgliederungen, die Umsatzbilanz aufgebläht worden ist. Will man nur die wirtschaftliche Aktivität der abgerechneten Periode darstellen, müssen die Anfangsbestände außer Ansatz bleiben, da sie aus der Aktivität früherer Perioden resultieren.

Die Veränderungsbilanz enthält die Soll- oder Habenüberschüsse, die sich für die einzelnen Bilanzgegenstände in der abgerechneten Periode per Saldo ergeben. Dabei erscheinen die Bilanzgegenstände mit Aktivmehrungen und Passivminderungen auf der linken Seite der Bilanz, die vielfach auch als Kapitalverwendungsseite bezeichnet wird, und die übrigen Bilanzgegenstände mit Aktivminderungen und Passivmehrungen auf der rechten Bilanzseite, der Seite der Kapitalherkunft. Bei der Veränderungsbilanz können also typische Aktivposten auch auf der rechten Bilanzseite stehen und typische Passivposten auf der linken Bilanzseite. Dies ließe sich nur durch Verwendung von negativen Zahlen vermeiden. Dabei würde, wenn die Minderungen überwiegen, die Veränderungsbilanz mit einer negativen Bilanzsumme schließen. Da die Verwendung von negativen Zahlen in der Buchhaltung nicht üblich ist, sondern die negativen Komponenten immer durch Gegenbuchung ausgedrückt werden, wird die Veränderungsbilanz nur in der erstgenannten Form ohne negative Zahlen aufgemacht. Die Bezeichnungen der Bilanzgegenstände in einer Veränderungsbilanz enthalten einen Hinweis, ob es sich um eine Erhöhung (Mehrung, Zunahme) oder eine Herabsetzung (Minderung, Abnahme) gegenüber dem Anfangsbestand handelt. Aus der Veränderungsbilanz ist zu erkennen, welche Umschichtungen in der Periode sich bei den einzelnen Aktiva und Passiva vollzogen haben und wie sie finanziert wurden.

Eine Kombination von Umsatzbilanz, Veränderungsbilanz und Beständebilanz ist durch die Einführung von Vorspalten möglich. Diese Spalten müßten für die Summen der Soll- und der Habenbuchungen (ohne Anfangsbestand), den Saldo daraus (Spalte der Veränderungsbilanz) und die Anfangsbestände eingerichtet werden. In der Hauptspalte wären die Zahlen der Endbestände (Anfangsbestände + bzw ./. Veränderungen) aufzuführen. Gliedert man nach den Bedürfnissen der Beständebilanz, so können in der Spalte der Veränderungsbilanz negative Zahlen auftreten. Der Bilanzleser kann sich aber leicht aus der Veränderungsbilanzspalte einen Auszug machen und die negativen Werte jeweils auf der Gegenseite einsetzen. Außerdem kann dabei eine der Veränderungsbilanz und deren Zwecken entsprechende Gliederung vorgenommen werden. Da die Veränderungsbilanzspalte nicht unmittelbar verwendet werden kann, ist die kombinierte Darstellung von Veränderungs- und Beständebilanz nicht sehr vorteilhaft. Die getrennte Darstellung entspricht mehr den unterschiedlichen Zwecken und Eigenarten der beiden Bilanzarten.

III. Einfügung von durchlaufenden Posten

Durchlaufende Posten sind in der Bilanz solche Posten, die mit gleich hohen Beträgen auf beiden Bilanzseiten erscheinen[19] und deren Zusammengehörigkeit entweder durch gleichlautende Bezeichnung der Bilanzgegenstände oder durch andere verbale Hinweise erkennbar gemacht wird. Durchlaufende Posten sind ohne Einfluß auf die Höhe des Erfolges, sie stehen meist auch nicht mit dem Betriebszweck in direktem Zusammenhang. Oft handelt es sich um die Bilanzierung treuhänderisch verwalteter Vermögensgegenstände, die für Dritte in Empfang genommen wurden und unverändert weiterzugeben sind (z. B. durchlaufende Kredite bei Kreditinstituten). Die durchlaufenden Posten vergrößern die Bilanzsumme und beeinflussen bei der Bilanzauswertung das Liquitätsbild und die Vermögens- und Kapitalstruktur.

Mit der Technik der zweiseitigen Bilanzierung in gleicher Höhe läßt sich die Bilanz ohne Einfluß auf die Erfolgsermittlung erweitern. So ist es möglich, aber zur Zeit nicht üblich[20], auch Auftragsbestände in eine Bilanz aufzunehmen, indem man die Auftragsbestände als Realschulden zur Erbringung der vereinbarten Lieferungen oder Leistungen passiviert und in gleicher Höhe zukünftige Forderungen oder zukünftige Einnahmen aktiviert, wobei eine Unterteilung nach den voraussichtlichen Lieferungs- und Zahlungsterminen zur Verbesserung der Liquiditätsdarstellung in der Bilanz führen würde.

Auch das Bestelloblige könnte als durchlaufender Posten in der Bilanz nachgewiesen werden. Dabei wäre der Gegenwert der bei Lieferanten bestellten Waren und der sonstigen vergebenen Aufträge, die noch nicht geliefert bzw. ausgeführt sind und auch noch nicht in Rechnung gestellt oder vorausbezahlt wurden, als Realforderung auf noch zu erhaltende Lieferungen und Leistungen auf der Aktivseite und als zukünftige Verbindlichkeit auf der Passivseite zu bilanzieren. Bei den so bilanzierten schwebenden Ein- und Verkäufen[21] handelt es sich nicht um echte Bilanzposten, sondern um Bilanzergänzungen.

Wenn die Hauptaufgabe der Bilanz die Erfolgsermittlung ist, sollte die Bilanz aber nicht durch für diesen Zweck unwichtige durchlaufende Posten erweitert und dadurch unübersichtlicher gemacht werden. Will

---

[19] Vgl. W. le Coutre, Grundzüge der Bilanzkunde, a.a.O., S. 156 und S. 236 ff.

[20] Vgl. Adler—Düring—Schmaltz, Rechnungslegung und Prüfung der Aktiengesellschaft, Band 1, a.a.O., § 149 Tz. 7, S. 13.

[21] Vgl. M. R. Lehmann, Die Quintessenz der Bilanztheorie, ZfB, 25. Jahrgang 1955, H. 10, S. 545 f.

man dagegen auch andere Zwecke mit Hilfe der Bilanz erreichen, so kann die Einfügung durchlaufender Posten ein taugliches Mittel dazu sein.

IV. Zusätze außerhalb der Bilanzrechnung

Während die durchlaufenden Posten in die Bilanzrechnung einbezogen sind und die Bilanzsumme erhöhen, können auch Zusätze in die Bilanz aufgenommen werden, die nicht in die Bilanzrechnung einbezogen werden und nicht die Höhe der Bilanzsumme beeinflussen. Solche Bilanzzusätze oder Vermerke können sich auf einzelne Bilanzgegenstände beziehen oder „unter dem Strich" ohne Beziehung zu einem bestimmten Bilanzposten als besondere Information für den Bilanzleser stehen. Man findet diese Informationen manchmal auch als besondere Bilanzgegenstände unter den regulären Bilanzgegenständen. Die zugehörigen wertmäßigen Bilanzposten sind dann in Klammern gesetzt und nicht mit in die Bilanzrechnung einbezogen[22]. Dies gilt für die nicht passivierungspflichtige Lastenausgleichsabgabe[23] und für die Eventualverbindlichkeiten aus der Weitergabe von Wechseln, aus Bürgschaften und aus Garantieübernahme[24].

Im § 151 Abs. 5 AktG 1965 heißt es: *„In* der Jahresbilanz sind ... zu vermerken ..."* (Hervorhebung vom Verfasser). Daher wird man in den Bilanzen die Vermerke nicht mehr *unter* sondern *über* dem Strich finden, also innerhalb der Bilanz im engen Sinne, wenn auch außerhalb der Bilanzrechnung. Da die Bilanz nicht mit dem Strich zu Ende ist, sondern auch die Unterschriften dazugehören, kann man auch die Anbringung von Vermerken unter dem Strich als innerhalb der Bilanz betrachten. So werden nach Heinen „... Eventualverbindlichkeiten *in* der Bilanz unter dem Strich vermerkt"[25]. Durch die Aufnahme der Eventualverbindlichkeiten unter die regulären Bilanzgegenstände, wenn auch am Schluß der Reihenfolge und ohne Übernahme der entsprechenden Posten in die eigentliche Bilanzrechnung, kann leicht der Eindruck erweckt werden, es handele sich um wirkliche Schulden, obgleich, abgesehen von der Lastenausgleichsvermögensabgabe, noch völlig offen ist, ob für den Betrieb einmal aus der möglichen eine wirkliche Schuld wird. Muß damit ernsthaft gerechnet werden, so muß eine entsprechende Rückstellung gebildet werden.

---

[22] Zum Beispiel in der Bilanz zum 31. 12. 1967 der Bremer Vulkan, veröffentlicht in: Handelsblatt, Düsseldorf, Nr. 163 vom 26. 8. 1968, S. 10.
[23] Nach § 218 LAG.
[24] Nach § 151 Abs. 5 AktG 1965 sind vier Vermerkposten vorgeschrieben.
[25] E. Heinen, Handelsbilanzen, 4. Auflage, Wiesbaden 1968, S. 191 (Hervorhebung vom Verfasser).

Die andere Art von Zusätzen innerhalb der Bilanz erfolgt unmittelbar bei den entsprechenden Bilanzgegenständen im Text der Bezeichnung der Bilanzgegenstände. Meist soll ein umfangreicher Bilanzgegenstand dadurch erläutert werden, daß angegeben wird, welche untergeordneten Bilanzgegenstände mit welchen Beträgen darin enthalten sind. Bei Zuordnungsschwierigkeiten von Bilanzierungsobjekten zu mehreren Bilanzgegenständen muß im Interesse der Bilanzklarheit die Mitzugehörigkeit zu anderen Bilanzgegenständen durch einen Zusatz vermerkt werden[26]. Der verbale Ausdruck von Ausgliederungen oder Zusätzen zu einzelnen Bilanzgegenständen ist „einschließlich ...", „In der Gesamtsumme sind enthalten:", „darunter" oder „davon"[27]. Die Zusätze werden entweder in Klammern, in einem besonderen schwächeren Druck, eingerückt oder in einer Vorspalte angegeben. Ist das aus Platzgründen nicht möglich, werden die Zusätze in Fußnoten zur Bilanz aufgenommen[28]. Die Zusätze können aber auch so dargestellt werden, daß z. B. in Hypothekenbankbilanzen der Bilanzgegenstand „Grundstücke und Gebäude" aufgespalten wird in den besonders auszuweisenden untergeordneten Bilanzgegenstand „dem eigenen Geschäftsbetrieb dienende Grundstücke und Gebäude" und den Bilanzgegenstand „sonstige Grundstücke und Gebäude"[29], die zusammen den übergeordneten Bilanzgegenstand ausmachen. Nach diesem Prinzip können auch tiefere und mehrgliedrige Unterteilungen vorgenommen werden. Die Beträge der untergeordneten Bilanzposten können, wenn der übergeordnete Bilanzposten nicht als Summe erscheint, an seiner Stelle in die Bilanzrechnung aufgenommen werden. Die Teilbeträge können aber auch in einer Vorspalte aufgeführt werden, während der Gesamtbetrag in der Hauptspalte steht und unmittelbar in die Bilanzrechnung einbezogen wird. So werden die Zusätze zu besonderen Bilanzgegenständen und -posten.

Sind zu einem Bilanzposten mehrere Vermerke zu machen, empfehlen Adler-Düring-Schmaltz entsprechend folgendem Beispiel zu verfahren:

„Verbindlichkeiten gegenüber Kreditinstituten		DM 3,0 Mio.
davon durch Grundpfandrechte gesichert	DM 2,5 Mio.	
davon vor Ablauf von vier Jahren fällig	DM 1,2 Mio."[30]	

---

[26] Vgl. § 151 Abs. 3 AktG 1965.
[27] Vgl. H. Birck, Die Bankbilanz, 2. Auflage, Wiesbaden 1961, S. 196.
[28] Vgl. Adler—Düring—Schmaltz, Rechnungslegung und Prüfung der Aktiengesellschaft, Band 1, 4. Auflage, Stuttgart 1968, § 151 Tz. 21, S. 177.
[29] Nach der Verordnung über Formblätter für die Gliederung des Jahresabschlusses der Hypothekenbanken und Schiffspfandbriefbanken vom 1. 12. 1953, BGBl. S. 1554.

Dabei bleibt es aber unklar, ob die DM 1,2 Mio. ganz oder teilweise durch Grundpfandrechte gesichert sind, da sich das zweite „davon" sowohl auf den übergeordneten Posten „Verbindlichkeiten gegenüber Kreditinstituten" als auch auf den Posten „davon durch Grundpfandrechte gesichert" beziehen kann. Deshalb sollte man lieber den zweiten Vermerk so formulieren: Von dem Gesamtbetrag sind vor Ablauf von vier Jahren fällig ...

Eindeutig, aber etwas umständlicher, wäre folgende Lösung:

Verbindlichkeiten gegenüber Kreditinstituten   ....
a) durch Grundpfandrechte gesichert   ....
   davon vor Ablauf von 4 Jahren fällig   ....
b) andere Verbindlichkeiten gegenüber Kreditinstituten   ....
   davon vor Ablauf von 4 Jahren fällig   ....

---

[30] Adler—Düring—Schmaltz, Rechnungslegung und Prüfung der Aktiengesellschaft, Band 1, a.a.O., § 151 Tz. 20, S. 176 (im Original Zahlenwerte ausgeschrieben).

E. Einteilungskriterien für Bilanzgliederungen

I. Anforderungen an Einteilungskriterien für Bilanzgliederungen

Die Einteilung der Bilanzgegenstände ist nicht irgendein Selbstzweck, sondern erfolgt im Hinblick auf die Aussagekraft der Bilanz und damit auf ihre Eignung für Analysen, Interpretationen und die Darbietung von Informationen in urkundlicher Dokumentation. Prinzipiell hängt es von den Anforderungen an die Bilanz ab, welche Bilanzierungsobjekte in welcher Art und Weise in der Bilanz erfaßt werden müssen und wie die entsprechenden Bilanzgegenstände einzuteilen sind. Tatsächlich aber kann man die Erfassung neben der Auswertung auch isoliert betrachten, da zum Zeitpunkt der Erfassung nicht immer feststeht, welche Auswertung später erfolgen soll, und von der Natur der zu erfassenden Objekte bestimmt wird, wie sie in der Buchhaltung zu verrechnen sind. Es dürfte nämlich z. B. unkorrekt sein, abschreibungsbedürftige und nicht abschreibungsbedürftige Objekte unter einem einzigen Bilanzgegenstand (Grundstücke und Gebäude) zu führen[1]. Die Abschreibungsbedürftigkeit hängt nicht von der zu erwartenden Bilanzauswertung ab, sondern ist ein Tatbestand, der mit der buchhalterischen Erfassung und Verrechnung des Periodenaufwands zusammenhängt. Daher sollen jetzt die Anforderungen an Einteilungskriterien der Bilanzgliederung im Hinblick auf die Bilanzerstellung, die auf der Datenerfassung und -verrechnung in der Buchhaltung basiert, und die Anforderungen im Hinblick auf die Bilanzaussage und ihre Auswertungsmöglichkeiten behandelt werden.

1. Anforderungen an Einteilungskriterien für Bilanzgliederungen im Hinblick auf die Bilanzerstellung

Im Prinzip müssen die Einteilungskriterien für eine Bilanzgliederung so beschaffen sein, daß die mit ihrer Hilfe errichtete Bilanzgliederung geeignet ist, die zu bilanzierenden Objekte eindeutig den ihnen entsprechenden Bilanzgegenständen zuzuordnen. Es müssen als Einteilungskriterien Merkmale verwendet werden, die die zu bilanzierenden Objekte der Realität ebenfalls aufzuweisen haben. Dabei kann auch die Merkmalsausprägung „nicht vorhanden" bei einigen Objekten auf-

---

[1] Vgl. W. le Coutre, Grundzüge der Bilanzkunde, Teil 1, 4. Auflage, a.a.O., S. 178.

treten. Wäre das bei allen zu bilanzierenden Objekten der Fall, so wäre mit Hilfe dieses Merkmals eine Einteilung nicht möglich, da alle Elemente in eine einzige Klasse gehören würden. Für den buchhalterischen Erfassungsvorgang ist wichtig, daß die als Einteilungskriterium dienenden Merkmale bei den Objekten leicht erkennbar sind und ihre Ausprägung eindeutig und einwandfrei festgestellt werden kann. Solche Merkmale zu finden ist schwierig, wenn die Bilanzgliederung und damit auch die der Gliederung zugrunde zu legenden Merkmale zu einer Zeit fixiert werden müssen, in der noch nicht abzusehen ist, welche Objekte später tatsächlich in der Buchhaltung für die Bilanz erfaßt werden müssen. Viele zu bilanzierende Objekte treten regelmäßig und in vielen Betrieben auf. Sie haben daher auch in den Bilanzgliederungen, die als Schema für eine längere Zeit gelten sollen, von vornherein ihren festen Platz, während die Objekte, deren Auftreten nicht vorauszusehen ist, die aber aufgrund des technischen Fortschrittes, der Veränderung rechtlicher Vorschriften und der Eröffnung neuer ökonomischer Möglichkeiten immer in verschiedenem Umfang neu auftreten, in einer als Schema für längere Zeit vorgegebenen Bilanzgliederung nicht berücksichtigt werden können außer durch die Bilanzgegenstände „Sonstige Aktiva" und „Sonstige Passiva". Besonders wenn ein Gliederungsschema einen geringen Abstraktionsgrad aufweist und wenig Sammelbegriffe enthält, können Schwierigkeiten bei der Bilanzierung neu hinzukommender Objekte auftreten. Die Einfügung zusätzlicher Bilanzgegenstände dürfte die der Bilanzklarheit am besten dienende Lösung sein, da so der Sachinhalt der schon bestehenden Bilanzgegenstände nicht berührt wird und Bilanzvergleiche mit früheren Perioden nicht erschwert werden. Man sollte also nicht etwa überlegen, ob die in einem Betrieb erstmals auftretenden Aufwendungen für eine künstliche Bohrinsel bei den Grundstücken, dem Schiffspark oder den maschinellen Anlagen aktiviert werden sollen, sondern den besonderen Bilanzgegenstand „Bohrinsel" in die Bilanz aufnehmen. Die Bilanzgegenstände, die die Bezeichnung der Bilanzobjekte entsprechend deren natürlichen Arten tragen, sind zwar so sehr anschaulich bezeichnet, aber nicht abstrakt genug, um auch neue Objekte eindeutig zuordnen zu können. Eine Einteilung nach natürlichen Arten erfüllt daher nicht immer die Anforderungen, die für eine einwandfreie buchhalterische Erfassung, die ja Vorstufe und Voraussetzung jeder Bilanzerstellung ist, gestellt werden.

Ein Einteilungskriterium, das sich auf die Bilanzerstellung bezieht, ist das Zustandekommen der Bilanzposten. Stützel[2] unterscheidet nach diesem Gesichtspunkt erstens Bilanzgegenstände mit Währungsbeträgen,

---

[2] Vgl. W. Stützel, Bemerkungen zur Bilanztheorie, ZfB 1967, S. 316 f.

die richtig oder falsch gezählt werden können, wie der Kassenbestand, zweitens solche mit Währungsbeträgen, die durch Rechtsgeschäft zustandegekommen sind, wie das satzungsmäßige Grundkapital, und drittens Bilanzgegenstände, deren Posten Bilanzzahlen sind, die das Ergebnis einer Schätzung darstellen, wie z. B. der Wert von Forderungen. Je nach den Gesichtspunkten, unter denen die Schätzung vorgenommen wird, können unterschiedliche Ergebnisse in die Bilanz eingehen. Unter dem Aspekt der Bilanzerstellung müßte weiterhin auch die Art der Schätzung unterschieden werden. Es kann sich nämlich um die Aufwandsverteilung durch Verteilungsabschreibungen vom Anschaffungswert nach verschiedenen Abschreibungsverfahren (mit steigenden, gleichen oder fallenden Raten) oder um die Vorwegnahme von unrealisierten Wertverlusten infolge von Preisänderungen handeln. Die Vorwegnahme von unrealisierten Gewinnen aus Preisänderungen und Werterhöhungen, die theoretisch auch als Schätzung möglich wäre, wird praktisch nicht angewendet, da sie einen Verstoß gegen das allgemein anerkannte Imparitätsprinzip darstellt. Gelegentliche Zuschreibungen sind nicht Vorwegnahme unrealisierter Gewinne, sondern z. B. Rückgängigmachung von außerplanmäßigen Abschreibungen, die sich als zu hoch erwiesen haben[3].

Die Einteilung der Bilanz nach dem unterschiedlichen Zustandekommen der Posten, das seine Ursache darin hat, daß bei der der Bilanzierung vorgelagerten buchhalterischen Erfassung und Verrechnung für die zu bilanzierenden Objekte und Tatbestände verschiedene Techniken verwendet werden müssen, entspricht den Belangen der Bilanzaufstellung. Dieses Einteilungsprinzip findet man aber nicht in der Praxis angewandt, und in der Literatur wird es auch nicht besonders erwähnt. Der Grund dafür mag darin liegen, daß die Bilanz mehr auf ihre Aussage und die Auswertung ausgerichtet wird und die von der Bilanzerstellung ausgehenden Anforderungen nur eine untergeordnete Bedeutung erlangen, obwohl eine korrekte Bilanzerstellung die Voraussetzung für jede Bilanzauswertung sein sollte. Einteilungskriterien für die Bilanzgliederung sollten deswegen so beschaffen sein, daß es bei der Bilanzerstellung keine Zweifel über die Zuordnung der Objekte der Realität zu Bilanzgegenständen gibt und daß Bilanzposten mit unterschiedlichem Wertcharakter getrennt aufgeführt werden können.

---

[3] Vgl. Adler—Düring—Schmaltz, Rechnungslegung und Prüfung der Aktiengesellschaft, Band 1, a.a.O., § 149 Tz. 72—75, S. 46 f. und § 154 Tz. 64, S. 451.

2. Anforderungen an Einteilungskriterien
für Bilanzgliederungen im Hinblick auf die Bilanzaussage

Während bei der Betrachtung der Anforderungen an Bilanzeinteilungskriterien im Hinblick auf die Bilanzerstellung das Problem darin besteht, daß die jeweils gegebenen realen Bilanzierungsobjekte bestimmten Bilanzgegenständen zuzuordnen sind, besteht im Hinblick auf die Bilanzaussage und ihre Auswertungs- und Interpretationsmöglichkeit das Problem darin, daß der Bilanzleser aus den Bilanzgegenständen und ggf. deren Zusätzen erkenen muß, welche Objekte der Realität bei der Bilanzierung unter den einzelnen Bilanzgegenständen erfaßt worden sind. Die Aufgabe einer guten Bilanzgliederung ist dann erfüllt, wenn der Bilanzleser, ohne selbst auch Bilanzaufsteller derselben Bilanz zu sein, mit den Bilanzgegenständen dieselben Vorstellungen verbindet wie der Bilanzaufsteller bei der Bilanzerstellung und in der Bilanz eine Darstellung der tatsächlich bilanzierten realen Objekte erkennt. Sind nämlich die Begriffe der Bilanzgegenstände zu weit, so kann der Bilanzleser nicht erkennen, ob nur einzelne Objekte, eine einzige Art oder alle Arten von unter den weiten Begriff fallenden Objekten bei der Bilanzaufstellung vorhanden waren und erfaßt worden sind.

Erscheint in der Bilanz z. B. ohne weitere Unterteilung der Bilanzgegenstand „Verbindlichkeiten", so können bei der Bilanzerstellung nur Steuerschulden erfaßt worden sein (andere Verbindlichkeiten mögen nicht zum Bilanzstichtag existiert haben), während ein Bilanzleser wohl am ehesten Verbindlichkeiten aus Lieferungen und Leistungen vermuten würde oder ein Gemisch aus verschiedenen Arten von Schulden. Der Bilanzleser würde diesen Bilanzgegenstand also anders interpretieren, als es der bilanzierten Realität entsprechen würde.

Wird eine möglichst weitgehende Übereinstimmung zwischen der Interpretation durch den Bilanzleser und den in der Bilanz erfaßten Sachverhalten gewünscht, so müssen für die Bilanzgliederung Einteilungskriterien gewählt werden, die eine keinen weiten Interpretationsspielraum zulassende feine Differenzierung zwischen den Bilanzgegenständen ermöglichen. Reicht ein einziges Einteilungskriterium für diesen Zweck nicht aus, so müssen mehrere Merkmale hintereinander als Einteilungskriterium herangezogen werden. Dabei braucht nicht jedes Merkmal auf die gesamte Bilanz anwendbar zu sein. Teilt man z. B. die Passiva zuerst in Eigen- und Fremdkapital ein, so kann der Block des Fremdkapitals danach nach dem Merkmal „Rückzahlungstermin" oder „Besicherung" weiter unterteilt werden, während es dem Wesen des Eigenkapitals, vielleicht mit Ausnahme des auszuschüttenden Gewinnes, widerspricht, Rückzahlungstermine oder Besicherung als Einteilungskriterium zu wählen.

Gegen eine feine Differenzierung zwischen den Bilanzgegenständen kann man einwenden, daß dadurch die Bilanz zu umfangreich und wegen der zahlreichen Bilanzgegenstände auch zu unübersichtlich würde und daß für die meisten Auswertungen durch den Bilanzleser eine allzu feine Untergliederung nicht nötig sei. Denn sollen z. B. mit Hilfe von Bilanzen externe Betriebsvergleiche vorgenommen werden, wird man wegen der unterschiedlichen betriebsindividuellen Verhältnisse nur mit allgemeinen und weiten Begriffen von Bilanzgegenständen operieren können.

Dennoch ist aber auch für diesen Auswertungszweck eine richtige Interpretation durch den Bilanzleser nötig, um zu prüfen, ob die für den Bilanzvergleich benutzten allgemeinen Begriffe von Bilanzgegenständen zutreffend und zweckmäßig sind und nicht etwa die im Bilanzvergleich zu zeigenden Unterschiede verdecken oder verzerren. Erweist sich eine Bilanzgliederung für einen vom Bilanzleser gesetzten Zweck als zu differenziert, kann er durch Zusammenfassungen von Bilanzposten und Weglassen von Bilanzzusätzen sich eine seinem Zweck entsprechende Bilanz entwickeln. Ist aber eine Bilanzgliederung nicht differenziert genug, hat der betriebsexterne Bilanzleser meist nicht die Möglichkeit, sie zu verfeinern. Selbst für interne Zwecke müssen Sondererhebungen oder grobe Schätzungen vorgenommen werden, insbesondere wenn es sich um Bilanzen weit zurückliegender Zeiträume handelt, die man auswerten muß. Ganz allgemein läßt sich also feststellen, daß im Hinblick auf die Bilanzauswertung eher eine feine Differenzierung der Bilanzgegenstände angebracht ist.

Die feine Differenzierung als solche ist aber für die Bilanzauswertung nutzlos, wenn sie nicht durch die Verwendung von Merkmalen erfolgt, die eine dem Auswertungsziel dienliche Bilanzgliederung ergibt. So nützt z. B. eine noch so differenzierte Einteilung nach Besicherungsarten des Fremdkapitals nichts für eine Liquiditätsuntersuchung anhand der Bilanz, da hierfür eine Einteilung nach Fälligkeitsterminen oder nach erwarteten Zahlungsterminen erforderlich wäre.

Zwischen Einteilungskriterium und Auswertungsziel besteht also ein enger Zusammenhang. Ist das Auswertungsziel bei der Bilanzerstellung bekannt und soll die Bilanz die Auswertung ermöglichen, so gilt als Anforderung an die Einteilungskriterien der Bilanzgliederung, daß sie den Belangen der gewünschten Auswertung entsprechen müssen. Die Belange von möglichen nach der Bilanzerstellung gesetzten Auswertungszielen können bei der Wahl der Einteilungskriterien und der Fixierung der an sie zu stellenden Anforderungen nicht berücksichtigt werden. Solchen später auftretenden Auswertungszielen kann die Bilanzgliederung nur soweit entsprechen, als dies aufgrund von Einteilungen möglich ist, die schon aus den Belangen der Bilanzerstellung und anderer bereits bei der Bilanzerstellung berücksichtigter Auswertungsziele abgeleitet und angewendet wurden.

II. Darstellung und Kritik
an den von le Coutre geforderten Einteilungskriterien

In der deutschen Literatur zu Bilanzfragen findet man zwar Ausführungen und auch bestimmte Vorschläge zur Bilanzgliederung, aber es fehlt außer bei le Coutre das Bemühen, die Gliederungsvorschläge theoretisch zu untermauern, indem die zu wählenden Einteilungskriterien genannt und ihre Wahl besonders begründet wird. Im ausländischen Schrifttum haben sich Fitzgerald und Schumer ausführlich mit den in Buchhaltung und Bilanz verwendeten Einteilungsgründen auseinandergesetzt, wobei sie von den Verhältnissen in Australien ausgehen[4].

Nach le Coutre muß die Gliederung des Bilanzinhaltes 1. nach Funktionen, 2. nach Aufgaben, 3. nach Arten, 4. nach Risiken, 5. nach Rechtsbeziehungen und 6. nach individuellen Ansprüchen unter Berücksichtigung der Verhältnisse des Einzelfalles vorgenommen werden[5]. Bei einer kritischen Untersuchung dieser Einteilungsgründe stört die nicht klare Unterscheidung zwischen den Ausdrücken „Funktion" und „Aufgabe" im allgemeinen Sprachgebrauch[6]. Le Coutre versteht unter einer Einteilung nach Funktionen eine Einteilung in 1. werbendes Vermögen, 2. Sicherungsvermögen, 3. Sozialvermögen, 4. Verwaltungsvermögen und 5. Überschußvermögen[7]. Demnach bedeutet bei le Coutre Funktion soviel wie Zweckbestimmung[8] im Hinblick auf die mittelbare, unmittelbare oder fehlende Verwendung der Vermögensteile für den Betriebszweck. Denn nur das werbende Vermögen dient unmittelbar der Erreichung des Betriebszweckes (Erzeugung oder sonstiger Leistungszweck des Betriebes)[9], während das Sozialvermögen, soweit es dazu bestimmt ist, das Verhältnis der Belegschaft zum Betrieb zu verbessern und ihre Arbeitsfähigkeit z. B. durch Gesundheitsdienst und Sport zu fördern, indirekt dem Betriebszweck dient. Auch das Sicherungsvermögen, das die Kontinuität der Produktion auch bei plötzlichen Verlusten, Schäden, Versorgungsstörungen oder Ausfällen ge-

---

[4] A. A. Fitzgerald und L. A. Schumer, Classification in Accounting, 2nd Edition, Sydney — Melbourne — Brisbane 1962.
[5] Vgl. W. le Coutre, Grundzüge der Bilanzkunde, a.a.O., S. 244 f.
[6] Vgl. E. Kosiol, Organisation der Unternehmung, Wiesbaden 1962, S. 45.
[7] Vlg. W. le Coutre, Grundzüge der Bilanzkunde, a.a.O., S. 245.
[8] Vgl. ebenda, S. 158 ff.
[9] Vgl. ebenda, S. 159 und S. 245.

währleisten soll[10], und das Überschußvermögen, das für Produktionserweiterungen bereitgehalten wird[11], dienen indirekt dem Betriebszweck. Das Verwaltungsvermögen dagegen hat mit dem eigentlichen Betriebszweck nichts zu tun[12].

Die Gliederung des Bilanzvermögens nach Funktionen hat den Sinn, daß für Betriebsvergleiche und Wirtschaftlichkeitsberechnungen das betriebsnotwendige Kapital aus der Bilanz ersichtlich wird, das in dem für die betriebliche Leistungserstellung notwendigen und wirtschaftlich erforderlichen Vermögen investiert ist[13]. Allerdings wird, wie le Coutres Musterbeispiel für die totale Bilanz erkennen läßt[14], in der Bilanz nur das bilanzierte Betriebsvermögen (Aktiva) nach Funktionen in die oben genannten fünf Komplexe aufgeteilt und ein sechster Posten unter der Bezeichnung „Verrechnungsposten" für durchlaufende Posten und Rechnungsabgrenzung und ggf. wohl auch ein siebenter Posten für den Bilanzverlust hinzugefügt, während das „Unternehmungskapital" auf der Passivseite „... entsprechend seiner natürlichen Funktion als *finanzieller* Grundlage der Unternehmung ..."[15] in Eigen- und Fremdkapital eingeteilt ist. Neben diesen beiden Kapitalarten werden auf der Passivseite der totalen Bilanz, die mit „Unternehmungskapital" überschrieben ist[16], als besondere Arten „Verrechnungsposten" und „Reingewinn" aufgeführt. Daß der Reingewin in der totalen Bilanz nicht als Teil des Eigenkapitals, wozu ihn le Coutre an anderer Stelle ausdrücklich zählt[17], oder als Eigenkapitalveränderung infolge der Betriebstätigkeit innerhalb der durch die Bilanz abgeschlossenen Wirtschaftsperiode[18] auch unter dem Eigenkapital bilanziert wird, ist eine Inkonsequenz, die wohl durch das Bestreben erklärbar ist, diesen wichtigen Posten besonders hervorzuheben, wie es auch in der Vorschrift des § 131 Abs. 3 AktG 1937 verlangt wurde. Auch im Gliederungsschema des § 151 Abs. 1 AktG 1965 stehen Bilanzverlust und Bilanzgewinn als jeweils letzte Bilanzgegenstände auf der Aktiv- bzw. Passivseite von den übrigen Eigenkapitalteilen getrennt. Durch die Anordnung des Erfolges als jeweils letzte Position der Aktiv- bzw.

---

[10] Vgl. ebenda, S. 159 und S. 245.
[11] Vgl. ebenda, S. 162 und S. 245.
[12] Vgl. ebenda, S. 159 und S. 245.
[13] Vgl. ebenda S. 162.
[14] Vgl. ebenda, S. 247 sowie mit einzelnen Veränderungen: W. le Coutre, Totale Bilanz, in: Lexikon des kaufmännischen Rechnungswesens, Hrsg. K. Bott, 4. Band, 2. Auflage, Stuttgart 1957, Sp. 2601 f.
[15] Derselbe, Grundzüge der Bilanzkunde, a.a.O., S. 245.
[16] Später hat le Coutre anstelle der Ausdrücke „Betriebsvermögen" (für die Aktiva) und „Unternehmungskapital" (für die Passiva) die Ausdrücke „Sachkapital" (für die Aktiva) und „Finanzkapital" (für die Passiva) verwendet. (Vgl. W. le Coutre, Totale Bilanz, a.a.O., Sp. 2601 f.)
[17] Vgl. W. le Coutre, Grundzüge der Bilanzkunde, a.a.O., S. 207.
[18] Vgl. ebenda, S. 208.

Passivseite wird auch dem Saldocharakter des Bilanzerfolges Rechnung getragen. Denn in der Buchhaltung ist es üblich, den Saldo eines Kontos nicht an irgendeiner Stelle auf dem Konto erscheinen zu lassen, sondern als letzte Position auf der kleineren Seite zum Ausgleich des Kontos einzusetzen. Dies gilt auch für die Bilanz, die ja nach dem Kontoprinzip und meist auch in Kontoform aufgemacht wird. Allerdings läßt sich damit nicht rechtfertigen, auch den Gewinn- bzw. Verlustvortrag, der ja nicht als Saldo der abgeschlossenen Bilanzperiode anzusehen ist, da er aus vorhergehenden Perioden stammt, von den übrigen Eigenkapitalteilen getrennt am Ende der Bilanzseiten aufzuführen, wie es im Beispiel der totalen Bilanz geschieht[19]. Le Coutre folgt auch hier wohl weniger theoretischer Überlegungen als dem in der Praxis üblichen Verfahren, den Gewinnvortrag zum Gewinn des abgelaufenen Geschäftsjahres zuzuzählen, also den Gewinn- oder Verlustvortrag aus Vorperioden als Bestandteil des Bilanzgewinnes bzw. -verlustes auszuweisen[20].

Die Vereinigung der passivischen Eigenkapitalposten wäre möglich, wenn man das Fremdkapital an die erste Stelle auf der Passivseite setzt, dann seine verschiedenen Arten folgen läßt und am Schluß das Eigenkapital einsetzt, dessen Arten in einer solchen Reihenfolge angeordnet werden, daß der Bilanzgewinn als letzte Position der Passivseite erscheinen kann. Dieses Verfahren wird bei Bilanzen von Kreditinstituten angewendet[21]. Es steht aber im Widerspruch zu dem auch für die Aktivseite allgemein außer bei Kreditinstituten verwendeten Reihenfolgeprinzip, zuerst das langfristig und dann das kurzfristig gebundene Vermögen bzw. gewährte Kapital in der Bilanz aufzuführen. Zugunsten dieses Prinzips verzichtet man auf die zusammengefaßte Bilanzierung aller Eigenkapitalarten innerhalb einer Gruppe von Bilanzgegenständen unter dem Oberbegriff Eigenkapital. Le Coutre unterteilt aber sowohl das Eigen- als auch das Fremdkapital nach Fristigkeit[22], hätte also den Gewinn unter dem kurzfristigen Eigenkapital aufführen können.

Außer dem Gewinn steht in der totalen Bilanz außerhalb von Eigen- und Fremdkapital der Bilanzgegenstand „Verrechnungsposten"[23]. In der späteren Fassung der totalen Bilanz sind an dessen Stelle die Posten

---

[19] Vgl. W. le Coutre, Grundzüge der Bilanzkunde, a.a.O., S. 245.
[20] Vgl. Baumbach-Hueck, Aktiengesetz, 13. Auflage, München 1968, § 151 Randnote 53, S. 503; E. Heinen, Handelsbilanzen, 4. Auflage, Wiesbaden 1968, S. 233 f.
[21] Vgl. Berliner Bank AG, Berlin, Bericht für das Geschäftsjahr 1968, Seite 33.
[22] Vgl. W. le Coutre, Grundzüge der Bilanzkunde, a.a.O., S. 247.
[23] Ebenda, S. 247.

„Posten der Rechnungsabgrenzung" und „durchlaufende Posten" zu finden[24].

Die antizipativen passivischen Abgrenzungsposten lassen sich ohne Bedenken dem Fremdkapital zuordnen[25]. Die transitorischen Abgrenzungsposten werden dagegen auch heute noch getrennt als Abgrenzungsposten (nach § 152 Abs. 9 AktG 1965) bilanziert, obgleich es vom Betriebe in einer späteren Periode zu erbringende geschuldete Realgüterleistungen, die bereits bezahlt wurden, sind. Bei diesen geschuldeten Realgüterleistungen handelt es sich meistens um die Gewährung von Raumnutzung bei vorausempfangenen Miet- oder Pachtzahlungen oder um die Gewährung einer Kapitalnutzung bei vorausempfangener Zinszahlung. Die Situation ist also vergleichbar mit der bei den von Kunden erhaltenen Anzahlungen, die auch le Coutre zum Fremdkapital (Kreditorenposten) rechnet[26], wenn sie auch nicht in seinem Musterbeispiel der totalen Bilanz[27] erscheinen. Die durchlaufenden Posten bilden in le Coutres Musterbeispiel keinen Teil der Bilanzsumme, da sie nur in der Vorspalte erscheinen. Sie zählen also nicht zu den Passiva und hätten auch unter dem Strich vermerkt werden können. Es ist also inkonsequent und logisch unbefriedigend, wenn le Coutre in der totalen Bilanz das Unternehmungskapital oder, wie er es später (1957) nannte, das „Finanzkapital"[28] in 1. Eigenkapital, 2. Fremdkapital, 3. Verrechnungsposten und 4. Reingewinn als auf gleicher Gliederungsebene stehende Begriffe einteilt[29].

Nach le Coutres Gliederungsregel muß die oberste Einteilung nach Funktionen erfolgen. Wenn man in seiner Gliederung der Passiva in 4 Gruppen eine Einteilung nach Funktionen sehen will, muß man einen sehr weiten und eigenwilligen Begriff der Funktion voraussetzen. Besser wäre es, darauf zu verzichten, die Passiva nach denselben Einteilungskriterien einteilen zu wollen wie die Aktiva. Faktisch ist das ja auch in der totalen Bilanz der Fall. Wenn nämlich das Finanzkapital nach Funktionen eingeteilt worden wäre und dabei derselbe Funktionsbegriff gegolten hätte wie für die Sachkapitalgliederung, müßten nicht Eigen- und Fremdkapital bei der obersten Einteilung unterschieden werden, sondern 1. werbendes Kapital, 2. Sicherungskapital, 3. Sozialkapital, 4. Verwaltungskapital, 5. Überschußkapital[30]. Damit erfährt aber ein Bilanzleser aus der Passivseite der Bilanz nichts, was nicht

---

[24] Vgl. W. le Coutre, Totale Bilanz, a.a.O., Sp. 2602.
[25] Vgl. Adler—Düring—Schmaltz, Rechnungslegung und Prüfung der Aktiengesellschaft, a.a.O., § 152 Tz. 176, S. 349.
[26] Vgl. W. le Coutre, Grundzüge der Bilanzkunde, a.a.O., S. 197.
[27] Vgl. ebenda, S. 247.
[28] Derselbe, Totale Bilanz, a.a.O., Sp. 2601 f.
[29] Vgl. W. le Coutre, Grundzüge der Bilanzkunde, a.a.O., S. 247.
[30] Vgl. W. le Coutre, Grundzüge der Bilanzkunde, a.a.O., S. 245.

schon aus der Aktivseite erkennbar wäre. Daher kommt eine Gliederung in die fünf genannten Funktionsarten für die Passivseite nicht in Frage, wenn sie eine eigene Aussagekraft besitzen soll.

Betrachtet man das Musterbeispiel einer totalen Bilanz weiter, so ist auf der Aktivseite gemäß le Coutres Gliederungsregel beim werbenden Vermögen eine Einteilung nach Aufgaben (Anlage- und Beschäftigungsvermögen) und eine weitere Einteilung in Produktionsanlagen, Verwaltungsanlagen und Beteiligungen zu finden, also eine zweite Einteilung nach spezielleren Aufgaben innerhalb des Anlagevermögens, wozu die Beteiligungen nicht unbedingt passen, es sei denn, es sind Beteiligungen, die dem Betriebszweck unmittelbar dienen. Danach folgen die einzelnen natürlichen Arten wie Grundstücke, Gebäude usw. In der Gliederungsregel heißt es nur allgemein „Arten", besser aber ist der Begriff „natürliche Eigenart" oder „Qualität" (quality)[31], da bei jeder Einteilung nach einem Gliederungsprinzip Arten gebildet werden. Man darf daher nur von Einteilung *in* Arten, nicht dagegen von Einteilung *nach* Arten sprechen. Eine weitere Untergliederung nach Risiken, Rechtsbeziehungen und individuellen Ansprüchen fehlt in dem Beispiel. Hieraus ist zu erkennen, daß le Coutre bei der praktischen Anwendung seiner Grundsätze sich weitgehend an die betriebsindividuellen Verhältnisse anpaßt und von einer allzu strikten Anwendung seiner Gliederungsregeln absieht. Immerhin entspricht es aber nicht den üblichen Bilanzmethoden, Grundstücke und Gebäude in der Bilanz 1. unter Produktionsanlagen, 2. unter Verwaltungsanlagen, 3. unter Überschußvermögen und 4. unter Sozialvermögen aufzuführen, wie es entsprechend den unterschiedlichen Funktionen der verschiedenen Grundstücke in der totalen Bilanz geschieht[32].

Beim Beschäftigungsvermögen unterscheidet le Coutre in seinem Musterbeispiel a) Vorräte (1. Rohstoffe, 2. Halbfabrikate, 3. Fertigwaren, 4. Hilfsmaterialien), b) Forderungen (1. an Kunden, 2. aus Anzahlungen) und c) Zahlungsmittel (Kasse, Bankguthaben bei der Zentralbank und sonstigen Banken)[33]. Nach der Gliederungsregel müßte die Einteilung (Vorräte, Forderungen, Zahlungsmittel) nach Arten erfolgt sein, die folgende Einteilung nach Risiken und diejenige nach Bankinstituten nach Rechtsbeziehungen. Auch hier folgt das Beispiel also nicht der Gliederungsvorschrift le Coutres. Die Gliederung nach der Natur der Vermögensgegenstände ist nämlich bei der Aufgliederung der Vorräte angewandt worden. Die Forderungen sind nach Rechtsbeziehungen (Der Betrieb tritt rechtlich als Verkäufer bei den Forde-

---

[31] Vgl. Fitzgerald and Schumer, Classification in Accounting, a.a.O., S. 82 f. und S. 121 f.
[32] Vgl. W. le Coutre, Grundzüge der Bilanzkunde, a.a.O., S. 247.
[33] Vgl. ebenda, S. 247.

rungen an Kunden und als Käufer bei den Anzahlungen auf.) eingeteilt. Bei den Zahlungsmitteln ist nach natürlicher Eigenart unterteilt worden. Auf der Passivseite ist, wie schon oben erläutert wurde, die erste Einteilung in A. Eigenkapital, B. Fremdkapital, C. Verrechnungsposten und D. Reingewinn nur sehr schwer als Einteilung nach Funktionen zu deuten. Die folgende Einteilung nach Fälligkeit (langfristig, kurzfristig, sofort fällig) ist sowohl beim Eigen- als auch beim Fremdkapital vorgenommen worden. Man kann darin eine Gliederung nach Aufgaben sehen, wenn man langfristige, kurzfristige und sofort zu erfüllende Finanzierungsaufgaben unterscheidet. Die folgenden Einteilungen sind nach Qualitäten erfolgt, wobei man die Unterteilung in Betriebs- und Verwaltungsschulden beim kurzfristigen Fremdkapital aussondern muß, da hier nach Funktionen gegliedert worden ist.

Aus diesen Ausführungen soll hervorgehen, daß le Coutre sowohl bei den Aktiva als auch bei den Passiva sich nicht voll an seine vorher festgelegte Reihenfolge von Einteilungen hält und auch andere Einteilungsgesichtspunkte zusätzlich bei der totalen Bilanz anwendet, indem er die Bedeutung der Begriffe seiner Einteilungskriterien verschieden auslegt, was bei den recht unbestimmten Begriffen wie „Funktion" und „Art" zutrifft.

III. Die von Fitzgerald und Schumer dargestellten Einteilungskriterien

Fitzgerald und Schumer untersuchen nicht nur die für die betriebswirtschaftlichen Bilanzen angewandten Einteilungsgründe, sondern beziehen ihre Untersuchung auf die gesamte Buchhaltung für alle bilanzierenden Einheiten (accounting units), wozu sie Geschäftsbetriebe und Teile davon, nicht erwerbswirtschaftliche Vereinigungen, Vermögensverwaltungen und den Staat rechnen[34]. Ausgehend von der Gleichung

Summe der Kapitalquellen = Summe der Kapitalverwendungen[35]

unterscheiden sie erstens nach Quellen Eigenkapital, Fremdkapital und Ertrag (revenue) und zweitens danach, ob das Kapital in der Rechnungsperiode verbraucht wurde oder nicht, Vermögensgegenstände (assets) und Aufwand und Kosten (costs and expenses)[36]. Die Autoren arbeiten dann mit den folgenden *fünf Hauptklassen* (major classes):

---

[34] Vgl. Fitzgerald and Schumer, Classification in Accounting, a.a.O., S. 17 f. (Original in englischer Sprache, deutsche Übersetzungen vom Verfasser).
[35] Vgl. ebenda, S. 19, S. 59 und S. 78.
[36] Ebenda, S. 78 f.

1. „Proprietorship"
2. „Liabilities"
3. „Assets"
4. „Revenue"
5. „Costs and expenses".

Sie stellen eine *Mindestgliederung* dar, die begrenzte Informationen vermittelt[37].

Für die Unterteilung dieser Hauptklassen führen Fitzgerald und Schumer 16 Einteilungskriterien an, die sich zum größten Teil auch auf die Bilanz beziehen. Eine vollständige Liste von im Rechnungswesen gebrauchten Einteilungskriterien sei nicht aufzustellen, da die zu vermittelnden Informationen bei jedem individuellen Betrieb und zu verschiedenen Zeiten immer wieder anders sein können und jeweils andere Einteilungen erfordern. Die 16 *Einteilungsgründe* sind die folgenden:[38]

1. Quelle des Kapitals (source of funds)
2. Zweck oder beabsichtigte Verwendung (purpose or intended use)
3. Abrechnungsperioden (accounting periods)
4. anhaftende Eigenarten oder Eigenschaften (inherent properties or qualities)
5. Verantwortlichkeitsbereich (administrative responsibility)
6. Liquidität (liquidity)
7. Grad der Dauerhaftigkeit (degree of permanence)
8. rechtliche Bedeutung (legal significance)
9. Greifbarkeit (tangibility)
10. Beziehung zu übergeordneten Tätigkeiten (relation to major activities)
11. Regelmäßigkeit (normality)
12. Beziehung zum Umfang der Beschäftigung (relation to volume of activity)
13. Beeinflußbarkeit (controllability)
14. Besteuerbarkeit (taxability)
15. Kostenstellen (units of activity)
16. Personen (persons).

In den weiteren Ausführungen erläutern die Autoren diese Einteilungskriterien und geben bei einigen auch an, welchen Zweck man mit gerade dieser oder jener Einteilung erreichen kann[39]. Es geht den Autoren in erster Linie um die Darstellung allgemein bekannter und bewährter Einteilungsprinzipien, nicht aber um ihre Ableitung aus bestimmten Rechnungszielen.

---

[37] Vgl. ebenda, S. 79.
[38] Vgl. ebenda, S. 79.
[39] Die Einteilung der Schulden nach dem Grad der Dauerhaftigkeit bezweckt z. B. die Beleuchtung der Zahlungsfähigkeit bei Fälligkeit. Vgl. Fitzgerald and Schumer, Classification in Accounting, a.a.O., S. 93.

F. Die Gliederung der Bilanz
in Abhängigkeit von ihren Rechnungszielen

I. Die Ableitung und Fixierung von Rechnungszielen

Rechnungsziele der Bilanz sind die Nachrichten, die die Bilanzleser in ihr als Informationen vorfinden sollen. Diese Informationen müssen so beschaffen sein, daß sie auch durch die Bilanz vermittelt werden können, sie müssen also mit den technischen Mitteln der Bilanzierung darstellbar sein. Damit ist abgegrenzt, daß nicht jede Information, die ein Bilanzleser wünscht, irgendwie der Bilanz als Rechnungsziel gesetzt werden kann, sondern daß jedes Rechnungsziel bilanzmäßig sein soll und nicht die Bilanz überfordern darf. Bei einer Überforderung der Bilanz besteht nämlich die Gefahr, daß ihre Gliederung nach irgendeinem Merkmal zu sehr differenziert wird, so daß sie dadurch unübersichtlich wird. Die Übersichtlichkeit der Bilanz muß aber stets gewahrt bleiben. Denn es gehört ja zu den wichtigsten Eigenschaften der Bilanz, die Fülle des buchhalterischen Zahlenmaterials in gedränter Form klar und übersichtlich zusammenzufassen und damit auch verständlicher zu machen.

Je nach ihrer Stellung zu dem bilanzierenden Betrieb haben die Bilanzleser verschiedene Informationswünsche und -ansprüche an die Bilanz. Diese Ansprüche basieren für die betriebsexternen Bilanzleser auf gesetzlichen Bilanzierungsvorschriften, der Satzung (bei Gesellschaften, Vereinen und Genossenschaften) oder vertraglichen Sonderregelungen, die sich z. B. Großgläubiger und Großaktionäre oft einräumen lassen.

Daneben bestehen Informationswünsche der betriebsinternen Bilanzleser. Diese Bilanzleser sind die Unternehmer oder die die Unternehmerfunktion wahrnehmenden Personen, die Angestellten, deren Aufgabe im Betrieb einen Einblick in die Bilanz erforderlich macht, und die Beschäftigten, die nicht aufgrund ihrer besonderen betrieblichen Funktion, sondern als Angehörige des Betriebes ein Interesse an der Bilanz haben, um Aufschluß über die Situation ihres Betriebes etwa im Hinblick auf die Sicherheit ihres Arbeitsplatzes und die Angemessenheit des Lohnes, des Gehaltes, der Sozialleistungen und der Ausstattung ihres Arbeitsplatzes zu bekommen. Diese Interessen der Belegschaft werden im allgemeinen weniger von den einzelnen Belegschaftsangehörigen selbst als vom Betriebsrat und den Gewerkschaften als Vertreter der Interessen der Belegschaft wahrgenommen. Der Unternehmer legt meist keinen Wert darauf, den Betriebsangehörigen die finanzielle Lage des Betriebes durch eine auf die Informationswünsche der Belegschaft ausgerichtete Bilanz vor Augen zu führen, es sei denn, die Lage ist so schlecht, daß er sie als Begründung für Lohn- und Gehaltskürzungen oder Entlassungen benutzen will. Deshalb sind die Betriebsangehörigen bei Aktiengesellschaften und Betrieben, die gesetzlich zur Bilanzveröffentlichung verpflichtet sind, auf die publizierten Bilanzen angewiesen, während sie in anderen Betrieben überhaupt keine Möglichkeit zur Einsicht in Bilanzen haben. Sie stehen also in dieser Hinsicht auf gleicher Stufe wie betriebsfremde Personen ohne besondere Ansprüche auf Einsichtnahme in Bilanzen.

Eine Ausnahme sind die Arbeitnehmervertreter im Aufsichtsrat, die von der Belegschaft zu wählen sind (nach § 76 des Betriebsverfassungsgesetzes vom 11. 10. 1952, nach § 4 des Gesetzes über die Mitbestimmung der Arbeitnehmer in den Aufsichtsräten und Vorständen der Unternehmen des Bergbaus und der Eisen und Stahl erzeugenden Industrie vom 21. 5. 1951 oder nach dem „Mitbestimmungsergänzungsgesetz" vom 7. 8. 1965 BGBl. I, S. 707, in Verbindung mit § 96 AktG 1965). Diese Arbeitnehmer haben wie die übrigen Aufsichtsratsmitglieder aufgrund ihrer Mitgliedschaft im Aufsichtsrat wesentlich bessere Informationen über ihren Betrieb als die übrigen Belegschaftsangehörigen, aber ein Einblick in Bücher und nicht ohnehin zu veröffentlichende Bilanzen steht ihnen als einzelnem Aufsichtsratsmitglied nicht zu[1]. Auch einen eigenen Einfluß auf die Gestaltung der Bilanz besitzen sie nicht.

Eine weitere Ausnahme sind diejenigen Belegschaftsmitglieder, die dem nach dem Betriebsverfassungsgesetz in größeren Betrieben zu bildenden Wirtschaftsausschuß angehören. Nach § 69 Abs. 4 Betriebsverfassungsgesetz („Der Jahresabschluß ist dem Wirtschaftsausschuß unter Beteiligung des Betriebsrats zu erläutern.") werden oft die Handelsbilanzen den Ausschußmitgliedern vorgelegt, oft aber auch nur, wie es im Gesetz heißt, erläutert, ohne vorgelegt zu werden[2]. Da nach § 55 und § 67 (Betriebsverfassungsgesetz) den Mitgliedern des Betriebsrates und des Wirtschaftsausschusses eine weitgehende Schweigepflicht auferlegt ist, kommen die den Belegschaftsvertretern gegebenen Erläuterungen selten den übrigen Belegschaftsmitgliedern zur Kenntnis. Trotz Erläuterung der Bilanz im Wirtschaftsausschuß kann

---

[1] Vgl. Baumbach-Hueck, Aktiengesetz, 13. Auflage, München 1968, § 111 Randnote 3, S. 367 und Randnote 6, S. 369.
[2] Vgl. Fitting—Kraegeloh—Auffarth, Betriebsverfassungsgesetz, 8. Auflage, Berlin und Frankfurt a. M. 1968, § 69 Anmerkungen 17—19, S. 635 f.

man kaum annehmen, daß bei der Bilanzaufstellung und -gliederung die besonderen Interessen der Belegschaft berücksichtigt werden, da sie keinerlei Einfluß auf die Bilanzgestaltung besitzt.

1. Ableitung von Rechnungszielen der Bilanz aus Unternehmerzielen

Die Unternehmer verfolgen mit ihren Betrieben die unterschiedlichsten Formal- und Sachziele. Diese zu erforschen und zu formulieren ist sehr schwierig[3], da sie manchen Unternehmern nicht immer recht bewußt sind und die Unternehmer auch nur selten bereit sind, über ihre wahren Ziele vollständig Auskunft zu geben, sei es aus politischen, sozialen oder gesellschaftlichen Rücksichten oder sei es aus Mangel an Klarheit über die Ziele, die im täglichen Arbeitsleben vielleicht nur unbewußt verfolgt werden. Soweit diese Ziele quantifizierbar sind und in Gelddimensionen Ausdruck finden können[4], ist zu prüfen, ob aus der Bilanz geeignete Kennziffern zu entnehmen sind. Auch Kennziffern, die nicht direkt über die angestrebten Ziele, sondern nur über ihnen in der Mittel-Zweck-Pyramide untergeordnete Ziele etwas aussagen, deren Erfüllung Voraussetzung für die Erreichung übergeordneter Ziele ist, können oft aus der Bilanz gewonnen werden. Der Unternehmer kann seinem Zielsystem[5] entsprechend jeweils entscheiden, wie die Bilanz seines Betriebes aufgebaut werden muß, um möglichst viele und aussagekräftige Kennziffern über die Erfüllung der Ziele in seinem Zielsystem aufzuweisen.

Anhand der Kennziffern aus der Bilanz und aus anderen Quellen (z. B. Kostenrechnung, Gewinn- und Verlustrechnung, betriebliche Statistik, Markt- und Meinungsforschungsergebnisse) können der Unternehmer oder die Personen, die im Betriebe die unternehmerischen Funktionen ausüben, untersuchen, ob und wieweit die gesetzten Ziele bereits erreicht wurden, und darüber entscheiden, welche betrieblichen Maßnahmen zu ergreifen sind, um den gesteckten Zielen näher zu kommen. Es muß in dieser Arbeit nicht untersucht werden, welche konkreten Ziele, Zielkombinationen, Zielfolgen oder Zielhierarchien für Unternehmer gelten mögen und wie diese zu systematisieren wären, da längst nicht alle Unternehmerziele mit Rechnungszielen der Bilanz in Verbindung zu bringen sind, insbesondere wenn die Ziele nicht quantifizierbar sind. Die folgenden Ausführungen können daher nur einzelne Beispiele herausgreifen, die im Hinblick auf das Thema dieser Arbeit relevant zu sein scheinen. Diese Unternehmerziele lauten:

---

[3] Vgl. E. Heinen, Das Zielsystem der Unternehmung, Wiesbaden 1966, S. 31.

[4] Vgl ebenda, S. 114 f.

[5] Zum Begriff „Zielsystem" vgl. ebenda, S. 24, S. 44 ff. und S. 90.

Gewinnerzielung, Streben nach Sicherheit, Streben nach Macht und Prestige, Förderung des technischen Fortschrittes und Erhaltung, Vergrößerung oder Verkleinerung des Betriebes (Betriebsgrößenvariation).

Das Unternehmerziel *Gewinnerzielung* läßt sich konkretisieren als langfristige oder kurzfristige Gewinnmaximierung, als die Erzielung irgendeines unter dem vielleicht möglichen Maximum liegenden Gewinnes oder als die Erzielung eines bestimmten Gewinnes, von dessen Größenordnung der Unternehmer eine feste Vorstellung hat. Wie auch immer das Ziel bestimmt sein mag, es erfordert eine bestimmte Definition des Gewinnes als den über die bloße Kapitalerhaltung hinausgehenden Überschuß[6]. Es hängt also von der Auffassung über die zu erstrebende Art der *Kapitalerhaltung* ab, wie hoch der über sie hinausgehende Überschuß ist. Im allgemeinen unterscheidet man die nominale auf den Geldwert bezogene Kapitalerhaltung, die reale Kapitalerhaltung, bei der Änderungen des Preisniveaus bzw. des Geldwertes berücksichtigt werden, und die darüber hinausgehende relative Kapitalerhaltung, die auch die Teilnahme am gesamtwirtschaftlichen Wachstum, die Anpassung an den jeweils neuesten Stand der Technik[7] oder andere schwer zu erfassende Tatbestände wie die Erhaltung der „... relative(n) Stellung in der Produktion der Gesamtwirtschaft...“[8] sichern soll. Da die relative Kapitalerhaltung schwer nachweisbar ist, sollte man der nominalen und realen Kapitalerhaltung besser eine „materielle“[9] Kapitalerhaltung gegenüberstellen, die die mengenmäßige Erhaltung des Kapitals bedeutet. Diese Art der Kapitalerhaltung wird auch als „Substanzerhaltung“ bezeichnet[10].

Vom Standpunkt der nominalen Kapitalerhaltung aus gesehen stellt die Erfüllung der realen Kapitalerhaltung bei sinkendem Geldwert und steigenden Preisen bereits eine Form der Gewinnverwendung dar, die der Ermittlung des erzielten Nominalgewinnes zu folgen hätte. Bei steigendem Geldwert und fallenden Preisen muß dagegen der Nominalgewinn geringer sein als ein nach dem Prinzip der realen Kapitalerhaltung ermittelter Gewinn.

Wenn sich der Unternehmer das Ziel setzt, einen Gewinn durch die wirtschaftliche Tätigkeit seines Betriebes zu erzielen, muß er auch dafür

---

[6] Vgl. E. Kosiol, Bilanztheorie, in: HdS, 2. Band, Stuttgart — Tübingen — Göttingen 1958, S. 231.

[7] Nach H. Sommerfeld, Eudynamische Bilanz, in: Lexikon des kaufmännischen Rechnungswesens, Hrsg. K. Bott, 2. Band, 2. Auflage, Stuttgart 1955, Spalte 983.

[8] F. Schmidt, Die organische Tageswertbilanz, 3. Auflage, Leipzig 1929 (nachgedruckt Wiesbaden 1951), S. 139 (im Original gesperrt).

[9] Zur materiellen Kapitalerhaltung: E. Walb, Die Erfolgsrechnung privater und öffentlicher Betriebe, Berlin — Wien 1926, S. 326 ff., insbesondere S. 334.

[10] Vgl. W. Endres, Der erzielte und der ausschüttbare Gewinn der Betriebe, Köln und Opladen 1967, S. 5.

sorgen, daß er feststellen kann, wie hoch sein Gewinn ist. Daher setzt er der Buchhaltung die Aufgabe, regelmäßig den Gewinn zu ermitteln. Das übliche Instrument dazu ist der Jahresabschluß durch die Erfolgsermittlungsbilanz und die meist auch aufgestellte Gewinn- und Verlustrechnung. Mit der Bilanzierung erfüllt der Unternehmer nicht nur eine gesetzliche Pflicht (nach § 39 HGB), sondern handelt auch im eigenen Interesse. Dabei genügt es nicht, nur das Rechnungsziel *Gewinnermittlung* zu setzen, sondern es muß auch klargestellt sein, welcher Gewinnbegriff der Rechnung zugrunde gelegt sein soll, insbesondere welche Art der Kapitalerhaltung gewährleistet sein soll. Daher muß mit dem Rechnungsziel *Gewinnermittlung* auch ein Rechnungsziel *Nachweis einer bestimmten Kapitalerhaltung* gesetzt werden. Beide Rechnungsziele leiten sich also aus dem Unternehmerziel der Gewinnerzielung ab.

Wegen des engen Zusammenhanges zwischen der Art der Kapitalerhaltung und den ihr entsprechenden Bilanzbewertungsprinzipien einerseits und dem unter Anwendung dieser Bewertungsprinzipien ermittelten Bilanzerfolg andererseits ist stets zu beachten, daß eine Änderung der Art der Kapitalerhaltung und damit auch der Bilanzbewertungsprinzipien dazu führt, daß die ermittelten Bilanzerfolge vor und nach der Änderung nicht vergleichbar sind. Erfolgt die rechnerische Behandlung der Kapitalerhaltung durch besondere Aufwandsbewertung, so verliert die Erfolgsrechnung an Exaktheit[11]. Daher ist es korrekter, wenn man alles tut, um eine exakte, willkürfreie und vergleichbare Erfolgsermittlung zu erhalten, und das sich bei jedem Jahresabschluß etwas anders stellende Problem der Kapitalerhaltung durch Nichtauszahlung bestimmter Gewinnbestandteile unter Bildung einer Kapitalerhaltungsrücklage bei steigendem Wiederbeschaffungspreisniveau löst. Bei sinkendem Wiederbeschaffungspreisniveau wäre diese Rücklage zugunsten erhöhter Gewinnauszahlungen aufzulösen oder ggf. an ihrer Stelle ein aktivischer Kapitalkorrekturposten einzusetzen. Die Höhe der Zuführung oder Auflösung der Kapitalerhaltungsrücklage[12] muß außerhalb der Bilanz durch eine besondere Rechnung ermittelt werden. Für eine willkürfreie Erfolgsermittlung eignet sich besonders die pagatorische Bilanzierung, da sie soviel nur möglich mit realisierten Zahlungswerten arbeitet. Der danach ermittelte Bilanzerfolg entspricht dem Prinzip der nominalen Kapitalerhaltung[13].

Das Unternehmerziel der Gewinnerzielung bedeutet nicht nur, daß kurzfristig im Betriebe ein Gewinn in einer Abrechnungsperiode ent-

---

[11] Vgl. Ralf-Bodo Schmidt, Die Kapitalerhaltung der Unternehmung als Gegenstand zielsetzender und zielerreichender Entscheidungen, in: Organisation und Rechnungswesen, Festschrift für E. Kosiol, Hrsg. E. Grochla, Berlin 1964, S. 426.

[12] Zur Funktion der Kapitalerhaltungsrücklage vgl. ebenda, S. 434 ff.

[13] Vgl. E. Kosiol, Buchhaltung und Bilanz, 2. Auflage, Berlin 1967, S. 113.

stehen soll und in der Bilanz nachzuweisen ist, sondern in der Regel kommt es dem Unternehmer darauf an, auch in den folgenden Geschäftsperioden einen Gewinn zu erwirtschaften. Daher muß er den Betrieb für die Zukunft ertragsfähig halten. Der Unternehmer muß sich also im Interesse einer zukünftigen Ertragsfähigkeit seines Betriebes ein Bild vom Gesundheitszustand des Betriebes machen[14]. Diesem Ziel dient die Aufgliederung der Aktiva und Passiva der Bilanz, die erkennen lassen soll, ob aus der Zusammensetzung des bilanzierten Vermögens, des Eigenkapitals und der Schulden Gefahren für die Existenz (drohende Zahlungsunfähigkeit, Konkursgefahr) und die Ertragskraft des Betriebes entstehen können. Man kann also aus dem Unternehmerziel „Gewinnerzielung" für die Bilanz das Rechnungsziel entwickeln, daß der Grad der Ausgewogenheit der Verhältnisse bei den passivischen und aktivischen Bilanzposten sowohl innerhalb jeder Bilanzseite als auch zwischen den Bilanzseiten nachzuweisen ist.

Mit dem Unternehmerziel der Gewinnerzielung hängt die Frage zusammen, ob der in der Bilanz ausgewiesene Gewinn auch in Form liquider Mittel ausgezahlt werden kann, oder ob eine Auszahlung des Gewinnes ganz oder teilweise erst nach der Liquidierung von nicht liquiden Vermögensteilen möglich wird. Das hieraus abgeleitete Rechnungsziel für die Bilanz heißt also: *Nachweis der Verfügbarkeit von liquiden Mitteln für die Gewinnauszahlung.*

Eng mit dem Streben des Unternehmers nach Gewinnerzielung ist sein *Streben nach Wirtschaftlichkeit* verknüpft. Es ist zwar auch denkbar, trotz Unwirtschaftlichkeit noch einen Gewinn zu erzielen, der den Ansprüchen des Unternehmers genügt, wenn diese nicht allzu hoch sind, aber für die meisten Unternehmer und auch für die Volkswirtschaft als Ganzes ist das Kapital zu knapp, um unwirtschaftlich verwendet zu werden, wenn nicht besondere Umstände dazu zwingen. Solche Umstände liegen z. B. vor, wenn höhere Gewalt die Nutzung des Kapitals verhindert oder die Verfolgung besonderer ideeller Ziele die Fortführung einer als unwirtschaftlich erkannten Kapitalverwendung verlangt. Wenn der Unternehmer danach strebt, einen maximalen oder auch nur einen höheren Gewinn als zuvor zu erzielen, muß er sich um die Hebung und Förderung der Wirtschaftlichkeit des Kapitaleinsatzes oder bei unveränderter Wirtschaftlichkeit um einen erhöhten Kapitaleinsatz bemühen oder beide Maßnahmen kombiniert anwenden. Zur Kontrolle der Wirtschaftlichkeit des Kapitaleinsatzes ist die genaue Kenntnis der Art und des Umfanges des Kapitaleinsatzes unerläßlich. Auch die fremden Mittel im Betrieb müssen daraufhin überwacht werden, ob sie

---

[14] Vgl. W. le Coutre, Grundzüge der Bilanzkunde, a.a.O., S. 36 und S. 241; derselbe, Was sagt mir die Bilanz? Wirtschaftserkenntnis durch Bilanzkritik, 3. Auflage, Stuttgart 1962, S. 10 und S. 12.

wirtschaftlich sind, d. h., ob sie überhaupt noch benötigt werden, ob ihre Verzinsung noch den Verhältnissen am Markt entspricht und ob sie vielleicht gekündigt werden sollten und durch zinsgünstigeres Fremdkapital zu ersetzen wären. Voraussetzung für diese Überwachung ist eine gute Übersicht und Kenntnis des Kapitaleinsatzes und der Kapitalherkunft im Betriebe. Diesen Nachweis für die Zwecke von Wirtschaftlichkeitskontrollen zu erbringen, ist ein weiteres Rechnungsziel der Bilanz, das aus dem Gewinnstreben als Ziel des Unternehmers abgeleitet wird. Allerdings kann die Bilanz nur soweit für dieses Rechnungsziel eingesetzt werden, wie dies den technischen Möglichkeiten der Bilanzierung entspricht. Nicht bilanzfähige Wirtschaftsgüter bleiben nämlich als Kapitaleinsatzform außer Ansatz. Daher haben Rentabilitätsrechnungen aufgrund der Bilanzzahlen meist keine große Aussagekraft.

Das Unternehmerziel *Streben nach Sicherheit* bedeutet, daß der Unternehmer danach strebt, sein Kapital sicher anzulegen, es vor Verlusten zu bewahren und nicht nur auf kurze Sicht Gewinne zu erzielen, sondern möglichst auch in Zukunft angemessene Gewinne mit hoher Wahrscheinlichkeit erwarten zu können. Denn die Sicherheit seiner Existenz hängt oft davon ab, laufend aus dem Betriebe ein Einkommen zu erzielen. Um dauernd einen Überschuß im Betriebe erwirtschaften zu können, muß das im Betriebe befindliche Kapital vor Verlusten geschützt werden und zu ertragreichen Zwecken verwendet werden. Hierüber muß sich der Unternehmer regelmäßig Klarheit verschaffen, indem er sich eine möglichst vollständige Übersicht über das jeweils im Betriebe eingesetzte Kapital schafft. Dabei kommt es darauf an, daß er erkennen kann, welche Kapitalteile eine besonders risikoreiche Verwendung gefunden haben, welche einem geringeren Risiko ausgesetzt sind und welche als sicher bezeichnet werden können. Wie große Anteile an Kapital den einzelnen Risikogruppen zugeführt werden sollen, hängt von der Risikofreudigkeit des Unternehmers ab. In jedem Falle aber ist es wichtig, daß der Unternehmer sich stets und regelmäßig über die Risiken, denen das Kapital im Betriebe ausgesetzt ist, möglichst genaue Kenntnis verschafft, um jeweils rechtzeitig durch unternehmerische Disposition eine Ausgewogenheit von risikoreicher und risikoarmer Kapitalverwendung herbeizuführen.

Auch der Kapitalfonds eines Betriebes (Eigen- und Fremdkapital) ist in verschiedenem Umfang bei den einzelnen Kapitalformen „ . . . mit dem finanziellen Risiko unvorhergesehenen und damit vorzeitigen Kapitalentzuges behaftet"[15]. Denn das Fremdkapital und das kündbare Eigenkapital kann plötzlich gekündigt werden, und das gesamte Eigenkapital einschließlich des unkündbaren Eigenkapitals unterliegt dem

---

[15] E. Gutenberg, Grundlagen der Betriebswirtschaftslehre, 3. Band, Die Finanzen, 2. Auflage, Berlin — Heidelberg — New York 1969, S. 134.

Risiko des Verzehrs durch Verlustwirtschaft des Betriebes[16]. Über diese Verhältnisse muß sich der Unternehmer stets klar sein und ebenso wie für die Kapitalverwendung eine Ausgewogenheit von risikoreicherer und risikoärmerer Finanzierung zu erreichen suchen. Im Falle der Kündigung von Eigenkapital (z. B. durch einen OHG-Gesellschafter) ist an die Stelle eines Eigenkapitalpostens ein Anspruch auf ein Auseinandersetzungsguthaben getreten, dessen Höhe von der des Eigenkapitalpostens wegen der Auswirkungen etwaiger stiller Reserven abweichen kann[17]. Diese Bewertungsfragen berühren aber nicht das Thema dieser Arbeit.

Für die Bilanz läßt sich daher das Rechnungsziel ableiten, daß das Bilanzvermögen und -kapital nach Risikograden zu unterteilen ist.

Auch hier sei darauf hingewiesen, daß das Bilanzvermögen nicht unbedingt dem gesamten investierten Kapital entsprechen muß, da verschiedene Wirtschaftsgüter, insbesondere solche immaterieller Art, die oft besonders risikobelastet sind, nicht bilanzfähig sind. Der Nachweis der Risikoverhältnisse in der Bilanz ist also immer unvollständig. Daher empfiehlt sich eine gesonderte Aufstellung außerhalb und unabhängig von der Bilanz für die Darstellung der Risikosituation des im Betriebe eingesetzten Kapitals, wenn es auf eine vollständige Darstellung ankommt.

Mit dem Streben nach Sicherheit hängt auch das *Streben nach ausreichender Liquidität* zusammen. Denn „Liquidität ist die Fähigkeit der Unternehmung, die zu einem Zeitpunkt zwingend fälligen Zahlungsverpflichtungen uneingeschränkt erfüllen zu können; sie muß während des Bestehens der Unternehmung zu jedem Zeitpunkt gegeben sein"[18].

Fehlt die Zahlungsfähigkeit, so muß, falls nicht zusätzliche liquide Mittel dem Betrieb zugeführt werden können, eine Liquidisierung durch Notverkäufe von Vermögensteilen unter Zeitdruck erfolgen, wodurch meist Verluste entstehen, oder es kommt zu Pfändungen oder sogar zum Konkurs, und der Unternehmer verliert die Verfügungsmacht über sein Vermögen. Ausreichende Liquidität ist also eine Voraussetzung für die Erhaltung und Sicherung des Vermögens. Für den Unternehmer ist daher eine genaue Kenntnis der jeweiligen und der zu erwartenden Liquiditätslage des Betriebes unerläßlich. Man kann also aus dem Unternehmerziel *Streben nach Sicherheit* auch ein Rechnungsziel *Darstellung der Liquidität* ableiten.

---

[16] Vgl. ebenda, S. 130—134.
[17] Vgl. E. Heinen, Handelsbilanzen, 4. Auflage, Wiesbaden 1968, S. 339 bis 344.
[18] E. Witte, Die Liquiditätspolitik der Unternehmung, Tübingen 1963, S. 15 (im Original kursiv).

Dieses Rechnungsziel, dessen Erfüllung die Darstellung der zu einem Stichtag vorhandenen liquiden Mittel und der zukünftigen Einnahmen und Ausgaben mit ihren zu erwartenden Zahlungsterminen umfaßt, kann auch der Bilanz gesetzt werden, da die Aktiva außer Geldbeständen grundsätzlich als zukünftige Einnahmen (Wiederverflüssigungserwartungen) und die Passiva als zukünftige Ausgaben (Rückzahlungsnotwendigkeiten) aufzufassen sind[19]. Werden sie nach Zahlungsterminen gruppiert, liefert die Bilanz den größten Teil der Liquiditätsdarstellung. Sie muß durch Angaben aus dem Liquiditätsplan über nicht bilanzierte zukünftige Einnahmen, z. B. aus nicht genutzten Kreditaufnahmemöglichkeiten und möglichen Eigenkapitaleinzahlungen, und durch Angaben über nicht passivierte zukünftige Ausgaben aufgrund noch nicht entstandener Schulden und ggf. aufgrund von Eigenkapitalrückgewährung erweitert werden. Solche Angaben könnten als Fußnoten jeweils auf der Aktiv- und der Passivseite der Bilanz zugefügt werden[20]. Ohne eine Erweiterung der Bilanz ist ihre Aussagekraft für Liquiditätskontrollen nicht sehr groß[21], wenn sie auch als wichtige Komponenten der Liquidität nachweisen kann, ob und wieweit in der Vergangenheit und am Bilanzstichtag die fristentsprechenden Gruppen im finanziellen Gleichgewicht gehalten wurden und ob aufgrund der aus der Vergangenheit in die Zukunft wirkenden finanzwirtschaftlichen Maßnahmen, die in der Bilanz ihren Niederschlag gefunden haben, besondere liquiditätspolitische Aktionen erforderlich sind, um eine Liquiditätsstörung zu vermeiden.

Aus dem Unternehmerziel *Streben nach Sicherheit des eingesetzten Kapitals und eines nachhaltigen Ertrages* kann auch das allgemeine Rechnungsziel der *Rechenschaftslegung* durch die Bilanz hergeleitet werden. Denn eine Voraussetzung für die Sicherheit des Kapitals in seiner jeweiligen Verwendungsform und für die Nachhaltigkeit des Ertrages ist, daß die Geschäftsleitung eines Betriebes, sei es der Unternehmer selbst oder ein Geschäftsführer, ein Kollektiv von Geschäftsführern oder ein Vorstand, verantwortungsbewußt, gewissenhaft und rationell mit dem Kapital wirtschaftete. Zu kontrollieren, ob das Kapital sich in guten Händen befindet, ist durch die allgemeine Rechenschaft der Geschäftsleitung mit Hilfe der Bilanz Aufgabe der Kapitalgeber, insbesondere der Eigenkapitalgeber, deren Kapital das Betriebsrisiko hauptsächlich zu tragen hat. Daher muß die Bilanz dem Rechnungsziel

---

[19] Vgl. E. Kosiol, Buchhaltung und Bilanz, a.a.O., S. 122 f.

[20] Vgl. A. Strobel, Die Liquidität, 2. Auflage, Stuttgart 1953, S. 67.

[21] Vgl. E. Kosiol, Buchhaltung und Bilanz, a.a.O., S. 123; Adler—Düring—Schmaltz, Rechnungslegung und Prüfung der Aktiengesellschaft, Band 1, a.a.O., § 151 Tz. 34, S. 182.

Rechenschaft[22] dienen. Unter dieses allgemeine Ziel lassen sich verschiedene Aspekte unterordnen. Sie können zum Teil nicht durch die Bilanzierung berücksichtigt werden und erfordern deshalb neben der Bilanz eine mündliche oder schriftliche Erläuterung und Berichterstattung, z. B. über in Forschung und Entwicklung oder für organisatorische Verbesserungen investiertes Kapital.

Wichtigste Elemente der Rechenschaftslegung durch die Bilanz sind der Nachweis der Kapitalerhaltung, der Rentabilität und der Zusammensetzung sowie der Veränderungen des Bilanzvermögens und der Schulden durch eine sinnvolle und übersichtliche Bilanzgliederung.

Auch den Nachweis der Liquidität als Stichtagsliquidität zum Bilanzstichtag sowie der Einflüsse auf die Liquiditätslage nach dem Bilanzstichtag, die aus in der Bilanz erfaßten Aktionen der Vergangenheit erkennbar sind, kann man dem allgemeinen Rechnungsziel Rechenschaft unterordnen, wenn man nicht wegen der hohen Bedeutung der Liquidität für die Existenz des Betriebes ihren Nachweis als besonderes Rechnungsziel behandeln will.

Das *Streben nach Prestige und Macht*[23] ist zwar kein ökonomisches Ziel der Unternehmer[24], aber zur Förderung des Prestiges und zur Stärkung der Macht im Markte und im Betriebe werden ökonomische Mittel verwendet und auch als Maßstab für den Umfang des Prestiges und der Macht eines Unternehmers benutzt. So wird das Prestige eines Unternehmers dadurch gestärkt, daß er eine Bilanz vorlegen kann, die sich sehen lassen kann, die erkennen läßt, daß der Betrieb gut geht und also auch gut geleitet wird. Das Prestige eines Unternehmers kann auch seine ökonomischen Ziele fördern, da ein hohes Ansehen des Unternehmers das Vertrauen seiner Geschäftspartner erhöht und so Lieferanten, Kunden, Gläubiger und Arbeitskräfte leichter zu gewinnen sind[25]. Für die Bilanz ist aus dem Streben nach Prestige das Ziel abzuleiten, daß sie nach außen hin den besten Eindruck erweckt und dadurch das Image von Unternehmer und Betrieb bei den Bilanzlesern günstig beeinflußt wird. Voraussetzung dafür ist die Kenntnis der Kriterien, die die Bilanzleser zur Beurteilung des Betriebes heranziehen. Sind diese Kriterien bekannt, so wird durch besondere geschäftliche Aktionen kurz vor dem Bilanzstichtag (z. B. Wechseldiskontierung oder beschleu-

---

[22] Zum Rechnungsziel *Rechenschaft* vgl. U. Leffson, Die Grundsätze ordnungsmäßiger Buchführung, Düsseldorf 1964, S. 47—53.
[23] Vgl. dazu: E. Heinen, Das Zielsystem der Unternehmung, Wiesbaden 1966, S. 79 f.; J. Bidlingmaier, Unternehmerziele und Unternehmerstrategien, Wiesbaden 1964, S. 103 f. und S. 119 f.
[24] Wirtschaftliche Ziele sind nach Bidlingmaier Vorziele gegenüber den originären, unmittelbaren, definitiven Zielen der Menschen. Vgl. J. Bidlingmaier, a.a.O., S. 76.
[25] Vgl. E. Heinen, Das Zielsystem der Unternehmung, a.a.O., S. 79.

nigte Rechnungserteilung) und durch Gliederungsmaßnahmen (z. B.
Bildung von Fristigkeitsgruppen bei Forderungen und Schulden in einer
Weise, die den Eindruck einer guten Fristentsprechung erweckt) versucht, beim Bilanzleser einen das Prestige fördernden Eindruck zu erzielen.

Das Machtstreben des Unternehmers kann sich darin äußern, daß er
danach strebt, möglichst viel Vermögen zu beherrschen oder eine her-
vorragende, möglichst monopolistische Marktstellung zu erringen, oder
daß er versucht, möglichst viele Menschen innerhalb und außerhalb des
Betriebes von sich abhängig zu machen. Man kann also teilweise das
Gewinnstreben durch das Streben nach Macht erklären und dem Unternehmerziel „Machtstreben" unterordnen, da ja durch den Gewinn das
beherrschbare Vermögen vermehrt wird, wenn der Gewinn nicht für
private Konsumzwecke verbraucht wird. Der Unternehmer braucht also
nicht nur, um zu wissen, welcher Betrag als Gewinn auszahlbar ist,
einen Nachweis des im Betriebe erzielten Gewinnes, sondern den Unternehmer interessiert auch, bevor der Gewinn ausgezahlt wird, der
aufgrund des Gewinnes entstandene Vermögenszuwachs im Betrieb,
der für ihn ja eine Machtverstärkung bedeutet. Daher muß die Gewinnermittlung als Rechnungsziel der Bilanz nicht auf die Gewinnauszahlung sondern auf die Ermittlung des Vermögenszuwachses ausgerichtet
sein, der ja nicht unbedingt voll und sofort ausgezahlt zu werden
braucht. Eine andere Art der Vermögensvermehrung ist diejenige mit
Hilfe von Fremdkapital. Sie bedeutet eine Zunahme an Macht, die der
Unternehmer höher einschätzt als die mit der Fremdkapitalaufnahme
verbundenen Verpflichtungen der Tilgung, Verzinsung und Besicherung.
Sonst hätte er auf die Fremdkapitalaufnahme verzichten können, es sei
denn, sie erfolgt zur Überwindung von Liquiditätsschwierigkeiten. Für
die Bilanz läßt sich aus dem Unternehmerziel „Streben nach Macht",
wenn man es im Sinne von Verfügungsmacht über Vermögen auffaßt,
das Rechnungsziel ableiten, daß die Bilanz den Stand und die Veränderung des Vermögens und die Finanzierung durch Einbehaltung von
Gewinnen, Eigenkapitaleinzahlung und Fremdkapitalaufnahme bei
Vermögenserhöhung, bzw. bei Vermögensminderung die entsprechende
Kapitalminderung durch Fremdkapitalrückzahlung, Eigenkapitalrückzahlung (z. B. Zahlung einer Abfindung an einen ausscheidenden Gesellschafter) oder Verlust nachweisen soll. Ein solcher Nachweis in der
Bilanz ist aber nur vollständig, soweit er das Fremdkapital und das
Vermögen an liquiden Mitteln im engeren Sinne (Bargeld, Guthaben
bei Geldinstituten) betrifft, da die anderen Vermögensgegenstände in
der Bilanz unterbewertet oder überhaupt nicht bewertet sein können.
Im übrigen muß beachtet werden, daß das Bilanzvermögen nicht mit
dem Gesamtvermögen des Betriebes übereinstimmen muß, da es nicht

möglich ist, den Gesamtwert eines Betriebes durch die Bilanz darzustellen[26].

Der Machteinfluß auf Personen und Märkte ist mit den Mitteln der Bilanz nicht erfaßbar.

Die Verfolgung des Unternehmerzieles *Förderung des technischen Fortschrittes* ist nicht in allen Branchen im gleichen Ausmaß anzutreffen, da der Grad der Technisierung verschieden ist und der technische Fortschritt daher nicht in allen Betrieben die gleiche Bedeutung hat. In der Regel muß man das Ziel der Förderung des technischen Fortschrittes im Zusammenhang mit den Zielen *Gewinnstreben* und *Streben nach Prestige* sehen, da meist durch die technische Modernisierung eine Rationalisierung verwirklicht wird und ein modern eingerichteter Betrieb das Ansehen des Unternehmers fördert. Mit dem Gewinnstreben kann die Überbetonung des technischen Fortschrittes aber auch in Widerspruch stehen, wenn z. B. immer nur die neuesten Maschinen angeschafft und eingesetzt werden, ohne daß ihre Erprobung und Bewährung abgewartet wird, und die alten Maschinen stillgelegt, verschrottet oder mit Verlust unter dem Buchwert verkauft werden, obwohl sie noch wirtschaftlich arbeiten könnten. Das Prinzip, unter allen Umständen den technischen Fortschritt zu fördern, erfordert erhöhte Abschreibungen, erhöhte Aufwendungen für die Forschung und Entwicklung, für die Absatzwerbung, da eine neue Technik oft auch eine Kapazitätsvergrößerung mit sich bringt, und für die Schulung und Einarbeitung des Personals sowie die besondere Vorsorge für die Finanzierung. Für die Bilanzierung ergibt sich als Rechnungsziel durch Aufgliederung nach Altersgruppen erstens nachzuweisen, inwieweit die Produktionsmittel dem neuesten Stand der Technik entsprechen, und zweitens nachzuweisen, welche Vorsorge für die laufende Anpassung an den technischen Fortschritt getroffen wurde. Dazu gehört z. B. die Bildung von Erneuerungsrücklagen, bei Aktiengesellschaften die Schaffung von genehmigtem Kapital, ggf. auch die Möglichkeit zur Einforderung noch nicht eingezahlten Grundkapitals und die Bereitstellung von zweckgebundenen liquiden Mitteln für Investitionen.

Auf den Umfang der wirtschaftlichen Tätigkeit und die anzustrebende *Betriebsgröße* gerichtete Unternehmerziele können die Erhaltung, die Vergrößerung oder die Verkleinerung des Betriebes zum Inhalt haben. Als Maßstab für die Betriebsgröße werden z. B. der erzielte Umsatz, das eingesetzte Kapital (eigene und fremde Mittel), das Eigenkapital, die Zahl der Beschäftigten oder die Bilanzsumme verwendet. Die Problematik, die mit der Wahl solcher Maßstäbe verbunden ist, da z. B. zwei Betriebe den gleichen Umsatz mit unterschiedlichen Be-

---

[26] Vgl. E. Kosiol, Buchhaltung und Bilanz, 2. Auflage, Berlin 1967, S. 12 f.

schäftigtenzahlen und Kapitaleinsätzen erreichen können und deshalb auch nicht als gleich groß anzusehen sind, ist hier nicht zu erörtern, da es nur auf den Hinweis ankommt, daß einige der Maßstäbe für die Betriebsgröße aus der Bilanz entnommen werden können und daß deshalb die Bilanz auch das Rechnungsziel der Lieferung von Maßstäben für die Betriebsgrößenmessung oder -schätzung haben kann. Außerdem aber soll die Bilanz insofern der Erreichung der Unternehmerziele der Erhaltung oder Veränderung der Betriebsgröße dienen, indem sie nachweist, ob bei einer Veränderung der Betriebsgröße die rechten Proportionen zwischen den Vermögens- und Kapitalteilen eingehalten worden sind, ob bei einer geplanten Erweiterung vorsorglich ausreichende liquide Mittel und langfristiges Kapital bereitstehen und ob die Erhaltung der Betriebsgröße ohne Raubbau am Anlagevermögen gelingt, worüber die Höhe der Abschreibungen und der Investierung in Anlagenzugängen Auskunft gibt.

2. Ableitung von Rechnungszielen der Bilanz aus Informationswünschen des Aufsichtsrats

Bei Aktiengesellschaften und Gesellschaften mit beschränkter Haftung, die einen Aufsichtsrat haben[27], hat der Aufsichtsrat als Organ das Recht der Feststellung des Jahresabschlusses. Er kann den vom Vorstand bzw. Geschäftsführer vorgelegten vom Abschlußprüfer geprüften Entwurf des Jahresabschlusses billigen, den Vorstand zu einer Änderung seines Entwurfes veranlassen und den neuen abermals geprüften Entwurf dann billigen oder auf die Feststellung verzichten und diese der Hauptversammlung überlassen[28]. Bei der GmbH obliegt die Feststellung der Gesellschafterversammlung[29], sofern nicht auch hier ein Aufsichtsrat diese Aufgabe hat. Der Aufsichtsrat als Organ hat also die Möglichkeit, indirekt auf die Gestaltung des Jahresabschlusses Einfluß zu nehmen. Nur so kann er seiner Kontrollaufgabe voll gerecht werden. Das Informationsbedürfnis eines Aufsichtsrates ist sehr erheblich, hat er doch die Geschäftsführung insgesamt zu überwachen, wobei die Gesichtspunkte der Erhaltung von Arbeitsplätzen und der Angemessenheit des Verhältnisses von Personalaufwand und Gewinn bei den Arbeitnehmervertretern im Aufsichtsrat, der Gesichtspunkt der Rentabilität des Eigenkapitals und der hohen Gewinnausschüttung aber bei den Aktionärsvertretern bzw. Gesellschaftern besonders hervortreten. Hinzu kommen Sicherheitsgesichtspunkte und Liquiditätsaspekte im

---

[27] Zum Beispiel GmbH mit über 500 Arbeitnehmern nach § 77 Betriebsverfassungsgesetz von 1952.
[28] Vgl. Baumbach-Hueck, Aktiengesetz, 13. Auflage, München 1968, § 182 Randnoten 1—5, S. 583 ff. und § 173 Randnoten 1—3, S. 585 f.
[29] Nach § 46 GmbHG.

Interesse der Erhaltung des Betriebes bei allen Aufsichtsratsmitgliedern. Soweit der Aufsichtsrat also die Interessen der Aktionäre als den Eigentümern des Eigenkapitals vertritt, muß er von der Bilanz den Nachweis der Rentabilität dieses Kapitals in der abgerechneten Periode und den Nachweis der Sicherheit bzw. des Risikos, dem das Eigenkapital ausgesetzt ist, sowie den Nachweis der Erhaltung der Liquidität als Voraussetzung für die Fortführung des Betriebes verlangen[30]. Für die Arbeitnehmervertreter ist der Sicherheitsgrad der Erhaltung der Arbeitsplätze nicht unmittelbar aus der Bilanz erkennbar. An einem Liquiditätsnachweis, soweit er überhaupt durch die Bilanz möglich ist, und einem Nachweis der Risiken dürften sie aber bei der Beurteilung der Sicherheit der Arbeitsplätze sehr interessiert sein. Für die Eigenkapitalrentabilität und den Gewinnachweis dürfte ebenfalls großes Interesse bestehen, da ein hoher Gewinn ein Argument bei Verhandlungen wegen Lohn- und Gehaltsverbesserungen sein kann. Ein besonderes Augenmerk werden daher die Arbeitnehmervertreter auch auf die die Gewinnhöhe beeinflussenden Bewertungsmaßnahmen richten, die in der Bilanz in der Neubildung von Rückstellungen und in der Vornahme von Abschreibungen und Wertberichtigungen erkennbar sind. Man kann also sagen, daß auch bei unterschiedlicher Interessenlage der einzelnen Aufsichtsratsmitglieder ihre Informationswünsche gegenüber der Bilanz sich decken, wenn man den Mißbrauch von Machtstellungen einmal ausschließt.

3. Ableitung von Rechnungszielen der Bilanz aus Informationswünschen betriebsfremder Interessenten

Der Unternehmer oder das Gremium von Personen, das im Betrieb die Unternehmerfunktion besitzt, kann unmittelbaren Einfluß auf die Tätigkeit des betrieblichen Rechnungswesens nehmen und dafür sorgen, daß im Rahmen der buchhaltungs- und bilanztechnischen Möglichkeiten die Bilanz so gestaltet wird, daß sie die für die Leitung des Betriebes erforderlichen Informationen enthält. Dagegen haben die übrigen Bilanzinteressenten nur indirekte Einflußmöglichkeiten auf die Bilanzgestaltung. So werden die Interessen der Gläubiger an der Bilanz einer Aktiengesellschaft durch dem Gläubigerschutzprinzip entsprechende gesetzliche Bilanzierungsvorschriften geschützt (z. B. durch die Vorschrift in § 150 AktG 1965 über die Bildung einer gesetzlichen Rücklage), an die die Aktiengesellschaften und ihre Vorstände gebunden sind. Außerdem ist die Wahrung von Gläubigerinteressen eine Grundlage

---

[30] Vgl. Karl Rößle, Die Aussagefähigkeit der Bilanz, in: Gegenwartsprobleme der Betriebswirtschaft, le Coutre zum 70. Geburtstag, Hrsg. F. Henzel, Baden-Baden und Frankfurt (M.) 1955, S. 103.

der Grundsätze ordnungsmäßiger Buchführung[31], die von allen Betrieben bei der Bilanzierung zu beachten sind. Daneben können betriebsexterne Bilanzinteressenten, wenn ihre Position gegenüber dem bilanzierenden Betriebe es ermöglicht, sich durch besondere vertragliche Abmachungen die Vorlage von Bilanzen sichern, die auch nach den Bedürfnissen dieser Bilanzinteressenten gegliedert sein müssen.

Besonders ausgeprägt sind die Einflußmöglichkeiten des Staates auf die Bilanzgestaltung durch die Steuergesetze nebst Durchführungs- und Verwaltungsverordnungen, die finanzgerichtliche Rechtsprechung und die steuerlichen Betriebsprüfungen. Daher wird für die Zwecke der Einkommensteuer bzw. Körperschaftsteuer entweder eine besondere Steuerbilanz, die aus der betriebswirtschaftlichen Handelsbilanz abgeleitet wird, oder nur eine Steuerbilanz aufgestellt, die auch gleichzeitig eine betriebswirtschaftliche Bilanz sein soll. Da hier nur die betriebswirtschaftliche Bilanz behandelt wird, soll auf die Steuerbilanz und die Informationsbedürfnisse der Finanzämter, auf die sie abgestellt ist, nicht weiter eingegangen werden.

Die Bilanzinteressen von Aktionären weichen von denen der Aktionärsvertreter im Aufsichtsrat oft ab, da der einzelne Aktionär meist nicht so eng wie der Aufsichtsrat mit dem Betriebe seiner Gesellschaft verbunden ist und seine Mitgliedschaft an der Aktiengesellschaft nur als eine vorübergehende Kapitalanlage ansieht. Die Bilanz interessiert ihn unter dem Gesichtspunkt, welche Dividenden in Zukunft zu erwarten sind und welchen Einfluß die sich in der Bilanz widerspiegelnde Geschäftspolitik des Vorstandes auf die Aktienkursgestaltung haben könnte. Ist er mit der Geschäftspolitik nicht einverstanden, wird er die Aktien wieder verkaufen, da die Einflußmöglichkeit auf die Geschäftspolitik für einzelne Klein-Aktionäre zu gering ist. Auf die Gestaltung der Bilanz hat ein Aktionär aufgrund seiner Mitgliedschaft in der Aktiengesellschaft direkt keinen Einfluß. Er muß mit der aktienrechtlich für die veröffentlichte Bilanz vorgeschriebenen Bilanzgliederung (§ 151 AktG 1965) zufrieden sein. Zusätzliche Auskünfte des Vorstandes kann er nach § 131 AktG 1965 erhalten. Sind Vorstand und Aufsichtsrat etwa wegen einer in Aussicht genommenen Aktienkapitalerhöhung an einer besonderen Aufgeschlossenheit der Aktionäre für die Gesellschaft interessiert, so werden sie die vorgeschriebene Mindestpublizität vielleicht überschreiten und auch in der Bilanzgliederung zusätzliche Unterteilungen vornehmen und Vermerke anbringen, die ihnen geeignet erscheinen, um bei den Aktionären einen günstigen Eindruck zu er-

---

[31] Vgl. U. Leffson, Die Grundsätze ordnungsmäßiger Buchführung, Düsseldorf 1964, S. 63—65 und S. 265 ff.; nach Heinen werden durch den Grundsatz des Gläubigerschutzes die Bilanzierungsgrundsätze modifiziert (E. Heinen, Handelsbilanzen, 4. Auflage, Wiesbaden 1968, S. 84 und S. 88).

wecken. Insofern kann man von einem indirekten Einfluß der Aktionäre auf die Bilanzgestaltung sprechen.

Die Bilanzinteressen der Aktionäre sind, soweit sie vom Gesetzgeber für berechtigt und schutzwürdig anerkannt sind und mit der Vermögensbildungs- und Wirtschaftspolitik der Regierung übereinstimmen, durch die Neufassung der Bilanzierungsvorschriften der §§ 149—159 AktG 1965 berücksichtigt worden[32]. Das Rechnungsziel der Bilanz, das aus Aktionärsinteressen an der Bilanz abzuleiten wäre, heißt für die Aktiengesellschaft aus diesem Grunde Erfüllung der gesetzlichen Bilanzgliederungs- und -bewertungsvorschriften. Darüber hinausgehende Informationswünsche von Aktionären werden nur berücksichtigt, wenn die Aktiengesellschaft etwa wegen eines Beherrschungsvertrages (§ 291 Abs. 1 AktG 1965) mit einem anderen die Aktienmehrheit besitzenden Unternehmen an dessen Weisungen gebunden ist und diese sich auch auf die Setzung von Rechnungszielen für die Bilanz erstrecken. Man denke nur an die Konzernbilanzierung, die eine einheitliche Gliederung und übereinstimmende Bewertungsregeln für die in die Konsolidierung einzubeziehenden Bilanzen erfordert.

Außerdem wird das herrschende Unternehmen auch in der Bilanz Rechenschaft darüber verlangen, ob die gegebenen Weisungen befolgt wurden. Die Rechnungsziele hängen dann von der Art der Weisungen ab. Lautet z. B. eine Weisung auf die Haltung eines Mindestlagerbestandes, der die Versorgung des herrschenden Unternehmens mit Material garantieren soll, so wird, falls sich das herrschende Unternehmen nicht andere Kontrollen vorbehält, in der Bilanz das besondere Rechnungsziel des wertmäßigen Lagerbestandsnachweises verfolgt, wozu eine weitergehende Unterteilung der Warenposten als in der üblichen Bilanzgliederung nach § 151 Abs. 1 AktG 1965 nötig sein dürfte.

Erlangt ein Unternehmen als Aktionär eine Beteiligungsquote von mindestens 25 % des Grundkapitals einer Aktiengesellschaft oder ist sonst im Sinne der §§ 15—19 AktG 1965 als „verbundenes Unternehmen" anzusehen, so hat dies für die Bilanz der Aktiengesellschaft zur Folge, daß die Forderungen und Verbindlichkeiten gegenüber den verbundenen Unternehmen nach dem Bilanzschema des § 151 AktG 1965 unter „Forderungen an" bzw. „Verbindlichkeiten gegenüber verbundenen Unternehmen" bilanziert werden müssen. Die Höhe dieser Posten interessiert auch die übrigen Aktionäre als ein Indiz für den Grad der Abhängigkeit der Aktiengesellschaft, wenn auch bei vielseitigen Kon-

---

[32] Heinen spricht in diesem Zusammenhang von einem „Grundsatz des Aktionärsschutzes", der die Grundsätze ordnungsmäßiger Bilanzierung modifiziert (E. Heinen, Handelsbilanzen, 4. Auflage, Wiesbaden 1968, S. 84 und S. 89). Vgl. dazu auch: Adler—Düring—Schmaltz, Rechnungslegung und Prüfung der Aktiengesellschaft, Teil 1, a.a.O., § 149 Tz. 98, S. 57 f. und Vorbemerkungen zu §§ 153—156 Tz. 1, S. 355 f.

zernbeziehungen die Aussagekraft dieser Posten nicht erheblich ist, da sie sehr unterschiedliche Beträge enthalten können. Man kann in dieser gesonderten Bilanzierung den einzigen Einfluß sehen, den ein Aktionär auf die Gliederung der Bilanz der Aktiengesellschaft haben kann. Er muß dazu Unternehmer sein und mindestens 25 % der Aktien erworben haben oder die anderen Bedingungen des § 15 AktG 1965 erfüllen.

Da die Fremdkapitalgeber keinen direkten Einfluß auf die Geschäftsführung und damit auch auf die Bilanzierung eines Betriebes haben, können ihre Informationswünsche, die vielleicht mit Hilfe der Bilanz zu erfüllen wären, nicht als Rechnungsziele der Bilanz erscheinen, es sei denn, ein Gläubiger kann seine Position dazu ausnutzen, den Unternehmer zu einer den Wünschen des Gläubigers entsprechenden Bilanzgestaltung zu zwingen. Vorsichtige Kreditgeber verlangen zur Prüfung der Kreditwürdigkeit die Vorlage eines aktuellen Status und der letzten Bilanzen, deren Gliederung sie festlegen[33], und machen auch die Prolongation von Krediten von einer entsprechenden Bilanzvorlage abhängig. Sie können dies nur tun, wenn sie aufgrund der Marktlage eine starke Stellung haben oder besonders günstige Konditionen anzubieten haben. Das Informationsinteresse der Gläubiger richtet sich im allgemeinen darauf, ob sie mit einer termingerechten Rückzahlung des Kreditbetrages und Zahlung der Zinsen rechnen können. Dazu dient eine Aufgliederung von Forderungen und Schulden nach Fälligkeitszeiträumen, die erkennen läßt, ob eine Liquiditätsverbesserung oder -verschlechterung zu erwarten ist, und ein Nachweis des Erfolges, der einen Hinweis darauf bedeutet, ob der Betrieb über die Fremdkapitalverzinsung hinaus einen Überschuß erwirtschaften konnte. Bei einem Verlust ist vielleicht auch die Fremdkapitalverzinsung in Frage gestellt, wenn nicht ausreichend Eigenkapital zum Ausgleich von Verlusten nachgewiesen wird. Daher ist für die Gläubiger auch ein Eigenkapitalnachweis durch die Bilanz wichtig. Nach le Coutre interessiert dagegen die Gläubiger die Höhe des Eigenkapitals nur soweit, als es die Sicherheit der Gläubigeransprüche erhöht[34].

Ferner möchten die Gläubiger aus der Bilanz erkennen können, ob und in welcher Höhe das Betriebsvermögen verpfändet, zur Sicherung übereignet oder mit Eigentumsvorbehalten belastet ist und somit nur für bestimmte Schulden haftet, damit sie feststellen können, ob alle Schulden durch das Vermögen ausreichend gedeckt sind. Ist der Schuldner eine Aktiengesellschaft, so ist ein Gläubiger nicht nur auf eventuell vertraglich ausbedungene Einsicht in Bilanzen angewiesen, sondern er

---

[33] Vgl. K. H. Hendrikson, Die Technik der Kreditwürdigkeitsprüfung, Wiesbaden 1956, S. 35 ff.

[34] Vgl. W. le Coutre, Grundzüge der Bilanzkunde, 4. Auflage, Wolfenbüttel 1949, S. 43.

kann in jedem Falle die publizierte Bilanz zu seinen Zwecken ausnutzen. Die aktienrechtlichen Bilanzierungsvorschriften sind ja auch weitgehend vom Gedanken des Gläubigerschutzes[35] beeinflußt, der in der Pflicht, eine gesetzliche Rücklage zur Stärkung des haftenden Eigenkapitals (§ 150 AktG 1965) zu bilden, in den Bewertungsvorschriften (§§ 153—156 AktG 1965), in dem vorgeschriebenen Nachweis der Eventualverpflichtungen (§ 152 Abs. 5 AktG 1965), in der gesetzlich vorgeschriebenen Prüfung des Abschlusses durch einen Wirtschaftsprüfer (§§ 162 ff. AktG) und in anderen Vorschriften zum Ausdruck kommt. Auf das Informationsbedürfnis der Gläubiger bezieht sich auch die gegenüber § 131 AktG 1937 verbesserte Darstellung der Liquiditätsverhältnisse im Gliederungsschema des § 151 AktG 1965. Die Belastung des Vermögens durch Verpfändung, Eigentumsvorbehalte, Sicherungsübereignungen oder Hypotheken ist aus der gesetzlichen Bilanzgliederung für Aktiengesellschaften nicht einwandfrei zu erkennen, obwohl die genaue Kenntnis dieser Tatbestände für die Gläubiger sehr wichtig wäre.

Nur unter den Passiva sind die durch Grundpfandrechte gesicherten Verbindlichkeiten gesondert auszuweisen (§ 151 Abs. 1, Passiva V AktG 1965). Im übrigen ist aber auf die Angaben im Geschäftsbericht (§ 160 Abs. 3 Ziffer 7 AktG 1965) zu verweisen, die allerdings nicht vollständig alle Haftungsverhältnisse enthalten dürften, da die branchenüblichen Eigentumsvorbehalte nicht angegeben werden müssen[36].

Besondere Maßnahmen des Gesetzgebers schützen die Sparer und Versicherungsnehmer, deren bei Kreditinstituten, Bausparkassen und Versicherungen eingezahltes Vermögen dadurch besonders gesichert wird, daß Bundesaufsichtsbehörden[37] weitgehend die Interessen der Gläubiger hinsichtlich der Sicherheit und Rückzahlbarkeit der Einlagen und Prämien gegenüber den beaufsichtigten Betrieben wahrnehmen. Außerdem müssen die Aufsichtsbehörden im Interesse der Öffentlichkeit handeln, indem sie Mißständen entgegentreten, die die ordnungsmäßige Durchführung von Bankgeschäften bzw. die Erhaltung eines gesunden Bauspar- und Versicherungswesens beeinträchtigen können[38]. Die Informationsbedürfnisse dieser Aufsichtsämter sind sehr weitgehend. Hinsichtlich der Bilanz[39] beziehen sie sich hauptsächlich auf die

---

[35] Vgl. E. Heinen, Handelsbilanzen, a.a.O., S. 88 f.

[36] Vgl. Baumbach—Hueck, Aktiengesetz, 13. Auflage, München 1968, § 160 Randnote 18, S. 540 f.; K. Mellerowicz, in: Gadow—Heinichen, Aktiengesetz, 2. Auflage, 1. Band, § 128 Anmerkung 14, S. 897 ff.

[37] Bundesaufsichtsamt für das Kreditwesen und Bundesaufsichtsamt für das Versicherungs- und Bausparwesen.

[38] Gemäß § 6 Kreditwesengesetz vom 10. 7. 1961 (KWG).

[39] Kreditinstitute müssen nach § 26 KWG ihre Bilanzen dem Bundesaufsichtsamt einreichen.

Nachweise eines ausreichenden Eigenkapitals und einer ausreichenden Liquidität, die in den gesetzlich vorgeschriebenen Formblättern für die Gliederung des Jahresabschlusses enthalten sind. Für die beaufsichtigten Betriebe heißt also das aus den Gläubigerinteressen und dem Interesse der Öffentlichkeit abgeleitete Rechnungsziel Erfüllung der Anforderungen der jeweiligen Formblattgliederung[40].

Weitere Interessenten mit Informationswünschen an die Bilanz sind das Statistische Bundesamt, das regelmäßig aufgrund der veröffentlichten Bilanzen von Aktiengesellschaften, die ja wegen der vorgeschriebenen Bilanzgliederung miteinander vergleichbar und addierbar sind, als Bilanzstatistik zusammengefaßte Bilanzen für bestimmte Wirtschaftsgruppen aufstellt[41], ferner Fachverbände, die Bilanzvergleiche betreiben, und die Presse, die bei bedeutenderen Betrieben, deren wirtschaftliche Entwicklung als Indiz für die gesamtwirtschaftliche Entwicklung anzusehen ist, Auszüge und Zusammenfassungen von Bilanzen ihren Lesern nebst Erläuterungen und Kommentaren dazu vermittelt. Größere Betriebe geben, auch wenn sie nicht publizitätspflichtig sind, zur Förderung der public relations auf Pressekonferenzen, durch schriftliche Presseinformationen oder Interviews der Presse diese Informationen. Das Hauptgewicht liegt dabei auf der Darstellung der Rentabilität, der finanzwirtschaftlichen Deckungsverhältnisse und des Umfanges an Investitionen, die als wichtiges Konjunkturindiz gelten. Dabei genügen grobe Zusammenfassungen mit runden Zahlen, da es meist darauf ankommt, die Stellung des Betriebes im großen Zusammenhang mit der Branchenentwicklung und der volkswirtschaftlichen Gesamtentwicklung zu sehen. Das entsprechende Rechnungsziel für die Bilanz lautet daher: stark zusammengefaßte Darstellung ohne Aufgliederungen der Aktiva und Passiva über mehr als je vier bis fünf Positionen.

Außer den bereits erwähnten Bilanzinteressenten außerhalb des Betriebes nennt le Coutre:[42]

Treuhänder und Sachverständige als Berater oder Prüfer (Wirtschaftsprüfer, vereidigte Buchprüfer, Betriebsprüfer);

Gerichte und Rechtsvertreter in Angelegenheiten der Beteiligung, Auseinandersetzung, des Vergleiches, Konkurses oder der Liquidation, „ . . . wo die Bilanz unmittelbar als Übersicht über die vorhandenen

---

[40] Vgl. Der Bundesminister für Justiz, Verordnung über Formblätter für die Gliederung des Jahresabschlusses von Kreditinstituten vom 20. 12. 1967, BGBl. 1967, I, S. 1300—S. 1327.

[41] Vgl. Statistisches Jahrbuch für die Bundesrepublik Deutschland, Hrsg. Statistisches Bundesamt Wiesbaden, Jahrgang 1967, S. 202 ff. und S. 189 (Jahresabschlüsse der Aktiengesellschaften).

[42] Vgl. W. le Coutre, Grundzüge der Bilanzkunde, 4. Auflage, Wolfenbüttel 1949, S. 37 f.

Kapitalbestände und ihre Herkunfts- und Anspruchsverhältnisse dient"[43];
die wirtschaftspolitischen Organe des Staates;
die Konkurrenzbetriebe;
die wirtschaftswissenschaftliche Forschung.

Besondere Rechnungsziele lassen sich aus den Informationsbedürfnissen der Betriebsberater ableiten, die je nach Beratungsauftrag eine Sonderbilanz als Statusbilanz benötigen können oder die reguläre Periodenabschlußbilanz nötigenfalls mit Zusätzen und Unterteilungen verwenden. Wegen der Verschiedenheit der Beratungsaufträge kann keine generelle Aussage über die jeweiligen Informationsbedürfnisse und etwa daraus abzuleitende Rechnungsziele gemacht werden. Grundsätzlich dürfte aber bei jedem Beratungsauftrag in irgendeiner Weise eine Bilanz herangezogen werden müssen, damit auch bei sehr speziellen Untersuchungen und Vorschlägen des Beraters der Zusammenhang mit dem Betriebsganzen beachtet werden kann.

Die Informationsbedürfnisse der Prüfer beziehen sich immer auf die Übereinstimmung der Bilanz mit gesetzlichen und ggf. satzungsmäßigen Vorschriften und den Grundsätzen ordnungmäßiger Buchführung, eigene Rechnungsziele lassen sich daraus nicht gewinnen, da die Erfüllung von solchen Vorschriften und Regeln zu den Rahmenbedingungen für die Bilanzierung gehört.

Vor Gericht kann die Bilanz als Beweismaterial dienen. Besondere Rechnungsziele sind daraus, daß die Bilanz dem Gericht vorgelegt werden soll, nicht abzuleiten. Aber aus den Interessen der Parteien und der Art des Gerichtsverfahrens lassen sich spezielle Rechnungsziele ableiten.

Zum Beispiel ist es bei einer Konkursbilanz nötig zu zeigen, welches Vermögen auszusondern ist, welches für abgesonderte Befriedigung bestimmter Gläubiger haftet und welches frei ist. Bei den Schulden kommt es auf eine Gliederung nach der Rechtsposition der Gläubiger an. (Gläubiger mit Aussonderungsrecht, mit Absonderungsrecht, mit Aufrechnungsanspruch, Massegläubiger und bevorrechtigte Gläubiger.)

Die wirtschaftspolitischen Organe des Staates haben — abgesehen von den Bundesaufsichtsämtern für Banken, Sparkassen, Versicherungsunternehmen und Bausparkassen — keinen Einfluß auf die Bildung von Rechnungszielen der Bilanz, wenn nicht eine Wirtschaftsordnung mit erhöhtem Staatseinfluß auf die betriebliche Willensbildung herrscht. Auch auf die Interessen wirtschaftswissenschaftlicher Forschungseinrichtungen wird bei der Bildung von Rechnungszielen der Bilanz außer auf freiwilliger Basis nicht Rücksicht genommen, da die Institute keinen

---

[43] Ebenda, S. 38.

Druck auf die Betriebe ausüben können und ihre Auswertungsziele durch keine besondere gesetzliche Vorschrift berücksichtigt werden. Die Interessen der Konkurrenzbetriebe können indirekt Beachtung finden, wenn die Betriebe untereinander freiwillig Erfahrungsaustausch und Bilanzvergleiche betreiben.

II. Die Maßgeblichkeit von Rechnungszielen für die Bilanzgliederung

Die vorangegangenen Ausführungen haben gezeigt, daß es für die Bilanz sehr unterschiedliche Rechnungsziele gibt, die sich teils auf die gesamte Bilanz, teils nur auf einzelne Posten oder Komplexe innerhalb der Bilanz beziehen. Dabei kann sich dieser Einfluß auf die Gliederung der Bilanzgegenstände allein, auf die Bewertung der Bilanzposten allein oder sowohl auf die Gliederung als auch auf die Bewertung beziehen. Entsprechend der Themenstellung dieser Arbeit soll das Hauptaugenmerk auf die Beziehung zwischen Rechnungsziel und Bilanzgliederung gerichtet werden. Diejenigen Rechnungsziele der Bilanz, die sich auf die gesamte Bilanzgliederung beziehen, werden im folgenden *Totalzwecke* genannt, und diejenigen Rechnungsziele, die sich nur auf Teile der Bilanzgliederung beziehen, werden als *Partialzwecke* bezeichnet.

1. Die gesamte Bilanzgliederung betreffende Rechnungsziele (Totalziele)

In der regelmäßig zum Abschluß eines Geschäftsjahres oder einer anderen Wirtschaftsperiode aufgestellten ordentlichen Erfolgsbilanz[44] wird der *Erfolg* (Gewinn oder Verlust) als Saldo zwischen den Aktiva und den Passiva ermittelt und zum Ausgleich der beiden Bilanzseiten auf die jeweils wertmäßig kleinere Seite, und zwar als Gewinn auf die Passivseite und als Verlust auf die Aktivseite gesetzt. Man könnte nun annehmen, daß zur Ermittlung und Darstellung des Erfolges eine summarische Erfassung aller Aktiva und Passiva in jeweils einem einzigen Posten ausreicht, da der Erfolg ja nur aus der Differenz dieser beiden Größen besteht. Dabei wird unterstellt, daß die Ermittlung und Darstellung des Periodenerfolges das einzige Rechnungsziel der Bilanz sei. Aber auch bei dieser Unterstellung ist eine Gliederung der Aktiva und Passiva unerläßlich, um zu zeigen, was der Erfolg bedeutet, welchen begrifflichen Inhalt er hat und wie die Periodenabgrenzung durch Erhöhungen und Verminderungen bei den verschiedenen Aktiv- und Passivposten in der Bilanz erfolgt. Das Zustandekommen des Periodenerfolges wird am deutlichsten in der unsaldierten Bewegungsbilanz, die

---

[44] Erfolgsbilanz im Sinne von Erfolgsermittlungsbilanz, vgl. E. Kosiol, Buchhaltung und Bilanz, 2. Auflage, Berlin 1967, S. 14.

alle Bar- und Verrechnungseinnahmen und -ausgaben der abgerechneten Periode enthält[45]. Für ihre Gliederung muß nicht nur die unterschiedliche rechnungstheoretische Eigenart der einzelnen Ausgaben und Einnahmen berücksichtigt werden, sondern auch ihr sachlicher Inhalt, wenn der Erfolg, der in der Bewegungsbilanz ermittelt wird, nicht nur eine formale Größe sein soll, sondern ein für praktische Zwecke interpretierbarer Wert. Nach Kosiol sind aufgrund der rechnungstheoretischen Gesichtspunkte der *pagatorischen* Bilanzauffassung in der *unsaldierten Bewegungsbilanz* die folgenden Einnahmen- und Ausgabenarten zu unterscheiden:[46]

Einnahmen	Ausgaben
I. Bareinnahmen	I. Barausgaben
II. Verrechnungseinnahmen	II. Verrechnungsausgaben
1. Voreinnahmen (Forderungsentstehungen)	1. Vorausgaben (Schuldentstehungen)
2. Tilgungseinnahmen (Schuldtilgungen)	2. Tilgungsausgaben (Forderungstilgungen)
3. Rückeinnahmen (Aktivierung für Vorräte einschließlich Anlagen)	3. Rückausgaben (Passivierung erhaltener Vorauszahlungen)
4. Nacheinnahmen (ertragswirksame Verrechnung von Rückausgaben)	4. Nachausgaben (Verbrauch von Vorräten einschließlich Abschreibungen)

Hierbei liegt ein sehr weiter Zahlungsbegriff zugrunde, der auch die Verrechnungszahlungen[47] umfaßt. Der Periodenerfolg ist die Differenz aller Einnahmen und Ausgaben in diesem Sinne. Daher wird seine Höhe z. B. dadurch beeinflußt, daß bei den Rückeinnahmen der Vorratsbegriff weit unter Einschluß der Waren, Fertigfabrikate, unfertigen Erzeugnisse, der Roh-, Hilfs- und Betriebsstoffe, der materiellen Sachanlagen, der immateriellen Anlagewerte und der Finanzanlagen, soweit man sie nicht zu den Forderungen rechnet, gefaßt wird. Fallen bestimmte Vorräte, wie verschiedene immaterielle Güter, unter ein gesetzliches Aktivierungsverbot[48] oder werden aus Gründen besonderer Vorsicht nicht oder nur zu niedrigen Werten in Höhe eines Teiles der Anschaffungskosten bilanziert[49], wird dadurch der Periodenerfolg geringer. Um diese Tatbestände sichtbar und damit den ermittelten Erfolg aussagekräftig zu machen, ist eine Unterteilung der Rückeinnahmen er-

---

[45] Vgl. ebenda, S. 30 ff.
[46] Vgl. ebenda, S. 31 f.
[47] Vgl. ebenda, S. 22 ff.
[48] Zum Beispiel: „Für den Geschäfts- oder Firmenwert darf kein Aktivposten eingesetzt werden." Dies gilt, wenn es sich um den originären Geschäftswert handelt (§ 153 Abs. 5 AktG 1965).
[49] Vgl. Adler—Düring—Schmaltz, a.a.O., § 153 Tz. 118, S. 405.

forderlich. Auch bei den übrigen Arten der Verrechnungszahlungen kann durch begriffliche Unterteilung dazu beigetragen werden, daß der Periodenerfolg richtig interpretiert werden kann, da durch die Unterteilung deutlich wird, welche Arten in dem jeweiligen Oberbegriff enthalten sind und welche nicht.

Werden die zusammengehörenden Ausgaben und Einnahmen jeweils saldiert, also anstelle von Bareinnahmen und Barausgaben die Bestandsveränderung der liquiden Mittel, anstelle der Forderungsentstehungen und -tilgungen (Voreinnahmen und Tilgungsausgaben) nur die Bestandsveränderung der Forderungen, anstelle von Schuldentstehungen und Schuldtilgungen (Vorausgaben und Tilgungseinnahmen) die Bestandsveränderung der Schulden, anstelle der Rückeinnahmen und Nachausgaben die Bestandsveränderung der Vorräte (im weiteren Sinne einschließlich der Anlagen) und anstelle der Rückausgaben und Nacheinnahmen die Bestandsveränderung der Reservate (erhaltene Anzahlungen für spätere Lieferungen und Leistungen), jeweils auf die abgerechnete Periode bezogen, aufgeführt, gewinnt man die Veränderungsbilanz, die den gleichen Erfolg als Saldo ausweist wie die unsaldierte Bewegungsbilanz, aus der sie entwickelt ist[50]. Auch bei der Veränderungsbilanz erhält der ausgewiesene Erfolg erst seine Aussagekraft durch die begriffliche Untergliederung der Bestandsveränderungen der Forderungen, Schulden, Vorräte und Reservate, deren Begriffe ja eng oder weit gefaßt sein können.

Je nachdem, ob eine Erhöhung der Bestände an liquiden Mitteln, Forderungen und Vorräten sowie eine Minderung der Bestände an Schulden und Reservaten in der abgerechneten Periode eingetreten ist, erscheinen die genannten Posten auf der Einnahmenseite der Veränderungsbilanz oder bei Verminderung der Bestände an liquiden Mitteln, Forderungen und Vorräten sowie bei Erhöhung der Bestände an Schulden und Reservaten auf der Ausgabenseite der Veränderungsbilanz, wenn man nicht jeweils die Zunahmen mit positiven und die Minderungen mit negativen Zahlenwerten ausdrücken will. Es können also die einzelnen Bilanzgegenstände der Veränderungsbilanz einmal auf der Einnahmenseite und in einer anderen Periode auf der Ausgabenseite erscheinen. Dieser Effekt tritt nicht ein, wenn die Endbestände der Vorperiode, nachdem der Vorperiodenerfolg durch Auszahlung oder Eigenkapitalerhöhung bei Gewinn und bei Verlust durch Eigenkapitalminderung oder Übernahme seitens eines Unternehmens, das den Verlust durch Zuführung von Vermögenswerten oder ggf. Erlaß von Schulden deckt, verwendet worden ist, mit den Bestandsveränderungen der Veränderungsbilanz als Vorträge verrechnet werden und damit eine Beständebilanz als Perioden-

---

[50] Vgl. E. Kosiol, Buchhaltung und Bilanz, 2. Auflage, Berlin 1967, S. 34 f.

abschlußbilanz[51] entsteht, deren Bilanzposten durch Inventur nachprüfbare am Periodenschluß vorhandene Bestände zu Geldwerten sind. Diese
Beständebilanz enthält in ihrer formalen Grundgestalt auf der Aktivseite Einnahmenbestände (Barbestände und Einnahmenvorgriffe = Forderungen) und Ausgabengegenwerte (Vorräte) und auf der Passivseite
Ausgabenbestände (Ausgabenvorgriffe = Schulden einschließlich Eigenkapital) und Einnahmengegenwerte (Reservate)[52]. Der Saldo aus diesen
Aktiva und Passiva ist der Periodenerfolg[53].

Wie bei der unsaldierten Bewegungsbilanz und der Veränderungsbilanz
ist eine begriffliche Untergliederung der Komponenten, aus denen der
Periodenerfolg als Saldo ermittelt wurde, erforderlich, um deutlich werden zu lassen, welcher Erfolgsbegriff vorliegt, insbesondere wieweit er
durch Bildung und Auflösung von Rückstellungen und Vorratsposten
beeinflußt wird. Auch die Forderungen können, wenn z. B. noch nicht
gelieferte Ware zum Verkaufspreis vorzeitig fakturiert und als Forderung verbucht wurde, die Höhe des Periodenerfolges beeinflussen. Eine
Unterteilung der Forderungen in solche für bereits erbrachte Lieferungen oder Leistungen und solche für später zu erfüllende Verpflichtungen
ließe erkennen, was für ein Realisationsgrad dem ermittelten Periodenerfolg etwa zukommt. Da also der Periodenerfolg im Zusammenhang mit den einzelnen Bilanzgegenständen und -posten gesehen
werden muß, ist das Rechnungsziel der Periodenerfolgsermittlung
ein Totalzweck, der die gesamte Bilanzgliederung beeinflußt.

Da die Beständebilanz nicht nur unter dem Aspekt der Periodenerfolgsermittlung steht, sondern stets einen gütermäßigen Sachinhalt
hat, auch wenn die Erfolgsermittlung das primäre Ziel der Bilanzierung
ist, eignet sie sich auch für *statische Bilanzbetrachtungen*[54]. Dazu benötigt man besonders Darstellungen der artenmäßigen Zusammensetzung des Bilanzvermögens und -kapitals unter den Gesichtspunkten
der Liquiditätswirksamkeit, der Sicherheit, der Verwendungszwecke des
Bilanzvermögens und der Herkunft des Bilanzkapitals. Es werden deshalb in der Bilanz Unterteilungen vorgenommen, die vom Rechnungsziel der Periodenerfolgsermittlung allein nicht bestimmt sind. Soweit
die zur Erreichung statischer Rechnungsziele der Bilanz erforderlichen
Gliederungsmaßnahmen sich auf die gesamte Bilanz erstrecken, sind
diese Rechnungsziele als Totalziele zu bezeichnen.

Die Darstellung der Liquidität als Rechnungsziel der Bilanz kann in
unterschiedlichem Grade in der Bilanz verfolgt werden. Werden sämtliche nicht liquiden Bilanzgegenstände auf der Aktivseite als „Wieder-

---

[51] Vgl. ebenda, S. 33.
[52] Vgl. ebenda, S. 33 f.
[53] Vgl. ebenda, S. 33.
[54] Vgl. E. Kosiol, Buchhaltung und Bilanz, a.a.O., S. 86 ff. und S. 117 ff.

verflüssigungserwartungen" und alle Bilanzgegenstände auf der Passivseite als „Rückzahlungsnotwendigkeiten" aufgefaßt[55] und in bestimmte Gruppen je nach den erwarteten Zahlungsterminen aufgeteilt (z. B. Zahlungstermin sofort, in weniger als einem Jahr, in mehr als einem Jahr), ist das Rechnungsziel der Liquiditätsdarstellung ein Totalziel der Bilanz, das die gesamte Bilanzgliederung betrifft. Werden dagegen nur die Nominalgüterbestände (Forderungen und Schulden) in der Bilanz zur Darstellung der Liquidität in Gruppen mit verschiedenen erwarteten Zahlungsterminen aufgeteilt, ist das Rechnungsziel der Liquiditätsdarstellung in der Bilanz ein Partialziel. Das gilt z. B. für die Bilanzgliederung nach § 151 Abs. 1 AktG 1965, in der bei Forderungen und Verbindlichkeiten eine Unterteilung nach Zahlungsfristen vorgeschrieben ist[56].

„Wiederverflüssigungserwartung" und „Rückzahlungsnotwendigkeit" bedeuten die Liquiditätswirksamkeit von Bilanzgegenständen, verstanden als die Eigenschaft, zu bestimmten oder vermuteten (geschätzten) Terminen durch Einnahmen oder Ausgaben in einer Summe oder in Raten die Liquidität der Unternehmung zu beeinflussen. Außerdem kann man noch zwischen direkter Liquidierung, bei der die Bilanzobjekte ohne Zwischenstufe in Geld umgesetzt werden, und indirekter Liquidierung unterscheiden, bei der die Bilanzobjekte erst Verkaufsreife erlangen, nachdem sie bestimmte Produktionsgänge durchlaufen haben, oder zunächst eine Forderung entsteht, bevor tatsächlich Zahlungen erfolgen.

Insbesondere beim Anlagevermögen geht die Verflüssigung in vielen Raten entsprechend dem Abschreibungsmodus vor sich. Daher können die Rückeinnahmen für eine Maschine des Anlagevermögens hinsichtlich der Liquiditätswirksamkeit der späteren Nachausgaben (Abschreibungen) sowohl langfristige als auch kurzfristige Beträge enthalten. Sind die Abschreibungen durch Umsatzerlöse in Form von Bareinnahmen oder Voreinnahmen (Forderungsentstehung) gedeckt, vermindern sie den Periodengewinn. Da dadurch auch eine geringere Gewinnauszahlung bewirkt wird, bedeuten die Abschreibungen eine Umschichtung des Bilanzvermögens vom Anlage- zum Umlaufvermögen und insofern eine Liquidierung[57].

Bei einer Forderung dagegen, die in einer Summe zu einem bestimmten Zeitpunkt zu tilgen ist, ist nur eine einzige Zuordnung zu einer Fristgruppe möglich. Bei verschiedenen Bilanzgegenständen ist der Liquidierungszeitpunkt nicht vorauszusehen. Bei Vorräten an verkaufs-

---

[55] Vgl. E. Kosiol, Buchhaltung und Bilanz, 2. Auflage, Berlin 1967, S. 122.
[56] Vgl. Adler—Düring—Schmaltz, a.a.O., § 151 Tz. 31—34, S. 181 f.
[57] Vgl. E. Heinen, Handelsbilanzen, 4. Auflage, Wiesbaden 1968, S. 130; E. Kosiol, Anlagenrechnung, Wiesbaden 1955, S. 117.

fähiger Ware, für die der Abnehmer noch nicht gefunden ist und kein Liefertermin festgelegt ist, und bei Rückstellungen mit unbestimmter Fälligkeit kann man nämlich nur ungenaue Schätzungen der zukünftigen Zahlungstermine vornehmen. Da der Verflüssigungszeitpunkt immer in der Zukunft liegt, ist er nur bei festen Fälligkeitsterminen, die allerdings auch gelegentlich verlegt werden können, exakt bestimmbar, während er in den meisten anderen Fällen nur geschätzt werden kann. Die Schätzungsergebnisse werden natürlich ungenau oder falsch, wenn die der Schätzung zugrundeliegenden Prämissen sich ändern, und die in der Bilanz aufgeführten Objekte anderen Verwendungen zugeführt werden oder gar der Betrieb eingestellt wird. Daher ist eine Darstellung der Liquiditätswirksamkeit auf längere Sicht nur unter Vorbehalt sinnvoll.

Andere Totalzwecke der Bilanz hängen mit der *allgemeinen Rechenschaft* durch die Bilanz zusammen. Die Rechenschaft erfolgt nicht nur durch den Nachweis, daß ein Überschuß erzielt wurde und das Kapital insgesamt erhalten wurde, sondern auch die Zusammensetzung des Gesamtkapitals in der Bilanz nachzuweisen, ist ein Teil der Rechenschaft mit Hilfe der Bilanz. Die Rechenschaftsempfänger haben meist eine bestimmte Vorstellung davon, wie das Bilanzvermögen und -kapital arten- und wertmäßig gegliedert sein soll, um ggf. ungünstige Auswirkungen auf die zukünftigen Erträge und die zukünftige Liquiditätslage rechtzeitig zu erkennen. Besondere Aufmerksamkeit wird hierbei dem Vergleich mit Vorperiodenabschlüssen und mit als günstig oder optimal geltenden Strukturverhältnissen gewidmet. Im Hinblick auf die Beurteilung der zukünftigen Ertragslage ist auf der Aktivseite eine Einteilung in werbendes Vermögen und anderes Bilanzvermögen, das nicht unmittelbar für den Betriebszweck eingesetzt ist, nützlich[58]. Eine weitere Unterteilung des nicht werbenden Vermögens sollte das ertragbringende (Erträge z. B. durch Zinseinnahmen) von dem ertragslosen (Bargeld)[59] und dem ertragsmindernden Vermögen (Ertragsminderung z. B. wegen Lagerkosten für spekulative Vorräte, Unterhaltungskosten für stillliegende Anlagen, Steuern für ungenutzte Grundstücke) trennen. Entsprechend wäre auf der Passivseite das Fremdkapital nach Zinsbelastung zu unterteilen, während das Eigenkapital ggf. in solches mit Vorzügen bei der Gewinnausschüttung und solches ohne Vorzüge zu

---

[58] Vgl. A. Schnettler, Betriebsanalyse, 2. Auflage, Stuttgart 1960, S. 229 f. („Normal-Schema"); W. le Coutre, Grundzüge der Bilanzkunde a.a.O., S. 159 und S. 245.

[59] Streng genommen ist die Haltung von Bargeld sogar ertragsmindernd, und zwar wegen der Gewerbe- und der Vermögenssteuerbelastung, der Verwaltungskosten und der ggf. durch Versicherung zu deckenden Risiken des Diebstahls und der Unterschlagung. Auch die Haltung von Bankguthaben kann wegen der Bankspesen ertragsmindernd sein.

unterteilen wäre. Der letzte Aspekt betrifft bereits die Gewinnverwendung, während die übrigen Unterteilungen unter dem Gesichtspunkt der Auswirkung auf die Gewinnentstehung gesehen werden. Aus der Perspektive des Vorstandes einer Aktiengesellschaft oder des Geschäftsführers einer GmbH besteht dagegen eine enge Verwandtschaft zwischen der Verzinsungsnotwendigkeit beim Fremdkapital und der Notwendigkeit, die Mittel für eine angemessene Dividende bzw. Gewinnausschüttung an die Gesellschafter zu erwirtschaften[60]. Hinzu kommen noch die Verpflichtungen zur Dotierung der gesetzlichen Rücklagen und zur Körperschaftsteuerzahlung. Daher ist oft das Eigenkapital für den Betrieb das teuerste Kapital[61].

2. Einen Teil der Bilanzgliederung betreffende Rechnungsziele (Partialziele)

Zu den Partialzielen der Bilanz gehören:

die Darstellung der *Liquidität,* wenn sie sich nur auf den Nominalgüterbereich bezieht,

die Darstellung der *Risikobelastung* bei den Aktiva oder Teilbereichen der Aktiva,

die Darstellung der *finanziellen Konzernverflechtung,*

Angaben über die *Sicherung von Schuldverhältnissen* und

der Nachweis von *Finanzierungsreserven* für Investitionen.

Weitere Partialziele dienen dem Nachweis der geographisch-räumlichen Verteilung oder der Zuordnung zu verschiedenen Betriebszweigen oder Verantwortungsbereichen des Anlagevermögens und ggf. auch anderer Bilanzgegenstände. Der Bilanz können außerdem auch andere Partialziele gesetzt werden, die von Fall zu Fall sehr verschieden sein können. Es erscheint jedenfalls unmöglich, alle denkbaren Partialziele hier aufzuzeigen und zu untersuchen.

Bei der Darstellung der *Liquidität* (im Sinne von Liquidierbarkeit) der Nominalgüter, zu denen auf der Aktivseite Bargeld, Guthaben bei Kreditinstituten und auf Geld lautende Ansprüche, die verbrieft (Wertpapiere) oder nicht verbrieft sein können, und auf der Passivseite der Bilanz die aus der Sicht des Betriebes geschuldeten Nominalgüter in Form von Eigenkapital und Fremdkapital gehören[62], kommt es auf eine Gliederung unter dem Gesichtspunkt an, wann Einnahmen oder Aus-

---

[60] Vgl. Dieter Pohmer, Über die Bedeutung des betrieblichen Werteumlaufs für das Rechnungswesen der Unternehmungen, in: Organisation und Rechnungswesen, Festschrift für E. Kosiol, Hrsg. E. Grochla, Berlin 1964, S. 342.

[61] Vgl. Kurt Siebert, Investitions- und Finanzplanung, in: Finanzierungshandbuch, Hrsg. H. Janberg, Wiesbaden 1964, S. 127 f (mit Beispiel).

[62] Vgl. E. Kosiol, Buchhaltung und Bilanz, 2. Auflage, Berlin 1967, S. 87.

gaben zu erwarten sind. Dabei kann es sich um tatsächliche bare Zahlungsvorgänge handeln, um unbare Zahlungen mit Hilfe von Buchgeld oder um Verrechnungen, wie z. B. von Forderungen und Schulden im Kontokorrentverkehr, auch der Erlaß von Schulden oder der Verzicht auf Forderungen sind bei der Liquiditätsdarstellung zu berücksichtigen, indem man fiktive Zahlungen buchhalterisch ansetzt. Die jeweiligen Zahlungstermine können sichere Erwartungsgrößen, wie die vertraglich festgelegten Zahlungstermine für Tilgungsraten eines Darlehens, oder nicht exakt bestimmbare Größen sein, bei denen diejenigen Zahlungen hervorzuheben wären, die zu irgendeinem Termin innerhalb eines bestimmten Zeitraumes mit hoher Wahrscheinlichkeit zu erwarten sind, wie normalerweise die Zahlungen für Lieferantenschulden. Die Unsicherheit bei der exakten Fixierung von Zahlungsterminen kann sich sowohl auf die erwarteten Einnahmen als auch auf die Ausgaben beziehen. Wann die Einnahmen stattfinden, hängt vom Verhalten der Schuldner ab, das vom Betrieb durch die Gewährung von Skonto bei Einhaltung früher Zahlungstermine teilweise zu beeinflussen ist. Reicht diese Einflußmöglichkeit nicht aus, so können zur Herbeiführung von Einnahmen zu vom Betriebe zu bestimmenden Zeitpunkten Forderungen abgetreten, Wechsel weitergegeben und andere Wertpapiere verkauft oder wenn möglich beliehen werden. Die Ausgabentermine hängen, soweit sie nicht genau fixiert sind (z. B. Steuertermine), vom Willen des Betriebes ab, es sei denn, der Betrieb muß jeweils erst Geldeingänge abwarten, um Ausgaben, die nicht streng termingebunden sind, tätigen zu können. Die Reihenfolge dieser Ausgaben hängt außer von gewissen nicht ökonomischen Präferenzen einzelner Gläubiger davon ab, ob bei einem Hinausschieben etwa Skontoerträge verloren gehen oder zusätzliche Ausgaben (z. B. Mahngebühren) entstehen können. Daher sind auch die zukünftigen Ausgabenzeitpunkte nicht immer exakt vorausbestimmbar, wenn auch die Unsicherheit hier wesentlich geringer ist als bei den zukünftigen Einnahmen. Eine Einteilung der Forderungen und Schulden unter dem Gesichtspunkt der Restlaufzeit in der Bilanz ist also nicht mit Exaktheit durchzuführen. Man kann sinnvoll nur recht grobe Klassen bilden und, wie z. B. bei den Forderungen aus Lieferungen und Leistungen, solche mit einer Restlaufzeit über und unter einem Jahr nach § 151 Abs. 1 AktG 1965 in der Bilanz unterscheiden. Die Liquiditätswirksamkeit wird aber auch bei einer solchen Gliederung nicht eindeutig dargestellt, da ja die tatsächlichen Zahlungen durch Abtretung oder Beleihung von Forderungen vorverlegt und durch Prolongation auf einen späteren Zeitpunkt verlegt werden können. Man müßte also auch unter dem Gesichtspunkt der Verlegbarkeit der Zahlungstermine gliedern, wenn man die Liquiditätswirksamkeit von Forderungen und Schulden in der Bilanz deutlich machen will. Hinzu kommt bei einigen Forderungen und Schulden die Beachtung von Kündigungsterminen und -fristen, die besonders in den Bilanzen der Kreditinstitute berücksichtigt werden[63]. Zukünftige Zahlungen aufgrund zum Bilanzstichtag noch nicht bestehender Verpflichtungen und Ansprüche bleiben in der Bilanz unberücksichtigt. Daher ist die Darstellung der Liquidität mit Hilfe der Bilanz immer nur ein Teilaspekt einer Liquiditätsrechnung, es sei denn, die notwendigen Größen werden als Bilanzergänzungen z. B. in Fußnoten zur Bilanz dargestellt[64].

Das Partialziel der Darstellung der *Risikobelastung* in der Bilanz wird meist so erfüllt, daß für zum Bilanzstichtag erkennbare besondere Risiken, die auf einzelnen Aktiva liegen, Abschreibungen oder Wertberichtigungen vorgenommen werden und für darüber hinausgehende und allgemeinere Risiken, die nicht durch Abschreibungen auf bestimmte Aktiva buchhalterisch berücksichtigt werden können, Rückstellungen gebildet werden. Damit werden mögliche Verluste buchhalterisch bereits in derjenigen Periode als Aufwand erfaßt, in der sie verursacht oder als zukünftige Verluste bekannt werden. Da bei Risiken die zu erwartenden Verluste fast immer nur geschätzt werden können und diese Schätzungen aufgrund kaufmännischer Vorsicht eher unter pessimistischen als unter optimistischen Beurteilungen der Situation zustandekommen, führen sie meist durch zu hohen Ansatz von Abschreibungen oder Rückstellungen zur Bildung stiller Reserven[65]. Die stillen Reserven könnten bei indirekter Abschreibung mit Bildung von Wertberichtigungen unter Kontrolle gehalten werden, um ihre unbewußte Auflösung[66] zu verhindern. Die korrekte Darstellung der Risiken erfordert daher eine Unterteilung der Vermögensgegenstände in der Bilanz in solche mit und solche ohne Risikobelastung. Die risikobelasteten Aktiva werden zum vollen Wert aktiviert, und der zu erwartende Verlust erscheint als Korrekturposten in Form von Wertberichtigungen auf der Passivseite oder wird offen auf der Aktivseite abgesetzt. Dabei ist auch eine tiefergehende Unterteilung nach verschiedenen Risikoarten möglich.

So können nach Heinen[67] bei Forderungen außer vollwertigen auch gefährdete, deren Ausfall noch nicht feststeht, teilweise ausgefallene und uneinbringliche Forderungen unterschieden werden. Eine andere

---

[63] Vgl. Der Bundesminister der Justiz, Verordnung über Formblätter für die Gliederung des Jahresabschlusses von Kreditinstituten vom 20. 12. 1967, BGBl. 1967, I, S. 1300—1327 (Muster 1, S. 1304 f.; Muster 2, S. 1310 f.; Muster 3, S. 1316 f.; Muster 4, S. 1322 f.).
[64] Vgl. A. Strobel, Die Liquidität, 2. Auflage, Stuttgart 1953, S. 67.
[65] Vgl. E. Heinen, Handelsbilanzen, 4. Auflage, Wiesbaden 1968, S. 237.
[66] Vgl. ebenda, S. 239 f.
[67] Vgl. ebenda, S. 182.

Möglichkeit, die Forderungen unter dem Gesichtspunkt der Risikobelastung einzuteilen, ist die nach Sicherungen, wobei sowohl die rechtliche Natur der Sicherung (z. B. Grundpfandrecht, Sicherungsübereig-
nung, Kaution, Bürgschaft, Eigentumsvorbehalt) als auch der durch die
Sicherung erreichte Deckungsgrad als Gliederungsmerkmal in Frage
kommen kann. Unter Deckungsgrad soll das Verhältnis zwischen dem
Forderungsbetrag und dem Erlös verstanden werden, der bei Ausfall
der Forderung durch die Verwertung des Sicherungsobjektes voraussichtlich zu erzielen ist. Eine Forderung kann also zu mehr oder zu
weniger als 100 % oder genau zu 100 % gedeckt sein. Auch durch diese
Unterteilungen kann das Ungewisse des Risikos nicht exakt erfaßt werden, da ja auch die Sicherheiten mit einem eigenen Risiko belastet sein
können (Ausfall der Bürgen, Untergang oder Wertminderung des Sicherungsobjektes).

Außer den Forderungen sind auch die Bestände an Vorräten und das
Anlagevermögen besonderen Risiken ausgesetzt. Vorzeitige technische
Überholung, Diebstahl, Schwund, Witterungseinflüsse, Feuer, Explosion, Wirkungen von Abwässern und Abgasen, unsachgemäße Behandlung, unentdeckte Materialfehler und viele andere Tatbestände können
beim Anlagevermögen und bei Vorräten zu Verlusten führen. Bei Bilanzgegenständen, deren Objekte solchen Verlustgefahren besonders
ausgesetzt sind, werden in der Bewertung entsprechende Abschreibungen oder Wertberichtigungen vorsorglich vorgenommen, wenn das besondere Risiko bekannt ist. Da nicht alle Vorräte an Waren und nicht
alle Gegenstände des materiellen Anlagevermögens in gleichem Maße
solchen besonderen Risiken ausgesetzt sind und daher auch bei ihrer
Bewertung nicht immer besondere Risikoabschreibungen vorgenommen
werden müssen, sollten im Interesse der Bilanzklarheit die risikobelasteten Bilanzgegenstände, auf die wegen voraussichtlich dauernder
Wertminderung entsprechende Risikoabschreibungen als außerplanmäßige Zusatz- oder Sonderabschreibungen über die regulären Abschreibungen hinaus verrechnet worden sind, jeweils von den übrigen
Bilanzgegenständen abgesondert und als besondere Bilanzgegenstände
in die Bilanz aufgenommen werden.

Die Risiken, die mit den immateriellen Wirtschaftsgütern verbunden
sind, erscheinen nicht in der Bilanz, da diese Wirtschaftsgüter meist
nicht aktiviert werden, weil handelsrechtlich keine Aktivierungspflicht
besteht (vgl. § 153 AktG 1965) und, wenn sie aufgrund eines Aktivie-
rungswahlrechtes doch aktiviert worden sind, nach dem Grundsatz der
Vorsicht besonders schnell abgeschrieben werden[68].

---

[68] Vgl. E. Heinen, Handelsbilanzen, 4. Auflage, Wiesbaden 1968, S. 154,
S. 160, S. 162.

Weitere Risiken werden durch die Bildung von Rückstellungen in der Bilanz erfaßt. Dazu zählen z. B. die Rückstellungen für Bergschäden bei Bergbaubetrieben mit Untertageabbau, die Rückstellungen für Garantieverpflichtungen aus bereits erfolgten Lieferungen und Leistungen, die Pensionsrückstellungen, die Rückstellung für Schadensersatzleistung aufgrund eines möglicherweise ungünstig ausfallenden Gerichtsurteils und die Rückstellung für Prozeßkosten[69]. Es handelt sich dabei um Aufwand, der hinsichtlich seiner endgültigen Höhe, oft auch seines tatsächlichen Eintretens überhaupt oder hinsichtlich des Fälligkeitstermines der Ausgaben am Bilanztermin nicht feststeht. Man könnte hier anstatt von Risiken auch von Chancen sprechen, die darin bestehen, daß die vorsorgliche Rückstellung zu hoch angesetzt wurde und insoweit auch stille Reserven enthalten kann[70], die bei Auflösung oder nicht voller Inanspruchnahme der Rückstellung wieder frei werden. Dieser Effekt ist eine Folge des Schätzungscharakters der Rückstellungen. Denn der Aufwand muß zu erwarteten Ausgaben bewertet werden, deren Höhe nicht exakt vorauszusehen ist. Es besteht also Unsicherheit hinsichtlich der Existenz, des Umfanges und des Zeitpunktes der Ausgabenwirksamkeit des in den Rückstellungen bilanzierten Aufwandes und hinsichtlich seiner Bewertung. Unter dem Aspekt der Darstellung des Risikos in der Bilanz sollte man vielleicht zwischen Rückstellungen, die in voller Höhe zu Ausgaben führen werden, aber z. B. noch nicht rechtsverbindliche Schulden sind, und solchen, bei denen auch eine geringere Inanspruchnahme möglich ist, unterscheiden. Die Abgrenzung dürfte in der Praxis nicht immer leicht sein, da es ja gerade zum Wesen der Rückstellungen gehört, daß die endgültige Höhe der Ausgaben noch nicht feststeht. Die gebräuchliche Einteilung nach den Zwecken der Rückstellungen gibt aber auch einige Hinweise auf das in den Rückstellungen enthaltene Risiko. Man kann bei einer Rückstellung für nachzuholende Instandhaltungen und Reparaturen (vgl. § 152 Abs. 7 AktG 1965) annehmen, daß sie etwa in voller Höhe in kurzer Zeit in Anspruch genommen wird, während bei Pensionsrückstellungen die Höhe der tatsächlich später zu zahlenden Pensionen recht ungewiß ist.

In den Eventualverbindlichkeiten liegende Risiken werden buchhalterisch dadurch erfaßt, daß im Falle der Inanspruchnahme eine echte Verbindlichkeit gebucht und bei drohender Inanspruchnahme eine Rückstellung gebildet wird[71]. Der Vermerk der Eventualverbindlichkeiten außerhalb der Bilanzrechnung nach § 151 Abs. 5 AktG 1965 gibt also auch einen Hinweis auf eventuelle zukünftige Risiken.

---

[69] Vgl. ebenda, S. 214 ff.
[70] Vgl. ebenda, S. 237.
[71] Vgl. ebenda, S. 230 f.

Will man in der Bilanz auch das Risiko des vorzeitigen Kapitalentzuges durch Kündigung oder Verluste berücksichtigen, müßte man die Darstellung der Risikoverhältnisse zu den Totalzielen der Bilanz rechnen. Es ist aber in der Praxis nicht üblich, etwa in der Bilanz kündbares und nicht kündbares Eigenkapital zu unterscheiden. Denn in einem Betriebe ist entweder das gesamte Eigenkapital kündbar (Einzelfirma, OHG, KG, Genossenschaft), soweit der Gesellschaftsvertrag dies zuläßt, oder das Eigenkapital ist grundsätzlich unkündbar wie bei der AG und GmbH[72].

Fremdkapital dagegen wird meist mit festen Rückzahlterminen, die ggf. auch prolongiert werden können, oder Kündigungsfristen gewährt, so daß hier auch nicht von einem Risiko gesprochen werden sollte, das gesondert in der Bilanz zu berücksichtigen wäre, da es bereits in der Gliederung nach Fälligkeitsterminen erfaßt wird.

Die Darstellung der *finanziellen Konzernverflechtung* mit verbundenen Unternehmen (vgl. §§ 15 ff. AktG 1965) in der Bilanz einer Aktiengesellschaft erfordert mindestens den gesonderten Ausweis der Schulden und Forderungen gegenüber verbundenen Unternehmen in den Einzelbilanzen. Dadurch wird auch die Bildung einer konsolidierten Bilanz für den Konzern oder Teilkonzern erleichtert, in der konzerninterne Schulden und Forderungen, soweit sie sich auf die an der Konsolidierung beteiligten Unternehmen beziehen, nach § 331 Abs. 1 Ziff. 4 AktG 1965 weggelassen werden. Zur Bilanzklarheit und zur besseren Darlegung der Konzernverbindungen würde eine Aufteilung der Forderungen und Schulden gegenüber verbundenen Unternehmen nach Entstehungsgründen beitragen[73]. Es wären dann sämtliche Forderungs- und Schuldenposten in der Bilanz aufzuteilen in solche gegenüber konzerninternen und solche gegenüber konzernexternen Partnern. Damit wäre auch das Zuordnungsproblem gelöst, das darin besteht, daß nach der aktienrechtlichen Bilanzgliederung (§ 151 AktG 1965) Verbindlichkeiten und Forderungen aus Lieferungen und Leistungen gegenüber verbundenen Unternehmen entweder bei den übrigen Forderungen und Schulden dieser Art mit einem Vermerk über die Mitzugehörigkeit zu dem Bilanzgegenstand „Forderungen an verbundene Unternehmen" bzw. „Verbindlichkeiten gegenüber verbundenen Unternehmen" bilanziert werden (nach § 151 Abs. 3 AktG 1965) oder ohne Rücksicht auf ihre Entstehung unter den Forderungen bzw. Verbindlichkeiten gegenüber verbundenen Unternehmen in der Bilanz erscheinen.

Weitere Hinweise auf die Verbundenheit mit anderen Unternehmen bieten die Posten „Beteiligungen" (§ 151 Abs. 1 AktG 1965, Aktiva II.

---

[72] Vgl. E. Gutenberg, Grundlagen der Betriebswirtschaftslehre, 3. Band, Die Finanzen, 2. Auflage, Berlin — Heidelberg — New York 1969, S. 132.
[73] Vgl. E. Heinen, Handelsbilanzen, 4. Auflage, Wiesbaden 1968, S. 187 f.

B. 1) und „Anteile an einer herrschenden oder an der Gesellschaft mit Mehrheit beteiligten Kapitalgesellschaft oder bergrechtlichen Gewerkschaft unter Angabe ihres Nennbetrages, bei Kuxen ihrer Zahl" (§ 151 Abs. 1 AktG 1965, Aktiva III. B. 9).

Darüber hinaus sollten wenigstens für interne Zwecke auch das Anlagevermögen und die Vorräte danach unterteilt werden, ob sie aus Geschäften mit fremden oder mit verbundenen Unternehmen stammen, da wegen der möglichen Verwendung von nicht marktgerechten konzerninternen Verrechnungspreisen oft gegenüber konzernexternen Lieferungen verschiedene Bewertungen zum Zuge kommen und vom Standpunkt der Theorie von der wirtschaftlichen Einheit des Konzerns auch unrealisierte Gewinne in den aktivierten Verrechnungspreisen enthalten sein können, die bei der Bildung einer Konzernbilanz wieder bei Warenvorräten und bestimmten Anlagegütern nach § 331 Abs. 2 AktG 1965 eliminiert werden müßten[74]. Für die Zwecke der Erstellung einer konsolidierten Bilanz wäre also eine solche Unterteilung sehr nützlich. Die Aussagekraft der Einzelbilanz würde bezüglich des Nachweises der Intensität der Konzernbindung außerdem verbessert.

Auch beim Grundkapital wäre eine Unterteilung nach Besitzern der Anteile dann für den Bilanzleser interessant, wenn einzelne Aktionäre mindestens 25 % des Grundkapitals besitzen. Man würde also einteilen in:

Grundkapital in Streubesitz und
Grundkapital im Besitz von Großaktionären.

Zur Zeit muß nach § 20 AktG 1965 ein Unternehmen, nicht aber ein Aktionär als Nichtunternehmer, der Gesellschaft anzeigen, wenn es 25 % ihres Grundkapitals besitzt oder eine Mehrheitsbeteiligung erworben hat. Die Gesellschaft muß darüber im Geschäftsbericht (nach § 160 Abs. 3 Ziff. 11 AktG 1965) und unverzüglich in den Gesellschaftsblättern Mitteilung machen. So wird bereits ein erheblicher Teil der Konzernverflechtungen publiziert. Wegen des Einflusses auf die Art der Geschäftsführung, der von Großaktionären, insbesondere von Unternehmen mit Kapitalbeteiligung über 25 % ausgeübt wird, und wegen der gegenüber derjenigen der Kleinaktionäre völlig anderen Einstellung der Großaktionäre zu der Gesellschaft sollte auch in der Bilanz eine Unterscheidung zwischen diesen verschiedenen Arten des Grundkapitals getroffen werden.

Außer in den Einzelbilanzen der verbundenen Unternehmen sind auch in den Konzernbilanzen, deren Konsolidierungsbereich allerdings nicht immer mit dem Kreis der verbundenen Unternehmen übereinstimmen

---

[74] Vgl. E. Heinen, Handelsbilanzen, 4. Auflage, Wiesbaden 1968, S. 294 ff.

muß[75], Darstellungen der Konzernbeziehungen zu finden. Es handelt sich um den Posten „Beteiligungen", der die nicht in die Konsolidierung einbezogenen Beteiligungen enthält, die Posten der Forderungen und Verbindlichkeiten gegenüber zwar verbundenen aber nicht konsolidierten Unternehmen und den „Ausgleichsposten für Anteile in Fremdbesitz" (nach § 331 Abs. 1 AktG 1965), dessen Höhe einen Hinweis auf die Intensität der finanziellen Verflechtung gibt. Je höher er ist, desto geringer ist die Beteiligungsquote der Obergesellschaft. Der Ausgleichsposten soll eine Korrektur der durch die volle Konsolidierung der Bilanzen von Tochtergesellschaften mit weniger als 100 % Beteiligung zu hoch ausgewiesenen Aktiva und Passiva in der Konzernbilanz herbeiführen. Vom Standpunkt des Konzerns liegt nur ein Korrekturposten vor, während es sich vom Standpunkt der Tochtergesellschaft aus um Eigenkapital (Rücklagen, Gewinn/Verlust, Grundkapital) handelt, das sich nicht in Händen des herrschenden Unternehmens befindet.

Das Partialziel der Darstellung der *Sicherung von Schuldverhältnissen* war in der Gliederungsvorschrift des § 131 AktG 1937 stärker berücksichtigt worden als in der Gliederungsvorschrift des § 151 AktG 1965. Denn im neuen Aktiengesetz dienen zur Verbesserung der Liquiditätsdarstellung Gesamt- und Restlaufzeiten von Forderungen und Verbindlichkeiten als Gliederungsmerkmal. Dagegen erfolgt der Nachweis der Sicherung durch Grundpfandrechte durch Zusätze außerhalb der Bilanzrechnung bei den Bilanzgegenständen „Ausleihungen mit einer Laufzeit von mindestens vier Jahren"[76] auf der Aktivseite und auf der Passivseite unter „Verbindlichkeiten mit einer Laufzeit von mindestens vier Jahren" (1. „Anleihen", 2. „Verbindlichkeiten gegenüber Kreditinstituten", 3. „sonstige Verbindlichkeiten")[77]. Bei den Forderungen und Verbindlichkeiten mit kürzeren vereinbarten Laufzeiten ist in der Bilanzgliederung nach § 151 Abs. 1 AktG 1965 keine Angabe von Sicherungen nötig. Nach § 131 AktG 1937 mußten dagegen sämtliche durch Hypotheken, Grund- und Rentenschulden gesicherten Forderungen ohne Rücksicht auf ihre Laufzeit unter dem Umlaufvermögen und die dinglich gesicherten Schulden unter den Verbindlichkeiten, bei denen auch die „Anleihen unter Angabe ihrer dinglichen Sicherung"[78] aufzuführen waren, bilanziert werden. Unbefriedigend war bei dieser Regelung, daß auch langfristige Hypothekenforderungen beim Umlaufvermögen bilanziert werden mußten und dadurch der Einblick in die Liquiditätslage erschwert war. Die sonstigen vielfältigen Arten der Besicherung waren auch damals nach § 131 AktG 1937 nicht in der Bi-

---

[75] Vgl. Baumbach-Hueck, Aktiengesetz, 13. Auflage, München 1968, § 329, Randnoten 7—10, S. 973 ff.
[76] § 151 Abs. 1 AktG 1965 Aktiva II. B. 3.
[77] Nach § 151 Abs. 1 AktG 1965 Passiva V. 1—3.
[78] § 131 Abs. 1 AktG 1937 Passiva V. 1.

lanz aufzuzeigen. Es ist auch mit Rücksicht auf die Übersichtlichkeit der Bilanz wohl besser, auf eine Unterteilung nach der Art der Besicherung von Forderungen und Schulden in der Bilanzgliederung zu verzichten, da normalerweise ja auch die Sicherheiten nicht in Anspruch genommen werden, wenn die Zahlungstermine eingehalten werden.

Daher ist es wichtiger, die vereinbarten Laufzeiten und die Restlaufzeiten in der Bilanz kenntlich zu machen, da im Falle einer guten Fristentsprechung zwischen Aktiva und Passiva nicht mit einer Inanspruchnahme von Sicherheiten zu rechnen ist. Die Frage, ob und wie eine Forderung oder Verbindlichkeit gesichert ist, wird nur dann akut, wenn die Tilgungszahlungen überfällig oder ihr Eingang bei Forderungen zweifelhaft geworden ist. Nach § 151 Abs. 1 AktG 1965 Aktivseite III. B. 2 müssen zwar bei den Forderungen aus Lieferungen und Leistungen solche mit einer Restlaufzeit von mehr als einem Jahr gesondert ausgewiesen werden, aber es steht dabei nicht fest, ob dies überfällige, prolongierte oder von vornherein mit längeren Zahlungszielen verbundene Forderungen sind[79]. Wenn auch zweifelhafte Forderungen, sofern sie vorhanden sind, auf den Betrag des zu erwartenden Zahlungseinganges abgeschrieben werden und dieser oft mit dem geschätzten Wert der zur Verfügung stehenden Sicherheit übereinstimmen dürfte, wäre bei diesen Bilanzgegenständen ein zusätzlicher Vermerk über die Besicherung sehr nützlich, wobei es auf die Art (dingliche Sicherung, Bürgschaft, Pfandrecht u. a.) und auf die Höhe der Sicherung ankäme. Angesichts der vielfältigen Möglichkeiten der Besicherung kann in der Bilanz aus Rücksicht auf ihre Übersichtlichkeit durch Vermerke und Zusätze nur ein sehr grober Überblick gegeben werden, dessen Aussagekraft entsprechend gering ist. Daher ist der Nachweis der Sicherungen, wenn der Bilanz ohnehin ein Geschäftsbericht beigefügt werden muß, dort klarer zu führen.

Wird der Bilanz kein Geschäftsbericht beigefügt, ist auf der Aktivseite für eine möglichst vollständige Darstellung der Sicherheiten auch die Angabe nötig, welche Aktiva in welcher Höhe als Sicherheit für eigene und ggf. auch für fremde Schulden dienen. Bei Forderungen ist es also denkbar, daß sie sowohl als Sicherheit für irgendwelche Schulden dienen als auch selbst durch Gewährung von Sicherheiten von seiten des Schuldners oder seines Bürgen besichert worden sind. Wird bei den Bilanzgegenständen auf der Aktivseite jeweils zur Darstellung der Situation des Betriebes hinsichtlich der Sicherheiten ein Zusatz angebracht, wie etwa „davon als Sicherheit verpfändet:", wird aus dem Verhältnis von Vermögen, das noch als Sicherheit für neue Kredite in Frage kommt, einerseits und dem bereits als Sicherheit verwendeten

---

[79] Vgl. Adler—Düring—Schmaltz, Rechnungslegung und Prüfung der Aktiengesellschaft, Band 1, a.a.O., § 151 Tz 142, S. 212.

Vermögen andererseits erkennbar, wie hoch die Kreditreserven des Betriebes ungefähr sein können, eine Größe, die für Liquiditätsbetrachtungen sehr wichtig ist. Allerdings bestehen hierfür Schwierigkeiten wegen der unterschiedlichen Bewertungsgrundsätze für die Sicherungsgüter in der regulären Bilanz einerseits und für die Zwecke der Sicherung von Schulden andererseits. So kann der Buchwert eines Gegenstandes des Anlagevermögens in der regulären Bilanz viel niedriger sein als sein am Veräußerungspreis orientierter Wert als Sicherheit. Auch der umgekehrte Fall ist möglich, wenn es sich z. B. um eine Spezialmaschine mit hohem Anschaffungswert handelt, die aber außer zur Verschrottung nicht verkaufsfähig ist. Würde man die Zusätze „davon als Sicherheit verpfändet:" auch auf der Basis der Bilanzwerte bewerten, so stünden diese Werte dann nicht im richtigen Verhältnis zu den Schulden, die durch sie gesichert werden sollen. Wenn nämlich bei den Verbindlichkeiten nicht nur, wie nach § 151 AktG 1965 für die Verbindlichkeiten mit mehr als vierjähriger Gesamtlaufzeit die grundpfandrechtliche Sicherung, sondern jede Sicherung durch Verpfändung von Gegenständen des Bilanzvermögens angegeben werden würde, könnte die Summe dieser gesicherten Schulden nicht mit der Summe der Buchwerte der gegebenen Sicherheiten übereinstimmen. Außerdem können auch Unterschiede dadurch entstehen, daß sich bei den Sicherheiten für Schulden des Betriebes Gegenstände befinden, die nicht zum aktivierten Bilanzvermögen zählen (z. B. Privatgrundstück des Unternehmers, Kautionswechsel, Bürgschaften Dritter), und daß unter den bilanzierten Sicherheiten auf der Aktivseite auch solche sind, die nicht für Schulden des Betriebes sondern für andere Schulden haften. Solche Haftungsverhältnisse sind bei Aktiengesellschaften auf der Passivseite unter dem Strich außerhalb der Bilanzrechnung zu vermerken (§ 151 Abs. 5 AktG 1965). Um die Haftungsverhältnisse und die Sicherung der Forderungen und Schulden eines Betriebes in der regulären Bilanz vollständig darzustellen, sind also verschiedene Zusätze und Vermerke oder eine besondere Spalte zusätzlich in die Bilanz aufzunehmen, was sich auf die Übersichtlichkeit der Bilanz ungünstig auswirkt. Eine zwingende Notwendigkeit zu einer solchen Darstellung in der regulären Bilanz besteht in den meisten Fällen nicht, da die Sicherheiten nur im Notfalle in Anspruch genommen werden sollen. Bei Konkursbilanzen dagegen ist eine genaue Darstellung der gegebenen und der empfangenen Sicherheiten unerläßlich, um ein klares Bild von der Vermögenslage des Gemeinschuldners zu gewinnen. Es dürfte daher richtig sein, wenn eine genaue Darstellung der Sicherheitsleistungen und der empfangenen Sicherheiten gegebenenfalls in Sonderrechnungen, wie der Konkursbilanz, vorgenommen wird und die reguläre Bilanz nicht mit der vollständigen Wiedergabe aller Haftungsverhältnisse und sämtlicher gegebenen und empfangenen Sicherheiten belastet wird. Für interne Zwecke ist allerdings für den Unternehmer oder die verantwortliche Geschäftsführung eine vollständige regelmäßige Übersicht über den Stand der Haftungsverhältnisse und der Sicherheiten, auch ohne daß der Konkurs bevorsteht oder eine Notlage herrscht, wichtig. Solche Übersicht läßt sich mit einer statusbilanzartigen Sonderrechnung oder durch entsprechende Erweiterung der regulären Bilanz um Zusätze und Vermerke gewinnen. Auch die Einführung zusätzlicher Spalten hinter der Hauptspalte in der Bilanz, in denen die Aktiva zu Tagesveräußerungswerten (1. Spalte) und auf dieser Bewertungsbasis die geleisteten Sicherheiten (2. Spalte) erscheinen und auf der Passivseite die gesicherten Schulden in einer eigenen Spalte stehen, würde die Situation hinsichtlich der Sicherheiten deutlich werden lassen. In diese Spalten müßten auch die Eventualverbindlichkeiten sowie die Sicherheitsleistungen Dritter aufgenommen werden. Bei den Forderungen kann deren Sicherung (empfangene Sicherheiten) durch Zusätze (Zeilen) dargestellt werden. Eine solche Rechnung ergibt sich nicht unmittelbar aus der Bilanz als erfolgsermittelnder Periodenabschlußrechnung, sondern ist ihr nur sozusagen aufgestülpt. Daher kann der Nachweis der Sicherungen auch außerhalb der Bilanz in einer eigenen Rechnung geführt werden. Nur wenn man sich darauf beschränkt, lediglich einzelne Arten von Sicherheitsleistungen, wie die durch Grundpfandrechte, nachzuweisen, lohnt es sich nicht, hierfür eine eigene Rechnung aufzumachen. Daher können diese Nachweise dann als Zusätze in der regulären Bilanz erfolgen. Unübersichtlich und deswegen unbefriedigend ist die Lösung, die das Aktiengesetz 1965 vorschreibt, nach der einige Sicherheiten und Haftungsverhältnisse in der Bilanz (nach § 151 AktG 1965), andere im Geschäftsbericht (nach § 160 Abs. 3 Ziff. 7 AktG 1965) und einige überhaupt nicht nachgewiesen werden müssen[80].

Ein weiteres Partialziel der Bilanz kann der Nachweis von Bilanzvermögensteilen sein, die als liquide Mittel (Bargeld und sofort verfügbare Guthaben) oder in anderer Form als *Finanzierungsreserven für Investitionen* zur Verfügung stehen. Bei der Investitionsentscheidung darf es nämlich nicht nur darauf ankommen, eine technisch günstige und rentable Investition zu finden, sondern zunächst sollten die Voraussetzungen für jede Investition nachgewiesen sein, die darin bestehen, daß eine Investition überhaupt sachgerecht finanziert werden kann. Zur Finanzierung kommen liquide Mittel, die bereits verfügbar sind und über den Bedarf des regulären Geschäftsbetriebes hinausgehen, und zukünftig verfügbare liquide Mittel in Frage, die entweder aus anderen Anlageformen durch Verkaufsakte zu erlösen sind, aus der Ausnutzung

---

[80] Vgl. Baumbach—Hueck, Aktiengesetz, 13. Auflage, München 1968, § 160, Randnote 18, S. 540 f.

von gegebenen Kreditmöglichkeiten gewonnen werden, aus verdienten Abschreibungen herrühren, die nicht zu Reinvestitionen oder Kredittilgungen benötigt werden, oder durch Einbehaltung von Gewinnen oder Einzahlung zusätzlichen Eigenkapitals dem Betrieb zufließen. Außerdem ist die Erschließung neuer Kreditquellen und die Finanzierung durch Leasing, also durch Mieten des Investitionsobjektes, wobei allerdings die Mietraten finanziert werden müssen, in Betracht zu ziehen. Darüber hinaus ist vor einer größeren Investitionsentscheidung auch zu prüfen, wie sich die erwogene Maßnahme auf das Bild der Bilanz insgesamt auswirken würde, insbesondere wie sich die finanzwirtschaftlichen Deckungsverhältnisse innerhalb der Bilanz durch die Investition und ihre Finanzierung verändern würden. Unter diesem Gesichtspunkt ist eine solche Finanzierungsart auszuwählen, die im Rahmen der Bilanz insgesamt vertretbar ist.

Zum Nachweis der finanziellen Voraussetzungen für eine Investition kann ein besonderer Bilanzgegenstand unter der Bezeichnung „bereitgestellte Mittel für Investitionen" mit Unterteilung nach der augenblicklichen Anlageform der Mittel etwa in „Kassenbestand", „Bankguthaben mit täglicher Fälligkeit", „Bankguthaben mit Kündigungsfrist", „börsennotierte Wertpapiere" und „Ausleihungen mit kurzer Restlaufzeit" in der Bilanz aufgeführt werden. Sind die Investitionsvorhaben schon fortgeschritten, so kommen auch Bilanzgegenstände mit Bezeichnungen wie „Anzahlungen für Investitionen", „Abschlagszahlungen", „Vorauszahlungen" oder „im Bau befindliche Anlagen" in der Bilanz vor. Da sich der Wertansatz für diese Bilanzgegenstände nach den getätigten Ausgaben oder den angefallenen Aufwendungen richtet, ist aus diesen Posten zu erkennen, wieweit die Finanzierung der Investitionen bereits erledigt ist. Bei Investitionen im Bereich des Anlagevermögens werden meist die bereitgestellten Mittel, auch wenn sie noch nicht ausgegeben worden sind, ebenso wie die für Investitionen bereits getätigten Ausgaben und Aufwendungen unter dem Anlagevermögen bilanziert, da ja die damit angeschafften Vermögensgegenstände den Zweck haben, dauernd dem Geschäftsbetrieb zu dienen. Dies trifft genau genommen nur dann zu, wenn die Investitionsobjekte bereits ganz oder teilweise in der Verfügungsmacht des Betriebes sind. Denn die Investitionsobjekte und nicht die zu ihrer Beschaffung bereitgestellten liquiden Mittel und auch nicht die An- und Vorauszahlungen für die Investitionsgüter sollen dauernd dem Geschäftsbetriebe dienen. Über die liquiden Mittel kann, solange sie nicht ausgegeben oder für andere Zwecke gesperrt sind, auch in anderer Weise verfügt werden als für die vorgesehenen Investitionszwecke. Auch Anzahlungen können zurückgefordert werden, wenn die Investition nicht zustandekommt. Wegen dieses nicht endgültigen Charakters der für Investitionen bereitgestellten Mittel und der Anzahlungen für Investitionen entspricht es der Bilanzklarheit, wenn sie in der Bilanz zwar unter dem Anlagevermögen, aber unter besonderen Bilanzgegenständen aufgeführt werden.

Außer diesen Bilanzgegenständen, die ausdrücklich in ihrer Bezeichnung einen Hinweis darauf enthalten, daß sie für Investitionen bestimmt sind, weisen auch andere Bilanzgegenstände darauf hin, ob genügend Mittel für Investitionen zur Verfügung stehen oder stehen werden. Dazu gehört bei Aktiengesellschaften der Posten „ausstehende Einlagen auf das Grundkapital; davon eingefordert:" nach § 151 Abs. 1 AktG 1965 Aktiva I. Ferner sind alle Posten des Umlaufvermögens, soweit die Bestände über den normalen Bedarf hinausgehen, als Quelle von Finanzierungsmitteln für Investitionen anzusehen. Denn die Überbestände an Warenvorräten können verkauft, die Überbestände an Einsatzmaterial können ohne gleichzeitigen Zukauf verbraucht und zu hohe Außenstände können eingetrieben oder verkauft werden, während zu hohe liquide Mittel unmittelbar für Investitionen verfügbar sind. Außer den liquiden Mitteln sind die Überbestände im Umlaufvermögen, die reduziert werden können, als zukünftig verfügbare (nach der Veräußerung und Umwandlung in liquide Mittel) Investitionsmittel zu betrachten. Für einen Nachweis von Investitionsmitteln in der Bilanz müßten also alle Posten des Umlaufvermögens in Normal- und Überbestände aufgeteilt werden. Dabei besteht die Schwierigkeit darin, festzustellen, welche Höhe eines jeden Bestandes als normal anzusehen ist. Die Ansicht hierüber dürfte im Zeitablauf erheblich schwanken, je nach Beurteilung der Konjunkturlage und der erwarteten Beschäftigung des Betriebes. Die Unterteilung würde deshalb recht willkürlich sein, sie hätte also wenig praktischen Nutzen. Hinzu kommt, daß Investitionen im Anlagevermögen sehr oft eine Kapazitätserweiterung bedeuten und insofern auch Rückwirkungen darauf haben, welche Bestände nach der Kapazitätserweiterung im Umlaufvermögen für erforderlich zu halten sind. Man sollte also wegen dieser Ungewißheiten auf die Einteilung in Normal- und Überbestände in der Bilanz verzichten und von Fall zu Fall überlegen, welche Höhe der Bestände im Umlaufvermögen normal sein soll, und danach prüfen, ob und wieviel Mittel aus dem Umlaufvermögen für Investitionen herangezogen werden könnten.

Die Reserven, die in der Nutzung oder Erschließung von Kreditquellen liegen mögen, sind in der Bilanz nicht darstellbar, da noch nicht aufgenommene Kredite nicht bilanzfähig sind. Sie könnten allenfalls als Bilanzzusatz außerhalb der Bilanzrechnung angegeben werden.

Für die Finanzierung von Investitionen kommen auch die nicht ausgezahlten Gewinne und die laufend und im Investitionszeitraum[81]

---

[81] Unter Investitionszeitraum wird die Zeit zwischen Beginn der Investition, z. B. Baubeginn, und Zahlung der letzten Rate verstanden.

verdienten Abschreibungen in Betracht[82]. Diese Größen sind in der Bilanz als Gewinnvortrag und als noch nicht abgeschriebene aber abschreibungsfähige Vermögenswerte zu finden. Der laufende Gewinn, der sich zwar angesammelt hat, aber noch nicht bilanzmäßig festgestellt ist, kann nur durch eine Sonderrechnung oder einen Zwischenabschluß ermittelt werden. Bis zu seiner Auszahlung steht er für Investitionen zur Verfügung. Will man aus der Höhe der Posten in der Bilanz, von denen noch Abschreibungen vorzunehmen sind, Schlüsse auf die in den Abschreibungen liegenden Finanzierungsmöglichkeiten für Investitionen ziehen, so muß man die Höhe der Abschreibungsraten und ihre zeitliche Verteilung kennen und berücksichtigen, welche Beträge für Kreditrückzahlungen, Instandhaltung und Ersatzbeschaffungen, worin man bei einem weiten Investitionsbegriff auch Investitionen erblicken mag, benötigt werden. Um auch die zukünftigen Abschreibungsraten in der Bilanz erkennbar werden zu lassen, müßten die abschreibungsfähigen Posten nach der Art der Abschreibung unterteilt werden. Wird nur die einfache Abschreibung mit gleichbleibenden Quoten ohne Zinsberechnung angewandt, so wäre der jeweilige Abschreibungsprozentsatz das Einteilungskriterium. Da es sehr zahlreiche Abschreibungsprozentsätze gibt, würde eine solche Einteilung zu einer Zersplitterung des Bilanzinhaltes führen, die ungünstig für die Bilanzklarheit und -übersichtlichkeit wäre. Werden auch andere Abschreibungsverfahren mit steigenden oder fallenden Abschreibungsquoten verwendet, wäre die für ihre bilanzmäßige Darstellung erforderliche Zersplitterung und deren unerwünschte Nebenwirkung noch größer. Da aber in der Anlagenbuchhaltung genaue Abschreibungspläne aufgestellt werden, müßte es möglich sein, bei den betreffenden Bilanzgegenständen die Abschreibungen der abgerechneten Periode z. B. in einer Vorspalte anzugeben, wie es z. Z. für das Anlagevermögen der Aktiengesellschaften (nach § 152 Abs. 1 AktG 1965) üblich ist, und etwa als Fußnote oder Bilanzvermerk hinzuzufügen, um wieviel Prozent die Abschreibungsbeträge in den nächsten Geschäftsjahren davon abweichen werden. Ein ähnliches Verfahren gilt schon für den Nachweis der zu erwartenden Pensionszahlungen durch Prozentsätze von den im abgerechneten Geschäftsjahr geleisteten Pensionszahlungen nach § 159 AktG 1965. Wie bei den Abschreibungen stehen auch bei den Rückstellungen, und hier insbesondere bei den Pensionsrückstellungen, die laufend im Erlös hereingekommenen Gegenwerte für die in den Rückstellungen enthaltenen Aufwendungen bis zur effektiven Ausgabenzahlung (Fälligwerden der zugesagten Pensionen) für die Finanzierung von Investitionen zur Verfügung. Daher muß man für die finanzwirtschaftliche Betrachtung der Pensionsrückstel-

---

[82] Vgl. E. Heinen, Handelsbilanzen, 4. Auflage, Wiesbaden 1968, S. 130 ff.

lungen die zu erwartenden Pensionszahlungen wenigstens für die folgenden Jahre kennen.

Die Finanzierungsmöglichkeiten durch zusätzliche Einzahlung von Eigenkapital sind außer der bereits erwähnten Einforderung von ausstehenden Einlagen nicht in der Bilanz erkennbar. Auch das genehmigte Kapital erscheint in der Bilanzrechnung erst nach Ausgabe der entsprechenden Aktien und Eintragung ins Handelsregister. Vorher kann es außerhalb der Bilanzrechnung beim Grundkapital vermerkt werden und muß im Geschäftsbericht nach § 160 Abs. 3 Ziff. 5 AktG 1965 angegeben werden.

Finanzierungsmöglichkeiten durch Mieten von Anlagegegenständen können ebenfalls nicht in der Bilanz sichtbar werden.

Es ist also festzustellen, daß die unmittelbaren Finanzierungsmöglichkeiten durch Verwendung von zweckgebundenen Beständen an liquiden Mitteln und anderen Aktiva in der Bilanz dargestellt werden, während die Finanzierungsmöglichkeiten, die sich aus der zukünftigen Verfügbarkeit von liquiden Mitteln ergeben, nur zum Teil aus der Bilanz zu erkennen sind, wenn dementsprechende Untergliederungen oder Zusätze gemacht werden.

Meist liegen die Vermögensgegenstände, die in der Bilanz erscheinen, räumlich in einer Betriebsstätte zusammen. Sind aber Filialen und Zweigbetriebe räumlich weit verstreut und insbesondere in fremden Ländern mit eigenen wirtschaftlichen und politischen Gegebenheiten und Risiken etabliert, so kann es unter dem Aspekt der Bilanzklarheit nötig sein, z. B. Vermögensgegenstände, die sich im Ausland befinden, gesondert zu bilanzieren und die hierfür gebildeten Bilanzgegenstände nach anderen Gesichtspunkten zu bewerten, als es bei im Inland befindlichen Vermögensgegenständen üblich wäre. Dies kann für alle Arten von Anlagevermögen gelten und für Forderungen gegenüber ausländischen Schuldnern. Da die internationale wirtschaftliche Verflechtung immer mehr zunimmt und bereits sehr viele Betriebe in mehreren Ländern aktiv sind, wäre es angemessen, wenn dieser Entwicklung auch durch die Gestaltung der Bilanzen Rechnung getragen würde.

Ein anderes Partialziel der Bilanz kann die Darstellung der auf verschiedene Verantwortungsbereiche entfallenden Vermögens- und ggf. auch Schuldteile in der Bilanz sein. Die Einteilung nach dem Gesichtspunkt des Verantwortungsbereichs[83] findet man bisher nur in der Kostenrechnung bei der Bildung von Kostenstellen und Kostenbereichen. Allerdings erwähnen Fitzgerald und Schumer „administrative responsibility" bereits als Einteilungskriterium auch für „assets", „liabilities" und „proprietorship", ohne dabei zu sagen, ob die entsprechende Ein-

---

[83] Vgl. E. Kosiol, Kostenrechnung, Wiesbaden 1964, S. 181.

teilung nur in der Buchhaltung (Kontenplan) oder auch in der Bilanz vorgenommen werden soll[84].

Je nach der Organisation des Betriebes kämen bei der Bildung von Verantwortungsbereichen als Einteilungsgrund funktionale, geographisch räumliche oder produktbezogene Aspekte in Frage. Existieren in einem Betriebe also beispielsweise die Ressorts „Beschaffung und Einsatzmateriallagerung", „Fertigung", „Forschung und Entwicklung", „Vertrieb und Fertigwarenlagerung" sowie „allgemeine Verwaltung einschließlich Rechnungswesen", so wären die Bilanzgegenstände dementsprechend aufzuteilen oder den jeweiligen Bereichen zuzuordnen. Bei dem Bilanzvermögen mag das gelingen, aber bei den Passiva dürfte es Schwierigkeiten geben, da nur einige Posten klar einem bestimmten Bereich zugeordnet werden können. So gehören die Verbindlichkeiten aus Warenlieferungen und Leistungen zum Beschaffungsbereich und die Rückstellungen für Garantieverpflichtungen zum Vertriebsbereich, wenn man die Garantieübernahme als ein absatzpolitisches Instrument versteht. Sie würden aber zum Fertigungsbereich zu zählen sein, wenn man davon ausgeht, daß die Garantieverpflichtung sich auf eventuelle Produktionsfehler bezieht. Die übrigen Passiva decken die Aktiva pauschal, ohne daß einzelne Passivposten bestimmten Aktivposten zuzuordnen wären. Da die artenmäßige Zusammensetzung der Passiva von der allgemeinen Verwaltung und darin der Finanzabteilung bestimmt wird, könnte man vielleicht diese Posten alle dem Ressort „allgemeine Verwaltung einschließlich Rechnungswesen" zuordnen.

Der geographisch räumliche Aspekt wurde oben bereits behandelt[85]. Der produktbezogene Aspekt bedeutet eine Einteilung des Bilanzinhaltes nach Produkten oder Produktgruppen. Eine solche Unterteilung ist bei Einproduktbetrieben und bei Kuppelproduktion nicht möglich. Sind die Verantwortungsbereiche in einem Betriebe nach Produkten eingeteilt, so mag ebenso wie bei der Einteilung nach funktionalen Gesichtspunkten das Bedürfnis bestehen, den Bilanzinhalt den einzelnen Verantwortungsbereichen irgendwie zuzuordnen. So lassen sich die Endproduktvorräte und die Forderungen aus Warenlieferungen und Leistungen wohl immer nach Produktarten oder Produktgruppen aufgliedern, während schon bei unfertigen Erzeugnissen und erst recht bei den Vorräten an Roh-, Hilfs, und Betriebsstoffen die Zuordnung schwierig sein kann, wenn nicht feststeht, in welche Art von Fertigprodukten diese Gegenstände einmal eingehen werden. Die Zuordnung dürfte unproblematisch sein, wenn die einzelnen Produkte in

---

[84] Vgl. A. A. Fitzgerald and L. A. Schumer, Classification in Accounting, 2nd Edition, Sydney — Melbourne — Brisbane 1962, S. 81, S. 83 f., S. 108 f., S. 123.

[85] Vgl. S. 152 dieser Arbeit.

verschiedenen, streng voneinander getrennten Abteilungen oder Werken gelagert und hergestellt werden. Ähnlich ist die Situation hinsichtlich der Produktionsanlagen und der Grundstücke. Auch hier kann man nicht generell sagen, ob die Zuordnung nach Produkten möglich ist oder nicht. Bei den Passiva ist eine Zuordnung zu Produkten nur in Ausnahmefällen möglich, etwa bei Rückstellungen für Garantieverpflichtungen und bei den Verbindlichkeiten aus Warenlieferungen und Leistungen, wenn die Verwendung der beschafften Gegenstände und Leistungen für bestimmte Endprodukte feststeht. Es hängt also von der individuellen Situation in jedem Betriebe ab, ob und wieweit eine Einteilung des Bilanzinhaltes nach Produktarten möglich ist.

3. Rechnungsziele ohne Einfluß auf die Bilanzgliederung

Geht man davon aus, daß jede Bilanz irgendeine Gliederung aufweist, die an einem oder mehreren Bilanzzwecken orientiert ist, so kann jede Bilanz auch Rechnungszwecke erfüllen, die mit jeder beliebigen Gliederung der Bilanz erreichbar sind. Dazu zählt z. B. die Ermittlung der Bilanzsumme als Maßstab für die Betriebsgröße. Für die Bilanzsumme ist es unerheblich, wie die Aktiva und Passiva aufgegliedert sind. Wichtig ist nur, daß bei Vergleichen verschiedener Bilanzsummen die Bilanzaufblähung durch indirekte Abschreibungen und Wertberichtigungs- und Korrekturposten zu Posten der Gegenseite erkennbar ist und ggf. zu Vergleichszwecken die reinen Korrekturposten von der Bilanzsumme abgezogen werden können.

Außerdem sind Rechnungsziele der Bilanz, die sich nur auf die Bewertung beziehen, mit jeder beliebigen Bilanzgliederung zu verfolgen. So ist es für die Bilanzgliederung gleichgültig, ob zu Anschaffungswerten, zu Tagesbeschaffungs-, zu Tagesveräußerungswerten oder zu Festwerten bilanziert werden soll, es sei denn, der Erfolgsunterschied zwischen der einen und einer anderen Bewertungsart soll gesondert ausgewiesen werden, wie etwa der sogenannte Scheinerfolg, der sich aus dem Unterschied zwischen einer Bilanzbewertung zu Anschaffungs- und zu Tagesbeschaffungswerten ergeben kann.

Die übrigen Rechnungsziele der Bilanz sind nicht mit jeder beliebigen Bilanzgliederung zu erreichen, sondern erfordern eine adäquate Bilanzgliederung. Dabei ist es möglich, daß verschiedenen Rechnungszielen die gleiche Bilanzgliederung dienen kann, die dann unter verschiedenen Gesichtspunkten ausgewertet werden muß, wenn nicht die einzelnen Rechnungsziele verschiedenartige Bilanzbewertungen bei gleicher Gliederung der Bilanzgegenstände erforderlich machen und daher nicht in einer einzigen Bilanz gemeinsam verfolgt werden können.

G. Beispiele für mögliche Bilanzgliederungen

I. Gliederungsbeispiele mit Berücksichtigung eines einzigen Rechnungszweckes

Als ein *Totalziel* der Bilanzrechnung wurde die *Ermittlung und Darstellung des Periodenerfolges* bezeichnet. Ohne Berücksichtigung eventueller weiterer Rechnungsziele kann der Periodenerfolg mit folgender einfacher Bilanzgliederung ermittelt und dargestellt werden:

Aktiva	*Passiva*
I. Einnahmenbestände	I. Ausgabenbestände
II. Ausgabengegenwerte	II. Einnahmengegenwerte
III. Periodenverlust	III. Periodengewinn

Diese Gliederung gibt nur einen Hinweis auf den rechnungstheoretischen Charakter der Komponenten, aus denen sich der Periodenerfolg als Gewinn oder Verlust ergibt auf der Grundlage der dynamisch-pagatorischen Bilanzauffassung[1]. Man kann aus einer solchen Bilanzgliederung erkennen, daß der Bilanzerfolg die Differenz zwischen Einnahmen- und Ausgabenbeständen ist, die jeweils durch Ausgaben- oder Einnahmengegenwerte als Korrekturposten erhöht werden. Für eine sachliche Interpretation des Bilanzerfolges ist es notwendig zu wissen, was unter den vier Komponenten des Periodenerfolges jeweils verstanden wird. Es müßte also zu jedem dieser rechnungstheoretischen Bilanzgegenstände eine genaue Definition geliefert werden, die erkennen läßt, was jeweils unter diese Bilanzgegenstände fallen soll.

Eine solche Definition ist nicht unbedingt nötig, wenn in der Bilanz die Einnahmen- und Ausgabenbestände und die Einnahmen- und Ausgabengegenwerte soweit aufgegliedert sind, daß ein gewisser Überblick darüber gewährleistet wird, was im einzelnen zu den genannten Bilanzgegenständen gehören soll. Dadurch wird nicht nur eine rein begriffliche Aufschlüsselung der Bilanzgegenstände erreicht, sondern auch eine wertmäßige Analyse der bilanziellen Erfolgskomponenten ermöglicht, da auch die zu den Bilanzgegenständen gehörenden Bilanzposten aufgegliedert werden.

---

[1] Vgl. E. Kosiol, Buchhaltung und Bilanz, 2. Auflage, Berlin 1967, S. 33.

In diesem Sinne kann der Bilanzgegenstand *„Einnahmenbestände"* in ursprüngliche (Geld) und abgeleitete (Ansprüche auf Geld) Nominalgüter[2] gegliedert werden. Dadurch wird bereits klar, daß der dem Begriff „Einnahmenbestände" zugrundeliegende Zahlungsbegriff sehr weit gefaßt ist und auch die Ansprüche auf zukünftige Zahlungen als Voreinnahmen enthält. Der Bilanzgegenstand „Geld" kann in Bargeld und Buchgeld aufgeteilt werden, wodurch deutlich wird, daß auch der Begriff „Geld" weit gefaßt ist und nicht nur Münzen und Scheine in der Kasse enthält. Noch weiter ist der Umfang des Begriffs der „flüssigen Mittel", der auch die hier zu den Forderungen (abgeleitete Nominalgüter) gerechneten Bestände an Schecks, Wechseln und anderen Wertpapieren des Umlaufvermögens mit Ausnahme der eigenen Aktien und der Anteile an einer herrschenden oder mit Mehrheit beteiligten Gesellschaft enthält[3]. Auch unter Liquiditätsgesichtspunkten dürfte eine solche Begriffsbildung nicht richtig sein, da Wechsel und Schecks nur zahlungshalber, nicht aber anstatt einer Zahlung verwendet werden (§ 364 BGB) und Wertpapiere zwar schnell verkauft oder lombardiert werden können, aber ebenfalls nicht als Zahlungsmittel dienen.

Die abgeleiteten Nominalgüter können in verbriefte und nicht verbriefte Forderungen, in fällige und noch nicht fällige Forderungen, die noch nicht fälligen Forderungen nach Restlaufzeiten vom Bilanzstichtag bis zum Fälligkeitstermin oder nach Gesamtlaufzeiten in lang- und kurzfristige Forderungen, in gesicherte und ungesicherte, verzinsliche und nicht verzinsliche, in vollwertige Forderungen, solche mit zweifelhaftem Zahlungseingang und ganz oder teilweise uneinbringliche Forderungen, in Forderungen aus Lieferungen und Leistungen und sonstige Forderungen oder in andere Gruppen eingeteilt werden. Schon die hier erwähnten Einteilungen lassen die Weite des Bereiches der Nominalgüter erkennen. Zu den sonstigen Forderungen neben den Forderungen aus Lieferungen und Leistungen gehören solche aus Darlehnsverträgen und aus Beteiligungen. Bei den Beteiligungen findet der als Voreinnahme antizipierte Geldeingang entweder bei Verkauf der Beteiligung oder bei der Liquidation der durch die Beteiligung finanzierten Gesellschaft meist zu einem unbestimmten in der Ferne liegenden Zeitpunkt statt. Da die Beteiligung einen Anteil am Gesamtkapital der Beteiligungsgesellschaft, das in Nominal- und Realgütern angelegt sein kann, verkörpert, könnte man im Zweifel darüber sein, ob die Beteiligung einen Anspruch auf Real- oder auf Nominalgüter bedeutet. Im Falle der Bilanzkonsolidierung für eine Konzernbilanz wird dieser Um-

---

[2] Vgl. E. Kosiol, Kostenrechnung, Wiesbaden 1964, S. 21, E. Kosiol, Buchhaltung und Bilanz, 2. Auflage, Berlin 1967, S. 87.
[3] Vgl. Hans W. Peupelmann, Bilanzausweis und Bilanzierungsprobleme 1966/67, insbesondere nach dem AktG 1965, in: Der Betrieb, Jg. 20, H. 18, vom 5. 5. 1967, S. 739.

stand besonders deutlich, da bei der Obergesellschaft anstelle der Beteiligung in der unkonsolidierten Bilanz die einzelnen Aktiv- und Passivposten außer dem Eigenkapital aus der Bilanz der Beteiligungsgesellschaft in die konsolidierte Bilanz eingehen. Bei einer Fusion mit der Beteiligungsgesellschaft gehen die hinter der Beteiligung stehenden Wirtschaftsgüter und Schulden der Beteiligungsgesellschaft tatsächlich auf den übernehmenden Betrieb über. Der Anspruch auf Übertragung der Real- und Nominalgüter basiert dann aber nicht unmittelbar auf der Beteiligung sondern auf dem Fusionsvertrag. Aus der Beteiligung als solcher läßt sich nur ein Anspruch auf den Liquidationserlösanteil, der der Beteiligungsquote entspricht, bei der Auflösung der Beteiligungsgesellschaft ableiten. Daher werden Beteiligungen zu den abgeleiteten Nominalgütern gerechnet und rechnungstheoretisch als Voreinnahmen aufgefaßt.

Unter dem Aspekt der Periodenerfolgsermittlung ist die Unterscheidung zwischen Einnahmenbeständen in Form von ursprünglichen Nominalgütern und solchen in Form von abgeleiteten Nominalgütern wichtig, da nur die Einnahmenbestände in Form von Bargeld und Guthaben endgültig realisierte Erfolge verkörpern, während alle zukünftigen Einnahmen mit einem mehr oder weniger großen Risiko hinsichtlich des pünktlichen Zahlungseinganges in der erwarteten Höhe belastet sind. Der durch den Umsatzakt bei Zielverkäufen realisierte Erfolg kann also unter Umständen wieder verloren gehen. Die Voreinnahmenbestände können sich nämlich noch auf spätere Periodenerfolge durch Abweichung der Ausgleichszahlungen von den bilanzierten Voreinnahmen auswirken (Tilgungsabweichungen)[4]. Insofern ist der Erfolg durch den Umsatzakt (Lieferung oder Leistung — Forderungsentstehung), wenn er zu Voreinnahmen geführt hat, nur vorläufig realisiert. Die Höhe des Gewinnanteils in dem Posten für Forderungen aus Lieferungen und Leistungen bedeutet unter diesem Gesichtspunkt also einen Hinweis darauf, wieviel von dem Bilanzerfolg vielleicht nur vorläufig und nicht endgültig realisiert ist. Eine Trennung dieser Forderungen von den Forderungen aus Darlehensgeschäften und Beteiligungen ist also unter dem Aspekt der Erfolgsermittlung notwendig, da ja die reinen Kreditforderungen keine Erfolgsbestandteile enthalten. Zinsforderungen werden dagegen zu den Forderungen aus Leistungen gezählt. Die Ausgaben für die Darlehensauszahlung oder den Erwerb einer Beteiligung werden nämlich erfolgsunwirksam durch die Aktivierung einer Voreinnahme in gleicher Höhe gebucht. Durch Unterteilung in unverzinsliche, zu festen Zinssätzen (ggf. weitere Unterteilung nach der Höhe der Zins-

---

[4] Vgl. E. Kosiol, Buchhaltung und Bilanz, 2. Auflage, Berlin 1967, S. 25; W. Vollrodt, Die pagatorischen Erfolgskomponenten im Blickwinkel der Gewinnmaximierung, in: Organisation und Rechnungswesen, Festschrift für E. Kosiol zum 65. Geburtstag, Hrsg. E. Grochla, Berlin 1964, S. 394.

sätze) verzinsliche Darlehensforderungen und Dividendenwerte mit wechselnden Erträgen kann die mittelbare Wirksamkeit auf spätere Periodenerfolge bei den reinen Kreditforderungen in der Bilanz dargestellt werden.

Unter dem Aspekt der *Periodenerfolgsermittlung und -darstellung* als Rechnungsziel der Bilanz ergeben sich also für den Block der *Einnahmenbestände* folgende Bilanzgegenstände:

A. Ursprüngliche Nominalgüter
   (enthalten endgültig realisierte Erträge)
   1. Bargeld
   2. Buchgeld (Guthaben)
B. Abgeleitete Nominalgüter
   (enthalten z. T. nicht endgültig realisierte Erträge)
   1. Forderungen aus Lieferungen und Leistungen
      (noch nicht endgültig realisierte Erlöse)
   2. Forderungen aus Darlehensgeschäften und Beteiligungen
      (enthalten keine Erfolgsbestandteile)
      a) Ohne Verzinsung
      b) Mit fester Verzinsung
      c) Mit variablen Erträgen
         (Dividendenwerte, partiarische Darlehen)

Die Unterscheidung von Bar- und Buchgeld ist unter erfolgsrechnerischen Gesichtspunkten nur deshalb nötig, weil Bargeld einen höheren Realisationsgrad als Buchgeld besitzt, da Konten gesperrt und Bankschalter geschlossen werden könnten. Da aber der Einzahlende oder Überweisende meist keine Möglichkeit hat, einen auf dem Konto des Empfängers bereits gutgeschriebenen Betrag zu sperren oder zurückzuerlangen, ohne das Einverständnis des Konteninhabers zu haben, dürfte die Trennung von Bar- und Buchgeld in der Bilanz unter erfolgsrechnerischen Gesichtspunkten nicht sehr wichtig sein. Auch sonst ist es üblich, das Buchgeld, obgleich es streng genommen Anspruch auf Bargeld ist, mit zu den ursprünglichen Nominalgütern zu rechnen[5].

Die *Ausgabengegenwerte* enthalten die zurückverrechneten Ausgaben (Bar- oder Vorausgaben), denen kein Aufwand in der abgerechneten Periode entspricht. Der Aufwand soll vielmehr auf diejenigen zukünftigen Abrechnungsperioden durch Nachausgaben verteilt werden, denen er zuzuweisen ist[6]. Der Ausgabengegenwertebestand ist also die Differenz zwischen zurückverrechneten Ausgaben (Rückeinnahmen) und bereits verrechneten Nachausgaben. Ob bestimmte Ausgaben zurück-

---

[5] Vgl. E. Kosiol, Einführung in die Betriebswirtschaftslehre, Wiesbaden 1968, S. 136.
[6] Vgl. E. Kosiol, Buchhaltung und Bilanz, 2. Auflage, Berlin 1967, S. 28.

verrechnet werden und so für die abgerechnete Periode erfolgsrechnerisch neutralisiert werden, hängt davon ab, ob dem Betriebe für diese Ausgaben aktivierungsfähige Gegenwerte zugekommen sind, die in der abgerechneten Periode noch nicht zu Aufwand geworden sind. Der Aufwand tritt entweder überhaupt nicht ein (bei Grund und Boden), er verteilt sich auf einen langen oder einen kurzen Zeitraum der Nutzung (Gebäude, Maschinen) oder er tritt zu einem in der Zukunft liegenden Zeitpunkt auf (Verbrauch von Rohstoff). Es hängt vom vorgesehenen Verwendungszweck und von der Eigenart der als Ausgabengegenwerte bilanzierten Güter ab, ob und in welcher Weise sie in die Erfolgsrechnung eingehen werden. Daher ist im Hinblick auf die Auswirkung der Ausgabengegenwerte auf die Erfolgsrechnung späterer Perioden folgende Einteilung nötig:

1. dauernd erfolgsneutrale Bestände (Grund und Boden),
2. vorübergehend erfolgsneutrale Bestände zum unmittelbaren Verbrauch (Vorräte an Einsatzmaterial sowie an unfertigen und fertigen Erzeugnissen) und
3. allmählich erfolgswirksam werdende Bestände zum mittelbaren Verbrauch (alle abschreibungsbedürftigen Realgüter).

Da es Aufgabe der Rückverrechnung ist, Barausgaben und Vorausgaben durch Buchung von Rückeinnahmen in gleicher Höhe erfolgsmäßig zu neutralisieren, wenn die Ausgaben in der abgerechneten Periode noch nicht zu Aufwand werden sollen, müssen auch Rückeinnahmen für abgeleitete Realgüter, d. h. für aufgrund von Ausgaben erworbene Ansprüche auf Realgüter (Realforderungen)[7] gebucht werden. Unter diesen Ansprüchen können sich auch Ansprüche auf nicht bestandsfähige Realgüter wie Arbeitsleistungen, Raumnutzung, Kapitalnutzung und Versicherungsleistungen befinden. Sie werden bei der Realisierung der Realforderung (z. B. Ableistung der Arbeit) sofort aufwandswirksam, während Beträge für Realforderungen auf bestandsfähige Realgüter (z. B. Ansprüche auf Materiallieferung aufgrund von Anzahlungen oder Vorauszahlungen an den Lieferanten) auch bei ihrer Realisierung (Wareneingang) noch nicht sofort aufwandswirksam zu werden brauchen, sondern erst, wenn die Güter in die Produktion eingehen. Man kann also sämtliche Ausgabengegenwerte für abgeleitete Realgüter als vorübergehend erfolgsneutrale Bestände ansehen, die bei der Realisierung entweder dem Sofortverbrauch unterliegen oder weiter vorläufig erfolgsneutral bis zu ihrem unmittelbaren oder mittelbaren Verbrauch bleiben.

---

[7] Vgl. ebenda, S. 87 und 89.

Die Ausgabengegenwerte, die nicht dauernd erfolgsneutrale Bestände sind, werden durch Verbrauch zu Aufwand. Dabei sind als die wichtigsten Verbrauchsarten

1. der kurzfristige oder unmittelbare Verbrauch (Sofortverbrauch) und
2. der langfristige oder mittelbare Verbrauch (Dauerverbrauch oder Gebrauch)

zu unterscheiden[8]. Dem Sofortverbrauch unterliegen:

a) die Arbeits- und Dienstleistungen als nicht bestandsfähige immaterielle Realgüter,
b) die Einsatzmaterialien und
c) die Vorräte an unfertigen und fertigen Erzeugnissen.

(Fertige Erzeugnisse können aus der Sicht des erzeugenden Betriebes durch Eigenverbrauch oder durch Verkauf verbraucht werden.) Beim Sofortverbrauch gehen „ . . . die Güter mit einer bestimmten Menge in einem einzigen Verbrauchsakt in den Produktionsprozeß . . ."[9] ein, sie müssen also der Menge nach teilbar sein. Mengenmäßig nicht teilbare Güter dienen als Ganzes längere Zeit dem Produktionszweck. Ihre Leistungsabgaben sind nicht direkt meßbar, sondern werden indirekt durch anhand der erwarteten Nutzungsdauer berechnete Abschreibungen buchhalterisch erfaßt. Entsprechend dem Abschreibungsmodus werden die Rückeinnahmenbestände für solche Güter nach und nach durch die Abschreibungen (Nachausgaben) gekürzt. Der Aufwand tritt also nicht zu einem einzigen bestimmten Zeitpunkt ein, sondern wird auf mehrere Perioden verteilt.

Bei den dem Sofortverbrauch unterliegenden Ausgabengegenwerten kann man hinsichtlich der *Erlösnähe*, die sie in den Phasen des Produktionsprozesses bereits erreicht haben, folgende Einteilung vornehmen:

1. noch nicht in Produktion befindliche Bestände
   a) als abgeleitete Realgüter (bis zum Wareneingang oder zur Erbringung der Arbeits- oder Dienstleistung) oder
   b) als ursprüngliche Realgüter (soweit sie bestandsfähig sind, als Vorräte an Einsatzmaterial),
2. in Produktion befindliche Bestände (unfertige Erzeugnisse zum Ausgabenwert der aufgelaufenen Aufwendungen für ihre Erzeugung einschließlich des Verbrauchs an nicht bestandsfähigen Gütern) und
3. nicht mehr in Produktion befindliche Bestände (Fertigerzeugnisse).

Sind die unfertigen und die fertigen Erzeugnisse nicht bestandsfähig (z. B. Elektrizität, Verkehrsleistungen und andere Dienste), so können sie auch nicht als Ausgabengegenwerte in der Bilanz erscheinen. Bei

---

[8] Vgl. E. Kosiol, Kostenrechnung, Wiesbaden 1964, S. 24.
[9] Ebenda, S. 24.

den Fertigerzeugnissen ist die Erlösnähe am größten, da sie bereits ein verkaufsfertiges Stadium erreicht haben. Beim Verkauf gegen Bargeld werden sie als Umsatzaufwand (Nachausgaben) einerseits und als Erlös andererseits endgültig erfolgswirksam. Beim Verkauf auf Ziel tritt bis zur vollen Bezahlung nur eine vorläufige Erfolgswirksamkeit ein. Bei den unfertigen Erzeugnissen und erst recht bei den noch nicht in Produktion genommenen Beständen liegt die endgültige Erfolgswirkung grundsätzlich je nach Produktionsgeschwindigkeit des Betriebes noch in entsprechend weiterer Ferne. Denn wenn die noch nicht in Produktion befindlichen Bestände verbraucht werden, liegt nur ein vorläufiger Verbrauch und daher auch nur ein vorläufiger Aufwand vor, da dieser Aufwand durch die Aktivierung der unfertigen und in einer späteren Phase auch der fertigen Erzeugnisse wieder erfolgsrechnerisch neutralisiert wird. Eine Erfolgswirksamkeit tritt nur ein, wenn die Güter verkauft werden oder etwa zu Ausschuß oder unverkaufbaren Ladenhütern geworden sind und dadurch die Qualität eines Wirtschaftsgutes innerhalb der abgerechneten Periode verloren haben. Die Unterteilung der dem Sofortverbrauch unterliegenden Ausgabengegenwerte zeigt nicht nur, welche Gegenstände zu diesem Bereich gehören, sondern auch die zeitlich verschiedene endgültige Erfolgswirksamkeit der einzelnen Arten von Ausgabengegenwerten.

Zu den Ausgabengegenwerten zählen auch Abgrenzungsposten für vorausbezahlte Miete, Zinsen, Versicherungsprämien und andere in späteren Abrechnungsperioden zu Aufwand werdende Ausgaben. Es handelt sich dabei um Realforderungen auf immaterielle Güter, wie z. B. Gewährung von Raumnutzung, Kapitalnutzung (Vorrätigkeitsverzehr im Zeitablauf)[10] und Gewährung von Versicherungsschutz. Da diese immateriellen Güter nicht bestandsfähig sind, können nur die Ansprüche darauf als Realforderungen, nicht aber die ursprünglichen Güter bilanziert werden. Aufwand entsteht daher in dem Moment, in dem diese Güter für den Betrieb verfügbar werden. Die Erfolgsneutralisierung durch Rückeinnahmen kann sich also nur auf den Zeitraum zwischen der Entstehung und der Einlösung solcher Realforderungen erstrecken. Dabei ist zu beachten, daß sich die Einlösung auch in mehreren Raten vollziehen kann, z. B. bei für mehrere Perioden vorausbezahlten Versicherungsprämien.

Da die in den Abgrenzungsposten bilanzierten Realforderungen bei ihrer Auflösung buchhalterisch sofort zu Aufwand werden, kann man sie zu den Ausgabengegenwerten rechnen, die dem Sofortverbrauch unterliegen, auch wenn der Verbrauch tatsächlich kontinuierlich im Zeitablauf wie bei der Raumnutzung stattfindet.

---

[10] Vgl. E. Kosiol, Kostenrechnung, Wiesbaden 1964, S. 26.

Ist die in einer Periode tatsächlich verbrauchte Menge eines als Ausgabengegenwert bilanzierten Gutes nicht genau bestimmbar, sondern nur indirekt durch Verteilung der Anschaffungsausgaben auf die geschätzte Nutzungsdauer durch Abschreibungen zu erfassen, liegt Dauerverbrauch vor. Meist erstreckt er sich auf mehrere Jahre. Dementsprechend bleiben Teile der Rückeinnahmen oft für lange Zeit in der Bilanz stehen, bis sie durch Nachausgaben endgültig aufwandswirksam werden. Für die verschiedenen Arten von Realgütern, die von einem Betriebe angeschafft werden und zum dauernden Gebrauch bestimmt sind, gelten entsprechend ihrer unterschiedlichen Nutzungsdauer und ggf. Nutzungsintensität jeweils besondere Abschreibungspläne, die festlegen, in wie vielen und wie großen Abschreibungsraten die Anschaffungsausgaben auf die späteren Perioden zu verteilen sind. Demnach ist also immer ein bestimmter Teil der Ausgabengegenwerte bereits in der folgenden Periode aufwandswirksam, während weitere im Abschreibungsplan genau bestimmte Teile in den später folgenden Perioden aufwandswirksam werden. Abweichungen können entstehen, wenn die Nutzungsdauer eines Realgutes kürzer ist als für die Berechnung der Abschreibungsraten angenommen wurde, und der jeweilige Restwert bei endgültigem Ausfall oder Verlust des Realgutes plötzlich aufwandswirksam wird. Diese Abweichungen sind nicht vorhersehbar.

Für die *Interpretation* des bilanzmäßigen Periodenerfolges wäre es wichtig, aus der Bilanz erkennen zu können, für wie lange voraussichtlich die in den Ausgabengegenwerten, die dem Dauerverbrauch unterliegen, rückverrechneten Beträge vorläufig erfolgsunwirksam bleiben werden. Wenigstens für die unmittelbar folgenden Perioden ist aufgrund der Abschreibungspläne der Abschreibungsaufwand bekannt. Man sollte daher bei den dem Dauerverbrauch unterliegenden Ausgabengegenwerten eine Unterteilung etwa in der Weise vornehmen, daß die im nächsten und im übernächsten Jahre voraussichtlich erfolgswirksam werdenden Beträge und die in späteren Zeiträumen erfolgswirksam werdenden Beträge gesondert aufgeführt werden. Die übliche Einteilung der Ausgabengegenwerte nach Anlageformen (Gebäude, Maschinen, Fuhrpark usw.) läßt nur sehr ungenaue Vermutungen über die voraussichtliche Dauer der Erfolgsunwirksamkeit zu. Unter dem Aspekt einer nur auf das Rechnungsziel der Erfolgsermittlung ausgerichteten Bilanzgliederung wäre eine Einteilung nach der Dauer der durch die Rückverrechnung bedingten zeitweisen Erfolgsunwirksamkeit der Ausgabengegenwerte, soweit sie dem Dauerverbrauch unterliegen, nützlicher als die übliche Einteilung dieses Komplexes. Allerdings wird aus der Bilanzgliederung dann nicht erkennbar, welchen Sachinhalt die unter den dem Dauerverbrauch unterliegenden Ausgabengegenwerten aufgeführten Bilanzposten (1. Ausgabengegenwerte, die im folgenden

Jahre zu Aufwand werden, 2. solche, die im übernächsten Jahre zu Aufwand werden, 3. später zu Aufwand werdende Ausgabengegenwerte) eigentlich haben. Denn in jedem dieser Posten wären zukünftige Abschreibungen auf die verschiedensten Anlagegüter zusammengefaßt. Für eine allein dem Totalzweck der Periodenerfolgesermittlung dienende Bilanz wäre das kein Nachteil. Die übliche Einteilung nach Anlageformen hat dagegen den Vorteil, daß der Sachinhalt der Bilanzgegenstände bezeichnet wird und man daraus wenigstens ungefähr ableiten kann, welche Posten einem längerfristigen und welche einem kürzerfristigen Dauerverbrauch unterliegen. Für die verschiedenen Anlagegegenstände gelten nämlich allgemeiner Erfahrung hinsichtlich der betriebsgewöhnlichen Nutzungsdauer entsprechend bestimmte Abschreibungssätze (bei linearer gleichbleibender Abschreibung für Fabrikgebäude je nach Ausführung 2—5 %, für Wohngebäude 1,5 %, für den größten Teil der Maschinen und der Geschäftsausstattung 10 %, für Werkzeuge 20 %), die zwar von der betriebsindividuellen Abschreibung abweichen können, aber Schätzungen des etwa in den beiden nächstfolgenden Jahren anfallenden Abschreibungsaufwandes ermöglichen. Daher ist eine Einteilung nach Anlageformen auch für die Erfüllung des Bilanzzweckes der Erfolgsermittlung als Totalzweck verwendbar, wenn die Bilanzgegenstände so gebildet und abgegrenzt werden, daß ungefähr immer solche Bilanzobjekte zusammengefaßt werden, die jeweils den gleichen Abschreibungssätzen unterliegen. Dabei muß auch der Bruttowert, von dem die Abschreibungen berechnet werden, angegeben werden, damit erkennbar ist, wieviel von den ursprünglich durch Rückverrechnung erfolgsunwirksam gemachten Beträgen bereits wieder durch Nachausgaben aufwandswirksam geworden sind, und wie hoch die in den nächsten Jahren zu verrechnenden Abschreibungen aufgrund des augenblicklichen Standes des Anlagevermögens sein werden.

Die *Ausgabenbestände* ergeben sich rechnerisch aus der Differenz zwischen Vorausgaben (Schuldentstehungen) und Tilgungseinnahmen (Schuldtilgungen). Für die Erfolgsermittlung und -darstellung muß man

1. aufwandswirksame Vorausgaben,
2. Vorratsvorausgaben und
3. wechselbezügliche Vorausgaben

unterscheiden[11]. Dabei handelt es sich bei den aufwandswirksamen Vorausgaben um bis zum Bilanzstichtag bereits angefallenen Aufwand der abgerechneten oder einer davorliegenden Periode, für den in Zukunft Zahlungen zu leisten sind. Praktische Beispiele hierfür sind: noch nicht gezahlte Mieten, Pachtzinsen, Zinsen, Steuern, Löhne, Gehälter, Vertreterprovisionen, Lizenzgebühren, Pensionen, Strom-, Gas- und

---

[11] Vgl. E. Kosiol, Buchhaltung und Bilanz, 2. Auflage, Berlin 1967, S. 32.

Wasserverbrauchsgebühren, Beträge für Reparaturaufwand, Bankgebühren und Entschädigungen aufgrund gesetzlicher und vertraglicher Haftpflicht und Gewährleistung, deren realgüterlicher Aufwand vor dem Bilanzstichtag liegt und deren Bezahlung später erfolgt. Für die Bilanzierung überhaupt ist es unerheblich, ob der Zahlbetrag bereits endgültig feststeht oder ob seine Höhe nur geschätzt werden kann. Da bei einer Schätzung immer mit Abweichungen von der tatsächlichen Zahlung zu rechnen ist und diese Abweichungen auch erfolgswirksam werden, ist unter erfolgsrechnerischem Aspekt eine Einteilung in genau bekannte und nur geschätzte Schulden (Rückstellungen) nötig. Eine weitere Einteilung in regelmäßig auftretende und einmalige aufwandswirksame Vorausgaben würde die Interpretationsmöglichkeiten einer der Erfolgsrechnung als Totalzweck dienenden Bilanz verbessern.

Die Vorratsvorausgaben umfassen diejenigen Schulden, denen noch kein Aufwand, sondern ein Vorratsbestand gegenübersteht, der aber später zu Aufwand führen wird, wenn die Vorräte verbraucht werden. In der Praxis werden hierzu auch diejenigen Schulden gerechnet, bei denen die entsprechenden Vorräte bereits verbraucht sind. So gesehen enthalten Vorratsvorausgabenbestände die Schulden für die Beschaffung von grundsätzlich bestandsfähigen Gütern ohne Rücksicht darauf, ob die beschafften Güter vor der Schuldtilgung bereits verbraucht sind oder nicht. Da gegen Barzahlung und auf Kredit angeschaffte Güter nicht getrennt werden, kann auch anhand der Vorratsbestände nicht ermittelt werden, inwieweit den Vorratsvorausgabenbeständen noch unverbrauchte Vorräte gegenüberstehen. Man muß also davon ausgehen, daß unter den Vorratsvorausgaben auch solche Schulden sind, denen keine Vorräte mehr gegenüberstehen. Diese Beträge hätten streng genommen zu den aufwandswirksamen Vorausgaben gehört. Um eine klare Unterscheidung zu treffen, sollten unter Vorratsvorausgaben nur solche Verbindlichkeiten verstanden werden, die für die Beschaffung von grundsätzlich bestandsfähigen Realgütern eingegangen wurden (Verbindlichkeiten aus Lieferungen). Die aufwandswirksamen Vorausgaben dagegen sind

1. die Verbindlichkeiten aus Leistungen, die bei ihrem Eingang sofort zu Aufwand werden müssen, da die geleisteten Güter nicht bestandsfähig sind (Strom, Arbeitsleistungen, Raum- und Kapitalnutzung), und

2. die Verbindlichkeiten, denen zwar ein Aufwand, aber keine empfangene Leistung entspricht (Steueraufwand, Gewährleistungsaufwand).

Dabei ist auch der Fall denkbar, daß die Entstehung einer Verbindlichkeit der Entstehung des Aufwandes vorangeht und die Bezahlung später stattfindet. (Bilanzstichtag 31. 12.; die Miete ist vertraglich für das neue Jahr zum 31. 12. des alten Jahres fällig, aber am 31. 12. noch nicht bezahlt. Am 31. 12. ist also eine Vorausgabe und ein Ausgabengegenwert zu bilanzieren.)

Da es auch bei den Vorratsvorausgaben Situationen gibt, in denen der Schuldbetrag nur geschätzt werden kann (die Rechnung liegt z. B. noch nicht vor), werden auch diese geschätzten Beträge von den übrigen getrennt und als Rückstellungen bilanziert. Für die Beurteilung des Bilanzerfolges ist die Höhe und die Veränderung dieses Bilanzpostens besonders wichtig, da durch pessimistische Schätzungen der Periodenerfolg übermäßig belastet wird und bei der späteren Auflösung sich als zu hoch erwiesener Rückstellungen der Bilanzerfolg dann verbessert wird. Es können also Teile des Periodenerfolges durch zu starke Dotierung der Rückstellungen in spätere Zeiträume transferiert werden. Umgekehrt kann zu niedrige Dotierung von Rückstellungen den Bilanzerfolg größer werden lassen, als er bei richtiger Einschätzung der Rückstellungen wäre. Der nicht erfaßte Aufwand geht dann zu Lasten späterer Bilanzperiodenerfolge.

Die wechselbezüglichen Vorausgabenbestände stehen nicht im Zusammenhang mit der Erfolgsrechnung[12]. Sie entstehen als erfolgsneutralisierende Gegenbuchung zu den Geldeingängen bei Darlehens- oder Beteiligungsaufnahme und werden bei Rückzahlung der Schulden oder der Beteiligung durch Tilgungseinnahmen vermindert. Eine Erfolgswirkung kann nur durch Tilgungsabweichungen[13] eintreten. Daneben ist eine indirekte Auswirkung auf den Erfolg dadurch möglich, daß im allgemeinen mit der Darlehensaufnahme gleichzeitig die Verpflichtung zur Zinszahlung eingegangen wird. Diese Verpflichtung fällt aber in den Bereich der aufwandswirksamen Vorausgaben. Die Verzinsung von Beteiligungskrediten (Eigenkapital) erfolgt dagegen meist durch Beteiligung am Gewinn des Betriebes. Daher haben die Beteiligungskredite überhaupt keine Auswirkung auf den Erfolg, während die Darlehenskredite wegen der Verzinsung eine indirekte Auswirkung auf den Erfolg haben. Die Berechtigung, auch das Eigenkapital, das vom Unternehmer oder von den an einer Gesellschaft als Eigenkapitalgeber beteiligten Personen aufgebracht wird, wie das Darlehenskapital zu den wechselbezüglichen Ausgabenbeständen zu rechnen, besteht deshalb, weil dieses Kapital grundsätzlich ebenso wie das Fremdkapital einmal wieder aus dem Betriebe abgezogen wird, sei es als Abfindung ausscheidender Gesellschafter oder als Anteil am Liquidationserlös[14]. Wirtschaftlich gesehen ist das Eigenkapital eine Schuld des Betriebes gegenüber

[12] Vgl. E. Kosiol, Buchhaltung und Bilanz, 2. Auflage, Berlin 1967, S. 24.
[13] Vgl. ebenda, S. 25.
[14] Vgl. E. Gutenberg, Grundlagen der Betriebswirtschaftslehre, 3. Band, Die Finanzen, 2. Auflage, Berlin — Heidelberg — New York 1969, S. 128 ff.

den Eigenkapitalgebern[15]. Erhöhungen des Eigenkapitals durch Einlagen und Verminderungen durch Eigenkapitalrückzahlungen sind erfolgsneutral.

Für die Beurteilung des Periodenerfolges dient das Eigenkapital als Bezugsgröße bei der Errechnung der Eigenkapitalrentabilität, die als Kennziffer für die Angemessenheit des Periodenerfolges verwendet wird. Man unterscheidet beim bilanzierten Eigenkapital das ursprünglich eingezahlte Kapital von dem im Betriebe gebildeten Kapital (Rücklagen) und dem noch nicht verwendeten Periodenerfolg. Dementsprechend können Rentabilitätswerte für das eingezahlte Eigenkapital und für das gesamte bilanzierte Eigenkapital berechnet werden. Unterliegt die Höhe des Eigenkapitals im Verlauf eines Jahres durch Ein- und Auszahlungen auf das Eigenkapital erheblichen Schwankungen, so kann der Bestand am Bilanzstichtag keine einwandfreie Bezugsgrundlage für die Beurteilung des Periodenerfolges sein. Daher müßten in der Bilanz die Zu- und Abgänge bei den Eigenkapitalposten aufgeführt werden, um die Bedeutung des Endbestandes für die Interpretation des Periodenerfolges richtig einschätzen zu können. Da die Bildung von stillen Reserven zur Verringerung des bilanzierten Eigenkapitals und zur Verminderung des Erfolges der Periode, in der die stillen Reserven gelegt werden, führt, verliert die Kennziffer der Eigenkapitalrentabilität an Aussagekraft, je mehr stille Reserven in einem Betriebe stecken und neu gelegt werden. Auch die Auflösung der stillen Reserven beeinträchtigt die Aussagekraft der Eigenkapitalrentabilität als Kennziffer.

Unter Berücksichtigung der Belange der *Erfolgsermittlung und -darstellung* in der Bilanz sollten die wechselbezüglichen Vorausgabenbestände demnach folgendermaßen gegliedert werden:

Wechselbezügliche Vorausgaben

1. Eigenkapital (Vorausgaben aufgrund von Beteiligungen)
   a) Eingelegtes Kapital am Bilanzstichtag
      (Neueinlagen innerhalb der Periode: . . .)
      (Rückzahlungen während der Periode: . . .)
   b) Noch nicht eingezahltes Kapital (als Zusatz außerhalb der Bilanzrechnung, wenn ausstehende Einlagen nicht aktiviert sind)
   c) Rücklagen
      (Zuführung während der Periode: . . .)
      (Entnahme während der Periode: . . .)
   d) Gewinn/Verlust aus früheren Perioden
   e) Gewinn/Verlust der abgerechneten Periode
2. Fremdkapital (Vorausgaben aufgrund von Darlehen)
   a) Zinslose Darlehen

---

[15] Vgl. W. Kalveram, Industrielles Rechnungswesen, 6. Auflage, Wiesbaden 1968, S. 29; K. Rößle, Allgemeine Betriebswirtschaftslehre, 5. Auflage, Stuttgart 1956, S. 191.

b) Darlehen mit variablem Zinssatz (z. B. von der Höhe des Gewinnes oder des Diskontsatzes abhängig)

c) Darlehen mit festem Zinssatz (unter Angabe der jeweiligen Zinssätze)

Bei den Darlehen mit festem Zinssatz wären entsprechend den gerade praktisch vorkommenden Zinssätzen untergeordnete Bilanzgegenstände zu bilden, z. B. Darlehen zu 6 %, zu 6,5 %, zu 7 %. So kann auch die Wirkung der Fremdverschuldung durch die laufende Zinsbelastung auf die Periodenerfolge in der Bilanz dargestellt werden[16].

Die *Einnahmengegenwerte* in der Beständebilanz sind die Differenz von Rückausgaben und Nacheinnahmen. Die Rückausgaben heben die Erfolgswirkung von Bareinnahmen oder Voreinnahmen (Forderungsentstehungen) auf, bei denen die Ertragsrealisation erst später erfolgt. Bei Eintritt der Ertragsrealisation werden die gebuchten Rückausgaben durch Nacheinnahmen erfolgswirksam vermindert[17]. Praktisch handelt es sich bei dieser Rückverrechnung um die vorläufige Kompensierung der Erfolgswirkung von Bar- oder Voreinnahmen für spätere Zeiträume betreffende Erträge an Miete, Pacht, Zinsen und Gebühren und für noch vom Betrieb zu erbringende Leistungen oder Warenlieferungen. Voreinnahmen dieser Art liegen vor, wenn etwa die Pachtzinszahlung für die Überlassung eines Grundstückes während eines nach dem Bilanzstichtage liegenden Zeitraumes vertraglich vor dem Bilanzstichtag fällig ist, aber noch nicht eingegangen ist, oder wenn nicht bar, sondern durch Wechsel vorausbezahlt wurde. Meistens allerdings gehen die Einnahmengegenwerte auf Bareinnahmen, die der Ertragsrealisation vorangehen, zurück. Für die Periodenerfolgsermittlung und -darstellung in der Bilanz bedeuten die Einnahmengegenwerte, daß zu Lasten des Erfolges der abgerechneten oder einer früheren Periode Erträge in spätere Perioden übertragen werden. Die Einnahmengegenwerte sind geschuldete Realgüter und bestehen in den noch zu befriedigenden Ansprüchen Dritter an den Betrieb auf immaterielle Realgüter (z. B. Raum- und Kapitalnutzung, Lizenznutzung) und materielle Realgüter (Warenlieferung)[18].

Je nachdem diese Ansprüche durch Realgüterabgaben des Betriebes in einer oder mehreren Perioden befriedigt werden, kann man kurz- und langfristige Einnahmengegenwerte unterscheiden. Bei den langfristigen Einnahmengegenwerten wird der Ertrag auf mehrere Rechnungsperioden verteilt, indem von den passivierten Rückausgaben ent-

---

[16] Vgl. Bilanz der Vereinsbank in Nürnberg zum 31. 12. 1968. Veröffentlicht in: Handelsblatt, Düsseldorf Nr. 83 vom 30. 4. 1969, S. 17. In dieser Bilanz werden allein unter den aufgenommenen langfristigen Darlehen 21 verschiedene Zinssätze zwischen 0,1 % und 7½ % aufgeführt.

[17] Vgl. E. Kosiol, Buchhaltung und Bilanz, 2. Auflage, Berlin 1967, S. 29.

[18] Vgl. ebenda, S. 94, S. 29, S. 88.

sprechend den Aufwandsabschreibungen bei den Vorräten „Ertragsabschreibungen"[19] (Nacheinnahmen) vorgenommen werden. (Eine erhaltene Mietvorauszahlung für mehrere Jahre wird z. B. auf die Jahre der Vermietung verteilt.)

Wird ein in der Bilanz durch Einnahmengegenwerte erfaßtes schwebendes Geschäft nicht ausgeführt, kommt also eine Ertragsrealisation nicht zustande, muß der Betrieb meist die erhaltene Einnahme wieder zurückerstatten. In diesem Falle werden eine Barausgabe (Zurückerstattung) und eine Nacheinnahme (zur Aufhebung der Rückausgabe) in gleicher Höhe gebucht. Dabei tritt eine Erfolgswirkung nicht ein.

Nach den Ausführungen in diesem Kapitel könnte eine der Ermittlung und Darstellung des Periodenerfolges als Totalzweck dienende Bilanz folgende Gliederung aufweisen:

Gliederung einer Bilanz mit dem Totalzweck der Erfolgsermittlung

AKTIVA

I. *Einnahmenbestände*
   A. Ursprüngliche Nominalgüter
      1. Bargeld
      2. Buchgeld (Guthaben)
   B. Abgeleitete Nominalgüter (Voreinnahmenbestände)
      1. Forderungen aus Lieferungen und Leistungen
      2. Forderungen aus Darlehensgeschäften und Beteiligungen
         a) Ohne Verzinsung
         b) Mit fester Verzinsung
         c) Mit variablen Erträgen

II. *Ausgabengegenwerte*
   A. Dauernd erfolgsneutrale Bestände (Grund und Boden)
   B. Vorübergehend erfolgsneutrale Bestände
      1. Allmählich erfolgswirksam werdende Bestände
         (Anlagen in Betrieb)
         a) Abschreibung in der nächsten Periode
         b) Abschreibung in der übernächsten Periode
         c) Abschreibung in späteren Perioden
      2. Später erfolgswirksam werdende Bestände
         a) Dem späteren Sofortverbrauch unterliegende Bestände
            aa) Noch nicht in Produktion befindliche Bestände
               (1) Ursprüngliche Realgüter (Einsatzmaterialien)
               (2) Abgeleitete Realgüter (Ansprüche auf materielle
                   und immaterielle Realgüter)
                   güter)
            bb) In Produktion befindliche Bestände
            cc) Nicht mehr in Produktion befindliche Bestände
               (Fertigerzeugnisse)

---

[19] Vgl. ebenda, S. 95.

b) Dem später einsetzenden Dauerverbrauch unterliegende Bestände
aa) Ursprüngliche Realgüter (Anlagen im Bau)
bb) Abgeleitete Realgüter (Ansprch auf Maschinenlieferung)

PASSIVA

I. *Ausgabenbestände*

A. Aufwandswirksame Vorausgaben (einschließlich Verbindlichkeiten aus Leistungen)
1. Mit feststehendem Zahlbetrag
   a) Vorausgaben für bereits entstandenen Aufwand
      aa) Für wiederkehrenden Aufwand[20]
      bb) Für einmaligen Aufwand
   b) Vorausgaben für zukünftigen Aufwand
      aa) Für wiederkehrenden Aufwand
      bb) Für einmaligen Aufwand
2. Mit geschätztem Zahlbetrag (Rückstellungen)
   a) Vorausgaben für bereits entstandenen Aufwand
      aa) Für wiederkehrenden Aufwand
      bb) Für einmaligen Aufwand
   b) Vorausgaben für zukünftigen Aufwand
      aa) Für wiederkehrenden Aufwand
      bb) Für einmaligen Aufwand

B. Vorratsvorausgaben (Verbindlichkeiten aus Lieferungen)
1. Mit feststehendem Zahlbetrag
2. Mit geschätztem Zahlbetrag (Rückstellungen)

C. Wechselbezügliche Vorausgaben
1. Eigenkapital (Beteiligungskapital)
   a) Eingelegtes Kapital (Endbestand)
      (Neueinlagen innerhalb der Periode: . . .)
      (Rückzahlungen während der Periode: . . .)
   b) Noch nicht eingezahltes Kapital[21]
   c) Rücklagen (Endbestand)
      (Zuweisungen innerhalb der Periode: . . .)
      (Entnahmen während der Periode: . . .)
   d) Gewinn-/Verlustvortrag (bei Verlust ./.)
   e) Gewinn-/Verlust der Periode (bei Verlust ./.)
2. Fremdkapital (Darlehenskapital)
   a) Ohne Verzinsung

---

[20] Die Unterscheidung zwischen wiederkehrendem und einmaligem Aufwand ist klarer als die zwischen ordentlichem und außerordentlichem Aufwand.

[21] Hierher gehören die Anteile des Nennkapitals, die noch nicht durch Bar- oder Sacheinlagen gedeckt sind, und ggf. Nachschußpflichten der Gesellschafter. Es handelt sich also um zusätzliches haftendes Eigenkapital, über das der Betrieb noch nicht unmittelbar verfügt. Es erscheint außerhalb der Bilanzrechnung, da noch keine Rückzahlungspflicht des Betriebes gegenüber dem Eigenkapitalgeber für nicht eingezahltes Kapital besteht, also keine Vorausgabe existiert, entweder als Zusatz in Klammern oder mit einem gleich hohen Posten „ausstehende Einlagen" auf der Aktivseite als durchlaufender Posten.

b) Mit fester Verzinsung
c) Mit variablen Erträgen

II. *Einnahmengegenwerte*
(Ansprüche Dritter auf materielle und immaterielle Realgüter)
   A. In mehr als einer Periode ertragswirksame Einnahmengegenwerte (langfristig)
   B. In einer Periode ertragswirksame Einnahmengegenwerte (kurzfristig)

Reine Korrekturposten, wie Wertberichtigungen zu Posten des Anlagevermögens und Verlustvortrag, die in der Bilanz oft auf der jeweiligen Gegenseite aufgeführt werden, sind in der vorstehenden Gliederung als Teile der Posten aufgefaßt, zu denen sie wesensmäßig gehören und von denen sie abzusetzen sind.

Setzt man einer Bilanz *das Totalziel der Liquiditätsdarstellung,* so ist immer zu beachten, daß eine solche Bilanz nicht den Finanzplan ersetzen kann, da sie nur solche Bestände enthält, die zum Bilanzstichtag bereits bilanzwirksam und buchhalterisch erfaßt worden sind, nicht aber Einnahmen- und Ausgabebeträge aus noch nicht buchungsfähigen zukünftigen Geschäftsvorfällen[22]. Dennoch ist es immer für die Beurteilung der Finanzdispositionen eines Betriebes wichtig zu wissen, welche Liquiditätswirksamkeit die bilanzierten Bestände besitzen. Eine Darstellung der bilanziellen Liquidität kann etwa mit folgender Bilanzgliederung gegeben werden:

Bilanzgliederung mit dem Totalziel der Liquiditätsdarstellung

A K T I V A

I. Sofort liquide Bestände
(Bargeld, sofort fällige Guthaben)

II. In naher Zukunft (innerhalb eines Jahres) liquide werdende Bestände
   A. Bestände mit feststehendem Liquidierungszeitpunkt
      1. Bestände zur direkten Liquidierung (durch Barverkauf, Einzug von Forderungen und Kündigung von befristeten Bankguthaben)
         a) In einem Akt liquidierbare Bestände
         b) In Raten liquidierbare Bestände (innerhalb eines Jahres fällig werdende Raten lang- und kurzfristiger Darlehen)
      2. Bestände zur indirekten Liquidierung (über Zwischenstufen, z. B. Warenverkauf auf Ziel)
         a) in einem Akt liquidierbare Bestände
         b) In Raten liquidierbare Bestände (auch durch Abschreibungen)
   B. Bestände mit geschätztem Liquidierungszeitpunkt (weitere Unterteilung wie bei A in direkte und indirekte sowie in einem Akt und ratenweise erfolgende Liquidierung)

---

[22] Vgl. Dietrich Härle, Finanzierungsregeln und Liquiditätsbeurteilung, in: Finanzierungshandbuch, Hrsg. H. Janberg, Wiesbaden 1964, S. 147 f.

III. In fernerer Zukunft liquide werdende Bestände
(später als innerhalb eines Jahres)
(Eine Unterteilung wie bei II könnte auch hier erfolgen, dürfte aber wegen der Unsicherheit, mit der Zukunftsgrößen immer verbunden sind, keine große Aussagekraft besitzen und kann deshalb auch unterbleiben.)

IV. Nicht liquidierbare Bestände
   A. Eiserne Bestände (Mindestbestände zur Aufrechterhaltung einer regulären Produktion)
   B. Abgrenzungsposten (z. B. Rückzahlungsagio)

PASSIVA

I. Sofort fällige Bestände
   A. Schulden gegenüber Fremdkapitalgläubigern
      1. Überfällige Schulden
      2. Zum Bilanzstichtag fällige Schulden
   B. Sofort fällige Verpflichtungen gegenüber Eigenkapitalgebern

II. In naher Zukunft (ein Jahr) fällig werdende Bestände
   A. Schulden gegenüber Fremdkapitalgläubigern
      1. Schulden mit geschätztem Fälligkeitstermin und geschätzter Höhe (Rückstellungen)
         a) In einer Summe zu zahlen
         b) In mehreren Raten zu zahlen (innerhalb eines Jahres fällig werdende Raten)
      2. Feststehende Schulden
         a) In einer Summe zu zahlen
         b) In mehreren Raten zu zahlen (innerhalb eines Jahres zu zahlende Raten)
   B. Innerhalb eines Jahres fällig werdende Verpflichtungen gegenüber Eigenkapitalgebern

III. In fernerer Zukunft (über ein Jahr) fällig werdende Bestände
   A. Schulden gegenüber Fremdkapitalgläubigern
      1. Schulden mit geschätztem Fälligkeitstermin und geschätzter Höhe (langfristige Rückstellungen)
      2. Feststehende Schulden
   B. Verpflichtungen gegenüber Eigenkapitalgebern (Dauer-Eigenkapital)

Man kann auch die in naher Zukunft (1 Jahr) fällig werdenden Bestände als kurzfristig und die in ferner Zukunft fällig werdenden Bestände als mittel- und langfristig bezeichnen[23].

Die Reihenfolge der Bilanzgegenstände kann auch umgekehrt werden, so daß die langfristigen Bestände an erster Stelle erscheinen und die sofort fälligen Beträge am Schluß stehen, wie es auch für die Bilanzgliederung nach § 151 AktG 1965 erforderlich ist. Da aber die sofort fälligen Posten für die Liquiditätsbetrachtung die größte Wichtigkeit

---

[23] Vgl. Geschäftsbericht der BASF, Ludwigshafen, für das Geschäftsjahr 1968, S. 64—65. Dort sind allerdings die sofort fälligen Beträge in den kurzfristigen enthalten.

besitzen, sollten sie auch an erster Stelle stehen. Um die finanzwirtschaftliche Entsprechung von jeweils fristgleichen aktiven und passiven
Beständen erkennen zu können, sollten die Fristgruppen auf beiden
Bilanzseiten in derselben Reihenfolge aufgeführt werden. Eine andere
Einteilung zur Darstellung der Liquiditätswirksamkeit von Bilanz-
beständen wird nötig, wenn nicht wie in diesem Beispiel die Liquiditätswirksamkeit unter normalen Umständen und bei regulär weiterlaufen-
der Betriebstätigkeit, sondern unter der Annahme einer allmählichen
oder einer sofortigen Liquidierung des Betriebes dargestellt werden soll.
Die eisernen Bestände zur ordnungsmäßigen Weiterführung des Betriebes müssen dann auch zum liquidierbaren Vermögen gerechnet werden.
Besondere Bewertungsgesichtspunkte, die für Bilanzen mit dem Totalzweck der Liquiditätsdarstellung gelten, brauchen hier nicht erörtert zu
werden, da das Thema dieser Arbeit eine Beschränkung auf reine Gliederungsfragen verlangt.

Wird als *Totalzweck der Bilanz die Darstellung der Bilanzvermögens-
und Bilanzkapitalstruktur* unter dem Gesichtspunkt der Rechenschaft
über die Geschäftspolitik mit ihren Auswirkungen auf die zukünftige
Ertragslage gesehen, so kann diesem Zweck durch folgende Bilanzgliederung entsprochen werden:

AKTIVA

  I. Werbendes Vermögen
    (dient unmittelbar
    dem Betriebszweck)

 II. Anderes Vermögen
    A. Etragbringendes
       Vermögen
    B. Ertragloses Vermögen
    C. Ertragsminderndes Ver-
       mögen (durch Lagerkosten,
       Steuern)

PASSIVA

  I. Eigenkapital
    A. Ohne Vorzüge bei der
       Gewinverteilung
    B. Mit Vorzügen

 II. Fremdkapital
    A. Ohne Verzinsung
    B. Mit Verzinsung

Durch eine solche Bilanzgliederung soll offenkundig werden, wenn
ertragloses und ertragsminderndes Vermögen, das nicht unmittelbar
dem Betriebszweck dient, durch verzinsliches Fremdkapital finanziert
wird. Da eine solche Situation sehr ungünstig für die Rentabilität und
Liquidität eines Betriebes ist, muß ihr besondere Aufmerksamkeit
gewidmet werden, um sie so bald wie möglich durch Verminderung des
verzinslichen Fremdkapitals und Zuführung ertraglosen und ertragsmindernden Vermögens zu ertragbringenden Verwendungen zu be-
enden.

II. Gliederungsbeispiele mit Berücksichtigung von Partialzielen

Hier sollen Bilanzgliederungen dargestellt werden, bei denen außer einem Totalzweck, der die gesamte Gliederung der Bilanz betrifft, auch ein oder mehrere Partialzwecke, die nur einen Teil der Bilanz beeinflussen, verfolgt werden. Ein wichtiges Beispiel hierfür ist die Verfolgung des *Partialzieles der Liquiditätsdarstellung im Nominalgüterbereich* bei einer Bilanz, die als Totalziel die Erfolgsermittlung und -darstellung hat. Eine solche Bilanz enthält, wie im vorangehenden Abschnitt dargestellt wurde, auf der Aktivseite die folgenden Nominalgüter als Bilanzgegenstände:

Einnahmenbestände

A. Ursprüngliche Nominalgüter
  1. Bargeld
  2. Buchgeld (Guthaben)
B. Abgeleitete Nominalgüter (Voreinnahmenbestände)
  1. Forderungen aus Lieferungen und Leistungen
  2. Forderungen aus Darlehensgeschäften und Beteiligungen
    a) Ohne Verzinsung
    b) Mit fester Verzinsung
    c) Mit variablen Erträgen

Eine solche unter erfolgsrechnerischen Gesichtspunkten aufgestellte Gliederung des bilanzierten Nominalgütervermögens gibt nur sehr ungenaue Auskunft über die Liquiditätswirksamkeit der Nominalgüter. Man kann lediglich feststellen, daß das Bargeld sofort verfügbar ist, während schon beim Buchgeld möglicherweise Kündigungsfristen oder Sperrvermerke die sofortige Verfügbarkeit erheblich einschränken können. Die abgeleiteten Nominalgüter (Forderungen) können teilweise vielleicht schon am nächsten Tage zu Einnahmen an Bar- oder Buchgeld führen, dürften aber zum größten Teil erst in naher oder ferner Zukunft fällig werden, wobei der tatsächliche Zahlungstermin vom Fälligkeitstermin mehr oder weniger abweichen kann, wenn der Schuldner schon vorfristig oder erst nach Fälligkeit zahlt und wenn Forderungen verkauft oder verpfändet werden und dadurch vor ihrer Fälligkeit Einnahmen entstehen. Außerdem ist noch der teilweise oder völlige Ausfall der Zahlung wegen Zahlungsunfähigkeit des Schuldners möglich. Es genügt also nicht, die Forderungen nach ihrer Fälligkeit zu ordnen, wenn man einen guten Überblick über ihre Liquiditätswirksamkeit haben möchte, da die Liquiditätswirksamkeit nicht von Fälligkeitsterminen, sondern nur von den Zeitpunkten tatsächlicher Zahlungen, wozu als Spezialfall auch die Aufrechnung gehört, bestimmt wird. Da die Zeitpunkte tatsächlicher Zahlungen im voraus nur zu schätzen sind, haftet ihnen immer eine gewisse Unsicherheit an, die bei fest vereinbarten Terminen gering ist, aber bei Zahlungsbedingungen mit Alternativen, wie „bei Zahlung innerhalb 10 Tagen 3 %, innerhalb 20 Tagen 2 % Skonto", ist es unsicher, ob der Schuldner den Skontovorteil nutzen wird und in 10 oder 20 Tagen zahlt oder ob der Schuldner auf den Skontoertrag verzichtet und erst viel später zahlt. Auch ist meist nicht vorherzusehen, ob und wann eine Forderung verkauft oder ein Wechsel diskontiert werden wird, um die Einnahmen vorzuverlegen. Zumindest bei einigen Forderungen bestehen also durchaus alternative Zahlungstermine. Aufgrund dieser Ausführungen wäre folgende Gliederung der Einnahmenbestände vorzunehmen:

Gliederung der Einnahmenbestände nach ihrer Liquiditätswirksamkeit

A. Ursprüngliche Nominalgüter
  1. Bargeld (sofort verfügbar)
  2. Buchgeld
     a) Täglich fällige Guthaben (sofort verfügbar)
     b) Guthaben mit Kündigungsfristen (3 Monate, 1 Jahr)
     c) Gesperrte Guthaben (streng zweckgebunden)
B. Abgeleitete Nominalgüter (Forderungen auf Geld)
  1. Forderungen aus Lieferungen und Leistungen
     a) Forderungen mit feststehendem Liquidierungszeitpunkt
        aa) Sofort liquidierbare Forderungen
            (1) Beim Schuldner einzuziehen
            (2) Fest zum Verkauf vorgesehen (Zession, Wechseldiskontierung)
        bb) In naher Zukunft (1 Jahr) liquide werdende Forderungen
        cc) In fernerer Zukunft liquide werdende Forderungen (über 1 Jahr Restlaufzeit)
     b) Forderungen mit geschätztem Liquidierungszeitpunkt
        aa) In naher Zukunft (bis 1 Jahr) liquide werdende Forderungen mit alternativen Zahlungsterminen (davon eventuell verkäuflich: ...)
        bb) In fernerer Zukunft liquide werdende Forderungen
        cc) Forderungen mit unbestimmtem Zahlungstermin (z. B. auf unbestimmte Zeit gestundet)
  2. Forderungen aus Darlehensgeschäften und Beteiligungen
     a) Ohne Verzinsung
        aa) Sofort liquidierbar durch Einzug beim Schuldner, Zession oder Beleihung
        bb) Innerhalb eines Jahres liquide werdende Forderungen
        cc) Später als nach einem Jahre liquide werdende Forderungen (davon mit über 4 Jahren Restlauffrist: ...)
     b) Mit fester Verzinsung
        aa) Sofort liquidierbar durch Einzug beim Schuldner, Zession oder Beleihung
        bb) Innerhalb eines Jahres liquide werdende Forderungen
        cc) Später als nach einem Jahre liquide werdende Forderungen (davon mit über 4 Jahren Restlauffrist: ...)

c) Mit variablen Erträgen
    aa) Sofort liquidierbare Beträge (z. B. börsennotierte Aktien)
    bb) Beteiligungen mit Kündigungsfrist
        (1) Kündigungsfrist bis 1 Jahr
        (2) Kündigungsfrist über 1 Jahr
    cc) Nicht liquidierbare Beteiligungen

Bei der Bildung einer solchen Gliederung müssen die *betriebs- und branchenindividuellen Verhältnisse* beachtet werden. So wäre z. B. bei Betrieben mit langfristigen Exportforderungen eine weitere Einteilung nötig (z. B. bei Forderungen aus Lieferungen und Leistungen mit feststehendem Liquidierungszeitpunkt:

    cc) In fernerer Zukunft fällig werdende Forderungen
        (1) Mit einer Restlaufzeit von 1 bis 4 Jahren
        (2) Mit einer Restlaufzeit von über 4 Jahren).

Bei den Forderungen mit alternativen Zahlungsterminen muß auf die jeweils üblichen Zahlungsbedingungen Rücksicht genommen werden, und bei Betrieben, die sich wesentlich mit Darlehensgeschäften und Beteiligungen befassen, müßten die jeweils üblichen Konditionen bezüglich der Rückzahlungstermine, der Abtretbarkeit und der Kündigungsfristen stärker beachtet werden.

Ebenso wie für die ursprünglichen und abgeleiteten Nominalgüter auf der Aktivseite einer Bilanz müssen auch für die Ansprüche auf Nominalgüter, die gegenüber dem bilanzierenden Betriebe bestehen und als Ausgabenbestände auf der Passivseite der Bilanz erscheinen, Einteilungen vorgenommen werden, die für die Darstellung der Liquiditätswirksamkeit bedeutsam sind. Dabei ist eine enge Korrespondenz mit den Einteilungen auf der Aktivseite sehr wichtig, um Ungleichgewichte zwischen zukünftigen Ausgaben und zukünftigen Einnahmen, soweit sie mit bilanzierten Geschäftsvorfällen zusammenhängen, in der Bilanz erkennbar zu machen. Daher sind auch auf der Passivseite die Vorausgaben nach erwarteten Zahlungsterminen in sofort fällige, innerhalb eines Jahres und später als innerhalb eines Jahres liquiditätswirksam werdende Beträge zu unterteilen. Ob der Zahlungstermin nur geschätzt ist oder ob er genau feststeht, ist für die Passiva nicht so bedeutsam, da es meist vom Willen des Betriebes als Schuldner abhängt, wann Ausgaben getätigt werden, während die Einnahmenzeitpunkte, soweit sie nicht genau festliegen, von den betriebsfremden Schuldnern bestimmt werden und daher vom Standpunkt des Betriebes als Gläubiger aus gesehen oft recht unsichere Termine sind[24]. Legt man die Gliederung der Erfolgsbilanz aus dem vorigen Abschnitt zugrunde, wären sämtliche

---

[24] Vgl. zum Regelungsproblem der Geldzu- und -abflüsse im Betrieb: H. Langen, Der Betrieb als Regelkreis, in: Organisation und Rechnungswesen, Festschrift für E. Kosiol, Hrsg. E. Grochla, Berlin 1964, S. 95 ff.

dort aufgeführten Bilanzgegenstände zusätzlich unter dem Gesichtspunkt des erwarteten Zahlungstermines einzuteilen. Da die gegebene erfolgsrechnerische Gliederung bereits recht differenziert ist, dürfte es im Interesse der Übersichtlichkeit liegen, entweder auf die liquiditätsorientierte weitere Unterscheidung zwischen feststehenden und geschätzten Zahlungsterminen zu verzichten oder auf die Unterscheidung zwischen regelmäßigem und einmaligem Aufwand bei den aufwandswirksamen Vorausgaben sowie auf die gesonderte Darstellung von Zu- und Abgängen beim Eigenkapital zu verzichten. Im allgemeinen wird man wohl der Erfüllung des Totalzieles den Vorrang vor der Erfüllung eines Partialzieles einräumen. In diesem Falle kommt noch hinzu, daß bereits zwischen der Höhe nach feststehenden und der Höhe nach geschätzten Schulden unterschieden wurde und meist die der Höhe nach geschätzten Beträge auch diejenigen sind, deren Zahlungstermin geschätzt werden muß. Daher kann auf die Unterteilung in Vorausgaben mit feststehenden und mit geschätzten Zahlungsterminen verzichtet werden. Man kommt so unter Berücksichtigung des Partialzieles der Liquiditätsdarstellung im Nominalgüterbereich zu folgender Einteilung der Ausgabenbestände bei der Erfolgsbilanz:

Gliederung der Ausgabenbestände nach ihrer Liquiditätswirksamkeit

A. Aufwandswirksame Vorausgaben
  1. Vorausgaben mit feststehendem Zahlbetrag
    a) Für bereits entstandenen Aufwand
      aa) Für wiederkehrenden Aufwand
        (1) Sofort liquiditätswirksame Schulden
            (fällige und überfällige Schulden)
        (2) In naher Zukunft (1 Jahr) liquiditätswirksame Schulden
        (3) In fernerer Zukunft (über 1 Jahr) liquiditätswirksame Schulden
      bb) Vorausgaben für einmaligen Aufwand
        (1) Sofort liquiditätswirksame Schulden
        (2) In naher Zukunft (1 Jahr) liquiditätswirksame Schulden
        (3) In fernerer Zukunft (über 1 Jahr) liquiditätswirksame Schulden
    b) Vorausgaben für zukünftigen Aufwand
      aa) Vorausgaben für wiederkehrenden Aufwand
        (1) Sofort liquiditätswirksame Schulden
        (2) In naher Zukunft (1 Jahr) liquiditätswirksame Schulden
        (3) In fernerer Zukunft (über 1 Jahr) liquiditätswirksame Schulden
      bb) Vorausgaben für einmaligen Aufwand
        (1) Sofort liquiditätswirksame Schulden
        (2) In naher Zukunft (1 Jahr) liquiditätswirksame Schulden
        (3) In fernerer Zukunft (über 1 Jahr) liquiditätswirksame Schulden

2. Vorausgaben mit geschätztem Zahlbetrag
   (Rückstellungen)
   a) Vorausgaben für bereits entstandenen Aufwand
      aa) Vorausgaben für wiederkehrenden Aufwand
         (1) Sofort liquiditätswirksame Rückstellungen
         (2) In naher Zukunft (1 Jahr) liquiditätswirksame Rückstellungen
         (3) In fernerer Zukunft (über 1 Jahr) liquiditätswirksame Rückstellungen
      bb) Vorausgaben für einmaligen Aufwand
         (1) Sofort liquiditätswirksame Rückstellungen
         (2) In naher Zukunft (1 Jahr) liquiditätswirksame Rückstellungen
         (3) In fernerer Zukunft (über 1 Jahr) liquiditätswirksame Rückstellungen
   b) Vorausgaben für zukünftigen Aufwand
      aa) Vorausgaben für wiederkehrenden Aufwand
         (1) Sofort liquiditätswirksame Rückstellungen
         (2) In naher Zukunft (1 Jahr) liquiditätswirksame Rückstellungen
         (3) In fernerer Zukunft (über 1 Jahr) liquiditätswirksame Rückstellungen
      bb) Vorausgaben für einmaligen Aufwand
         (1) Sofort liquiditätswirksame Rückstellungen
         (2) In naher Zukunft (1 Jahr) liquiditätswirksame Rückstellungen
         (3) In fernerer Zukunft (über 1 Jahr) liquiditätswirksame Rückstellungen

B. Vorratsvorausgaben (Verbindlichkeiten aus Lieferungen)
   1. Schulden mit feststehendem Zahlbetrag
      a) Sofort liquiditätswirksame Schulden
      b) In naher Zukunft (1 Jahr) liquiditätswirksame Schulden
      c) In fernerer Zukunft (über 1 Jahr) liquiditätswirksame Schulden
   2. Schulden mit geschätztem Zahlbetrag (Rückstellungen)
      a) Sofort liquiditätswirksame Rückstellungen
      b) In naher Zukunft (1 Jahr) liquiditätswirksame Rückstellungen
      c) In fernerer Zukunft (über 1 Jahr) liquiditätswirksame Rückstellungen

C. Wechselbezügliche Vorausgaben
   1. Eigenkapital (Beteiligungskapital)
      a) Eingezahltes Kapital (Endbestand)
         (Neueinlagen während der Periode: ...)
         (Rückzahlungen während der Periode: ...)
         aa) Sofort auszuzahlendes Eigenkapital
            (z. B. gekündigte Beteiligung)
         bb) In naher Zukunft (1 Jahr) auszuzahlendes Eigenkapital
         cc) In fernerer Zukunft (über 1 Jahr) auszuzahlendes Eigenkapital
      b) Noch einzuzahlendes Kapital[25]

---

[25] Außerhalb der Bilanzrechnung oder als durchlaufender Posten mit Gegenposten auf der Aktivseite.

   c) Rücklagen (Endbestand)
      (Zuweisungen in der Periode: ...)
      (Entnahmen in der Periode: ...)
      aa) Rücklagen ohne Liquiditätswirksamkeit
         (nur für buchmäßige Verwendung)
      bb) Sofort liquiditätswirksame Rücklagen[26]
      cc) In naher Zukunft (1 Jahr) liquiditätswirksame Rücklagen
      dd) In fernerer Zukunft (über 1 Jahr) liquiditätswirksame Rücklagen
   d) Verlust- bzw. Gewinnvortrag (Gewinn +, Verlust ./.)
      aa) Sofort auszuzahlen (bei Gewinn)
      bb) Mit neuem Periodenerfolg zu verrechnen
   e) Verlust bzw. Gewinn der Periode (Gewinn +, Verlust ./.)
      aa) Sofort liquiditätswirksam
      bb) Auf neue Rechnung vorzutragen

 2. Fremdkapital (Darlehenskapital)
   a) Fremdkapital ohne Verzinsung
      aa) Sofort liquiditätswirksam
      bb) In naher Zukunft liquiditätswirksam (bis 1 Jahr)
      cc) In fernerer Zukunft (über 1 Jahr) liquiditätswirksam (davon
         mit über 4 Jahren Restlaufzeit: ...)
   b) Fremdkapital mit fester Verzinsung
      aa) Sofort liquiditätswirksam
      bb) In naher Zukunft liquiditätswirksam (bis 1 Jahr)
      cc) In fernerer Zukunft (über 1 Jahr) liquiditätswirksam (davon
         mit über 4 Jahren Restlaufzeit: ...)
   c) Fremdkapital mit variablen Erträgen
      aa) Sofort liquiditätswirksam
      bb) In naher Zukunft liquiditätswirksam (bis 1 Jahr)
      cc) In fernerer Zukunft (über 1 Jahr) liquiditätswirksam (davon
         mit über 4 Jahren Restlaufzeit: ...)

Diese Einteilung läßt erkennen, daß eine Bilanzgliederung bereits einen die Übersichtlichkeit beeinträchtigenden Umfang annimmt, wenn neben der Befolgung des Totalzweckes der Erfolgsermittlung und -darstellung ein Partialziel erfüllt werden soll, das nur im Nominalgüterbereich der Passivseite eine einzige zusätzliche Einteilung nach einem Merkmal (Liquiditätswirksamkeit) mit drei verschiedenen Ausprägungen (erwartete Zahlung sofort, innerhalb naher Zukunft, innerhalb fernerer Zukunft) und in einem Falle mit der Null-Ausprägung (keine Liquiditätswirksamkeit) erfordert. Daß dabei dem Partialziel nicht voll genügt werden kann, zeigt der Vergleich mit der im vorigen Abschnitt aufgezeigten Bilanzgliederung mit dem Totalziel der Darstellung der Liquiditätswirksamkeit der Bilanzgegenstände[27]. Auf der Aktivseite konnten allerdings auch weitere Merkmale berücksichtigt werden[28].

---

[26] Zum Beispiel Kapitalerhaltungsrücklage wird bei Preisniveausenkung für Auszahlung an Eigenkapitalgeber aufgelöst. Vgl. E. Kosiol, Buchhaltung und Bilanz, 2. Auflage, Berlin 1967, S. 114.
[27] Vgl. S. 170 f. dieser Arbeit.
[28] Vgl. S. 174 f. dieser Arbeit.

Damit kann auch der unterschiedliche Sicherheitsgrad der erwarteten Zahlungstermine bei Voreinnahmen in der Bilanz gezeigt werden. Wie hoch a) die sofort zu erwartenden, b) die innerhalb eines Jahres und c) die später zu erwartenden Ein- und Auszahlungen aufgrund der bilanzierten Nominalgüter jeweils *insgesamt* sind, muß der Bilanzleser mit Hilfe eines Auszuges aus der Bilanz feststellen. Er muß dabei die Beträge der einzelnen Fristgruppen zusammenfassen. Sonst müßten in der Bilanz drei zusätzliche Spalten eingeführt werden, die die Beträge der einzelnen Fristgruppen aufnehmen und in denen die jeweiligen Summen errechnet werden.

Bei der praktischen Anwendung dürfte die Zahl der Bilanzgegenstände nicht ganz so groß sein, da auf den Ausweis von Leerposten verzichtet werden kann[29], wenn bei dem bilanzierenden Betrieb keine entsprechenden zu bilanzierenden Objekte vorhanden sind.

Eine weitere Vereinfachung durch Verringerung der Zahl der Bilanzgegenstände und -posten ist dadurch zu erreichen, daß Forderungen und Verbindlichkeiten aus Lieferungen und Leistungen grundsätzlich als sofort oder wenigstens innerhalb eines Jahres zu Zahlungen führend angesehen werden und diejenigen Forderungen und Verbindlichkeiten aus Lieferungen und Leistungen, die erst später durch Zahlungen getilgt werden sollen, als Darlehen betrachtet werden. Bei langfristigen Zahlungszielen tritt nämlich an die Stelle des üblichen kurzfristigen Lieferantenkredites ein Darlehensgeschäft, meist mit besonders ausgehandelten Konditionen. Zur Darstellung der Liquiditätssituation dürfte die Ursache einer Forderung oder Verbindlichkeit (Lieferung oder Leistung) unwichtig sein, auch die vereinbarte Laufzeit ist für die Liquiditätsdarstellung weniger bedeutsam als die tatsächlich erwartete Restlaufzeit, auch wenn diese nicht exakt angegeben werden kann. Allerdings wird durch den Ausweis langfristiger Forderungen und Verbindlichkeiten aus Lieferungen und Leistungen als Darlehen die Bilanzaussage hinsichtlich der endgültigen Realisation von Umsatzerlösen und -erträgen durch tatsächliche Zahlungen verschlechtert, insbesondere wenn es sich bei den langfristigen Lieferanten- und Kundenkrediten um höhere Beträge handelt. Räumt man dem Totalzweck der Erfolgsermittlung durch die Bilanz den absoluten Vorrang ein, ist ein Ausweis einiger Forderungen und Verbindlichkeiten aus Lieferungen und Leistungen unter Darlehen, um die Übersichtlichkeit der Bilanz durch Verminderung der Zahl der Bilanzposten zu verbessern, nicht zulässig, während, wenn ein geringerer Grad der Realisierung des vorrangigen Bilanzzweckes für ausreichend gehalten wird, eine solche Bilanzierung mög-

---

[29] Vgl. Adler—Düring—Schmaltz, Rechnungslegung und Prüfung der Aktiengesellschaft, Band I, 4. Auflage, Stuttgart 1968, § 151 Tz. 259, S. 256.

lich wäre, da dadurch die Höhe des ausgewiesenen Erfolges nicht beeinflußt wird.

Unter der *Annahme eines geringeren Realisierungsgrades des Totalzweckes der Erfolgsermittlung und -darstellung* durch die Bilanz mit weniger ausführlich gegliederten Komponenten des Erfolges kann man zu der folgenden vereinfachten Bilanzgliederung gelangen, die auch als Basis für partialzweckabhängige zusätzliche Einteilungen dienen kann:

Gliederung einer Bilanz mit dem Totalzweck der Erfolgsermittlung
(verkürzte Fassung)

AKTIVA

I. *Einnahmenbestände*

  A. Ursprüngliche Nominalgüter
    1. Bargeld
    2. Buchgeld (Guthaben)
  B. Abgeleitete Nominalgüter
    1. Forderungen aus Lieferungen und Leistungen (kurzfristig)
    2. Forderungen aus Darlehensgeschäften und Beteiligungen (einschließlich langfristiger Forderungen aus Lieferungen und Leistungen)
      a) Mit laufenden Erträgen
      b) Ohne laufende Erträge

II. *Ausgabengegenwerte*

  A. Dauernd erfolgsneutrale Bestände (Grund und Boden)
  B. Vorübergehend erfolgsneutrale Bestände
    1. Allmählich erfolgswirksam werdende Bestände
       (abschreibungsbedürftige Anlagen in Betrieb)
    2. Später erfolgswirksam werdende Bestände
      a) Dem späteren Sofortverbrauch unterliegende Bestände (Vorräte an Einsatzmaterial, unfertigen und fertigen Erzeugnissen, Ansprüche auf Realgüter)
      b) Dem später einsetzenden Dauerverbrauch unterliegende Bestände (Anlagen im Bau, Ansprüche auf Maschinenlieferung)

PASSIVA

I. *Ausgabenbestände*

  A. Aufwandswirksame Vorausgaben (z. B. Steuerschulden und Verbindlichkeiten aus Leistungen)
    1. Mit feststehenden Zahlbetrag
    2. Mit geschätztem Zahlbetrag (Rückstellungen)
  B. Vorratsvorausgaben (Verbindlichkeiten aus Lieferungen)
    1. Mit festehendem Zahlbetrag
    2. Mit geschätztem Zahlbetrag (Rückstellungen)
  C. Wechselbezügliche Vorausgaben
    1. Eigenkapital (Beteiligungskapital)
      a) Eingezahltes Kapital

       b) Noch nicht eingezahltes Kapital[30]
       c) Rücklagen (offene Rücklagen)
       d) Periodenerfolg (Gewinn +, Verlust ./.)
    2. Fremdkapital (Darlehenskapital)
       a) Ohne Verzinsung
       b) Mit fester Verzinsung
       c) Mit variablen Erträgen

II. *Einnahmengegenwerte*
   (Ansprüche Dritter auf materielle und immaterielle Realgüter)

Wird die Darstellung der Liquiditätswirksamkeit im Nominalgüterbereich als Partialziel der Bilanz gesetzt, kann zur Vereinfachung der Gliederung in der Erfolgsbilanz jeweils bei den Einnahmen- und den Ausgabenbeständen ein Zusatz angefügt werden, der etwa folgendermaßen lauten könnte: „Von den Einnahmenbeständen sind sofort ... DM, innerhalb eines Jahres werden ... DM, später als in einem Jahre werden ... DM liquiditätswirksam." Dabei wären die subjektiven Erwartungen des Betriebes hinsichtlich der Zahlungstermine und Restlaufzeiten zugrundezulegen[31].

Will man das auf verschiedenen Bilanzobjekten ruhende unterschiedliche *Risiko,* das auch in unterschiedlichem Maße durch Abschreibungen berücksichtigt sein kann, in der Bilanz erkennbar machen, ist bei den betroffenen Bilanzgegenständen zunächst der Bruttobetrag ohne Beachtung des Risikos durch besondere Bewertung anzuführen und davon offen der als aufgelaufene Abschreibungen bilanzierte Risikoabschlag abzusetzen. So kann der Bilanzleser sehen, ob das Risiko hoch oder niedrig veranschlagt wurde und ob trotz vorsorglicher Abschreibungen ein noch höherer Verlust möglich ist. Bei Forderungen aus Lieferungen und Leistungen wäre dann z. B. so zu gliedern:

Forderungen aus Lieferungen und Leistungen
a) Sichere Forderungen (Schuldner mit unzweifelhafter Bonität und voll
   durch Pfandrechte, Bürgschaft, Kreditversicherung und andere Sicher
   heiten gedeckte Forderungen)
b) Zweifelhafte Forderungen: Bruttobetrag   ···
                      ./. Abschreibung   ···
                      Wahrscheinlicher Wert   ···

Die uneinbringlichen Forderungen müssen nach § 40 Abs. 3 HGB ganz abgeschrieben werden. Sie erscheinen daher nicht in der Bilanz, es sei denn mit dem Bruttobetrag und der Abschreibung in gleicher Höhe in der Vorspalte, ohne in die Bilanzrechnung (Hauptspalte) einzugehen.

---

[30] Entweder mit gleich hohem Gegenposten auf der Aktivseite oder als Bilanzvermerk außerhalb der Bilanzrechnung.
[31] Vgl. Adler—Düring—Schmaltz, Rechnungslegung und Prüfung der Aktiengesellschaft, 4. Auflage, Stuttgart 1968, Band 1, § 151 Tz. 142, S. 212.

Heinen[32] faßt den Begriff der zweifelhaften Forderungen enger und trennt von ihnen diejenigen nicht vollwertigen Forderungen, bei denen der Ausfallprozentsatz am Bilanzstichtag nicht mehr zweifelhaft ist, sondern feststeht. Bei diesen Forderungen besteht dann kein Risiko infolge unzutreffender Schätzung des mutmaßlich eingehenden Betrages. Da die vollwertigen Forderungen zwar nicht einem speziellen Risiko, wohl aber einem allgemeinen Kreditrisiko unterliegen[33], muß auch auf sie eine Abschreibung vorgenommen werden, die in der Bilanz nach § 152 Abs. 6 AktG 1965 unter „Pauschalwertberichtigung zu Forderungen" (aller Art) auf der Passivseite erscheint, während die Abschreibungen auf Forderungen wegen spezieller Risiken nach dem Aktienrecht aktivisch abzusetzen sind[34]. Konsequenter wäre es allerdings, wenn bei jeder Forderungsart der Bruttowert (Betrag, der normalerweise eingehen wird, aber ggf. auch Nennwert ./. Abzinsung), die Abschreibung (aufgelaufene Abschreibungen einschließlich der Abschreibung der Periode) und der Bilanzwert auf der Aktivseite angeführt werden würde.

Betriebe, die das Kreditrisiko nicht selbst tragen wollen, schließen eine Kreditversicherung ab, die bei einem Forderungsausfall entweder den ausgefallenen Betrag voll oder unter Anrechnung einer Selbstbeteiligung von z. B. $33^{1}/_{3}$ % des Forderungsbetrages teilweise ersetzt. Dies ist besonders im Exportgeschäft durch die Hermes Kreditversicherungs-AG üblich. Danach gelangt man zu folgender Gliederung der Forderungen aus Lieferungen und Leistungen unter Berücksichtigung der Risikobelastung:

Forderungen aus Lieferungen und Leistungen

a) Vollwertige Forderungen mit Kreditversicherungsdeckung
   ohne Selbstbeteiligung   ....
b) Vollwertige Forderungen mit Kreditversicherungsdeckung
   mit Selbstbeteiligung
   Bruttowert   ....
   ./. Pauschalabschreibung auf den Selbstbeteiligungsanteil ....
   Bilanzwert   ....
c) Sonstige vollwertige Forderungen
   Bruttowert   ....
   ./. Pauschalabschreibung   ....
   Bilanzwert   ....
d) Zweifelhafte Forderungen (gefährdete Forderungen)
   Bruttowert   ....
   ./. Abschreibung wegen spezieller Kreditrisiken   ....
   Bilanzwert   ....

---

[32] Vgl. E. Heinen, Handelsbilanzen, 4. Auflage, Wiesbaden 1968, S. 182.
[33] Vgl. Adler—Düring—Schmaltz, Rechnungslegung und Prüfung der Aktiengesellschaft, a.a.O., § 152 Tz. 82—86, S. 318 f.
[34] Vgl. ebenda, § 152 Tz. 84, S. 319.

e) Teilweise ausgefallene Forderungen
   Bruttowert   ....
   ./. Abschreibung wegen Ausfalles   ....
   Bilanzwert   ....

Die Bruttowerte können, um die Bilanz nicht zu umfangreich werden
zu lassen, auch fortgelassen werden, da sie der Bilanzleser auch aus der
Gleichung

$$\text{Bruttowert} = \text{Bilanzwert} + \text{Abschreibung}$$

selbst errechnen kann.

Die hier für die Forderungen aus Lieferungen und Leistungen vorgenommene Einteilung zur Darstellung des Kreditrisikos in der Bilanz
müßte auch für die übrigen Forderungsarten durchgeführt werden.
Dadurch würde aber die Bilanz durch eine zu hohe Zahl von Bilanzgegenständen unübersichtlich. Deswegen kann die summarische Pauschalwertberichtigung zu Forderungen für das allgemeine Kreditrisiko,
ergänzt durch eine zusätzliche Wertberichtigung wegen der verschiedenen speziellen Kreditrisiken, und eine weitere Wertberichtigung für
bereits eingetretene Forderungsausfälle, jeweils für sämtliche Forderungen auf der Passivseite im Interesse der Bilanzübersichtlichkeit vorgezogen werden, wenn auch die Bilanzaussage dadurch verschlechtert
wird. Im Interesse der Klarheit und Einheitlichkeit des Jahresabschlusses
sollte konsequent entweder nur die indirekte Abschreibung mit Bildung
von passivischen Wertberichtigungen oder nur die direkte Abschreibung
mit oder ohne Angabe der aufgelaufenen Abschreibungen in einer Vorspalte auf der Aktivseite für gleichartige Bilanzgegenstände angewandt
werden, soweit dies praktikabel ist[35].

Zur Darstellung des Risikos in der Bilanz gehört auch der *Nachweis
risikomindernder Tatbestände*, wie er im aktienrechtlichen Gliederungsschema für „Ausleihungen mit einer Laufzeit von mindestens vier Jahren" und die Gruppe der „Verbindlichkeiten mit einer Laufzeit von
mindestens vier Jahren" durch den Zusatz „davon durch Grundpfandrechte gesichert" vorgeschrieben ist (§ 151 Abs. 1 AktG 1965 Aktivseite
II B 3 und Passivseite V 1—3). Bei den Zusätzen auf der Passivseite
handelt es sich allerdings nicht um risikomindernde Tatbestände aus
der Sicht des bilanzierenden Betriebes, sondern um solche aus der Sicht
seiner Gläubiger. Ebenfalls als einen in der aktienrechtlichen Bilanzgliederung vorgeschriebenen Nachweis eines risikomindernden Tatbestandes kann man den Zusatz bei Wechseln „davon bundesbankfähig"
(§ 151 Abs. 1 AktG 1965 Aktivseite III B 3) ansehen, wenn man davon
ausgeht, daß dem Bundesbankgesetz (§ 19 Abs. 1)[36] nur einwandfreie

---

[35] Vgl. Adler—Düring—Schmaltz, a.a.O., § 152 Tz. 78 f. S. 316.
[36] Gesetz über die Deutsche Bundesbank vom 26. 7. 1957, BGBl. I, S. 745.

Wechsel von Schuldnern mit guter Bonität entsprechen[37]. In erster Linie soll aber dieser Zusatz auf die bessere Liquidierbarkeit solcher Wechsel hinweisen[38]. Wieweit die übrigen Forderungen gesichert sind, braucht in der aktienrechtlichen Bilanz nicht angegeben zu werden. Dies ist inkonsequent, aber im Interesse der Übersichtlichkeit der Bilanz richtig, da der Nachweis der verschiedenen Sicherungen in der Bilanz zu viele besondere Bilanzgegenstände oder Zusätze nötig machen würde. Man müßte die vollwertigen Forderungen also in 1. voll gesicherte und 2. teilweise gesicherte Forderungen und diese jeweils in a) durch Grundpfandrechte, b) durch Bürgschaft oder c) anderweitig gesicherte Forderungen einteilen, wodurch eine zur Unübersichtlichkeit der Bilanz führende Postenaufsplitterung erreicht würde, ohne daß dabei wichtige zusätzliche Informationen gegeben werden, da es für eine vollwertige Forderung, solange sie vollwertig ist, ohne Belang ist, ob und wie sie besichert ist. Bei den nicht vollwertigen Forderungen bildet die Art und der Deckungsgrad der Besicherung die Grundlage für die Bemessung der Abschreibungshöhe und wirkt sich so auf den Bilanzansatz aus. Für die gefährdeten Forderungen besäße eine Einteilung in 1. voll, 2. teilweise und 3. nicht durch Sicherheiten gedeckte Forderungen größere Aussagekraft als bei den vollwertigen Forderungen, da das Ausmaß des speziellen Kreditrisikos von der Möglichkeit, Sicherheiten in Anspruch zu nehmen, abhängt. Der Fall der zwar durch Sicherheiten voll gedeckten, aber nicht vollwertigen gefährdeten Forderung liegt dann vor, wenn kurzfristig die Liquidierung der Sicherheiten nicht den vollen Forderungsbetrag erbringen würde, z. B. der Kurs verpfändeter Obligationen liegt an der Börse gerade unter demjenigen Kurs, der zur vollen Deckung der Forderung nötig wäre.

Bei den Forderungen aus Darlehensgeschäften und Beteiligungen sind als Risikogruppen 1. die voll gesicherten Ausleihungen, 2. die nicht voll gesicherten Ausleihungen und 3. die Beteiligungen als risikoreichere Kapitalanlageform zu unterscheiden. Bestände an Obligationen dürften zu der ersten Gruppe gehören, Aktien dagegen gehören zu den Beteiligungen. (Der Begriff der Beteiligung ist hier weit gefaßt. Es fallen darunter nicht nur die qualifizierten Beteiligungen.)

Bei den Vorräten kann man risikoarme Bestände an gängiger lagerfähiger Ware von risikoreicheren Beständen etwa modischer Ware oder verderblicher Ware unterscheiden. Bei risikoreicheren Beständen sind besondere Bewertungsabschläge üblich. Um dem Bilanzleser ein möglichst klares Bild der Risikosituation und des Ausmaßes ihrer bilanziellen Berücksichtigung durch Abschreibungen zu verschaffen, sollte in der

---

[37] Vgl. K. F. Hagemüller, Bankbetrieb und Bankpolitik, Wiesbaden 1959, S. 86 f. und S. 121.
[38] Vgl. Adler—Düring—Schmaltz, a.a.O., § 151 Tz. 143—152, S. 213 ff.

Bilanz in der Vorspalte der Bruttowert und der Risikoabschlag aufgeführt werden. Der Importwarenabschlag nach § 80 EStDV 1965 ist
dabei kein Risikoabschlag, sondern eine zusätzliche Abschreibung, die zu
Steuervergünstigungen führen und dadurch die Importtätigkeit fördern
soll. Daher darf der Importwarenabschlag nicht mit einem Risikoabschlag zusammengefaßt werden. Auch wenn auf die Vorräte, die wir
unter erfolgsrechnerischem Gesichtspunkt als Ausgabengegenwerte bezeichnen, die dem späteren Sofortverbrauch unterliegen und daher auch
erst nach der Lagerung durch den dann erfolgenden Verbrauch zu Aufwand werden, schon vor dem Verbrauchszeitpunkt zur Erfassung eines
speziellen Risikos Abschreibungen vorgenommen werden, liegt deswegen
noch kein Dauerverbrauch vor. Durch den Risikoabschlag wird nur ein
später wahrscheinlich auftretender Verlust rechnerisch vorweggenom-
men. Aufgrund dieser Ausführungen gelangt man zu folgender Einteilung der Vorräte unter dem Aspekt des Risikos:

Dem späteren Sofortverbrauch unterliegende Ausgabengegenwerte
(Vorräte und Ansprüche auf Realgüter)

a) Noch nicht in Produktion befindliche Bestände
   1. Ursprüngliche Realgüter (Einsatzmaterial)
      aa) Bestände ohne Risikoabschlag   ....
      bb) Bestände mit Risikoabschlag
         Bruttowert   ....
         ./. Risikoabschlag
         ./. Sonstige Abschläge   ....
         Bilanzwert   ....
   2. Abgeleitete Realgüter (Ansprüche auf immaterielle
      und materielle Realgüter zum späteren Sofortverbrauch)
      aa) Bestände ohne Risikoabschlag   ....
      bb) Bestände mit Risikoabschlag[39]
         Bruttowert   ....
         ./. Risikoabschlag   ....
         Bilanzwert   ....

b) In Produktion befindliche Bestände (unfertige Erzeugungnisse)
   1. Bestände ohne Risikoabschlag   ....
   2. Bestände mit Risikoabschlag
      Bruttowert   ....
      ./. Risikoabschlag
      Bilanzwert   ....

c) Nicht mehr in Produktion befindliche Bestände (fertige Erzeugnisse)
   1. Bestände ohne Risikoabschlag   ....
   2. Bestände mit Risikoabschlag
      Bruttowert   ....
      ./. Risikoabschlag
      Bilanzwert   ....

Bei dieser Gliederung wird unterstellt, daß entsprechend den Grundsätzen ordnungsmäßiger Bilanzierung erkennbare Risiken auch tatsächlich durch entsprechende Risikoabschläge berücksichtigt werden. Sonst müßte auch der Fall „risikoreicher Bestand ohne Risikoabschlag" beachtet werden. Da Bruttowert ./. Risikoabschlag ./. eventuelle sonstige Abschläge = Bilanzwert ist, kann der Bruttowert in der Bilanz auch fortgelassen werden, ohne daß die Bilanz an Informationsgehalt verlieren würde, da der Bruttowert auch aus Bilanzwert und Abschlägen errechenbar ist. Bei den Ausgabengegenwerten, die allmählich durch Dauerverbrauch erfolgswirksam werden (Gebäude, Maschinen, maschinelle Anlagen, Betriebs- und Geschäftsausstattung), wird das Risiko im allgemeinen durch die Art und Höhe der planmäßigen Abschreibungen in der Bilanzbewertung mit erfaßt. Besondere Risiken, die für die betroffenen Bilanzobjekte zu einer voraussichtlich dauernden Wertminderung führen, erfordern außerplanmäßige zusätzliche Abschreibungen in der Bilanz[40]. Man sollte zur klaren Darstellung der Risikoverhältnisse diese Bilanzobjekte unter besonderen Bilanzgegenständen als risikobelastete Vermögensteile ausweisen. Ein weiteres Unterscheidungsmerkmal zwischen risikoreichen und risikoarmen Anlagen ist der Grad der versicherungsmäßigen Deckung von Risiken wie Feuersgefahr, Explosion, Unwetterschaden, Diebstahl und Unfallschaden (bei Kraftfahrzeugen). Danach sind 1. vollversicherte Anlagen, 2. teilversicherte Anlagen (mit Selbstbeteiligung bei Schadensfällen oder Ausschluß wichtiger Risiken aus der Versicherung) und 3. nicht versicherte Anlagen zu unterscheiden[41]. Bei den Gebäuden sind die auf fremden Grundstücken befindlichen Bauten als besonders risikobelastet anzusehen und nach § 151 Abs. 1 AktG 1965 Aktivseite II A 4 gesondert zu bilanzieren, da diese Bauten für auf dem fremden Grundstück liegende Belastungen mit haften und juristisch zum Eigentum des Grundstückseigentümers gehören (§ 94 BGB).

Danach kommt man unter Beachtung von Risikogesichtspunkten zu folgender Gliederung der vorübergehend erfolgsneutralen, allmählich erfolgswirksamen Bestände:

a) Risikoarme Bestände
   aa) Voll versichert

---

[39] Zum Beispiel zu liefernde Ware, die dem Risiko des Verderbs ausgesetzt ist; vorausbezahlter Lohn, da einige Arbeitnehmer arbeitsunfähig werden könnten.

[40] Zum Beispiel nach § 154 Abs. 2 AktG 1965.

[41] Nach Artikel 665 Abschnitt 4 des Schweizerischen Obligationenrechtes müssen die Versicherungswerte bei versicherten Anlagen in der AG-Bilanz angegeben werden. Vgl. Der Jahresabschluß von Aktiengesellschaften in Europa und USA, I. Teil, Hrsg. AWV, AWV-Schriftenreihe Nr. 138, Berlin 1966, S. 198.

    bb) Teilweise versichert
    cc) Nicht versichert

b) Risikobelastete Bestände
    aa) Bestände, auf die als Risikoabschläge außerplanmäßige Abschreibungen in Höhe von ... DM vorgenommen wurden
      (1) Voll versichert
      (2) Teilweise versichert
      (3) Nicht versichert
    bb) Bauten auf fremden Grundstücken
      (1) Voll versichert
      (2) Teilweise versichert
      (3) Nicht versichert

Der Fall der risikobelasteten Bestände, die voll versichert sind, liegt vor, wenn die Versicherung sich auf andere Risiken bezieht als diejenigen, die Veranlassung für die Risikoabschläge sind. Sind nicht versicherte Bestände einem echten Risiko ausgesetzt, müssen entsprechende Bewertungsabschläge gemacht werden, und diese Bestände erscheinen dann unter risikobelasteten Beständen. Für die praktische Anwendung werden meist nicht alle der genannten Fälle Bedeutung haben, so daß die Gliederung durch Fortlassen der jeweiligen Leerpositionen verkürzt werden kann.

Will man die risikobezogene Gliederung weiter verkürzen, so kann man auf die Unterteilung nach dem Grad der versicherungsmäßigen Deckung vielleicht verzichten und die Bestände nur in risikoarme und risikobelastete einteilen, wobei es auf das vom Betriebe zu tragende Risiko ankommen soll. Danach ist für die Bilanzierung ein Bestand risikoarm, wenn z. B. ein erhebliches Diebstahlrisiko voll durch entsprechende Versicherungen gedeckt wird und sonstige nicht versicherte Risiken für ihn nicht bestehen.

Bei Anlagen im Bau (vorübergehend erfolgsneutrale Bestände, die dem später einsetzenden Dauerverbrauch unterliegen) trägt oft der Lieferant das Risiko bis zur Inbetriebnahme, sonst wären auch hier risikoarme und risikobelastete Bestände zu unterscheiden wie bei den bereits in Betrieb befindlichen Anlagen.

Unter dem Risikoaspekt haben auf der Passivseite nur die Rückstellungen wegen ihres Schätzungscharakters Bedeutung. Man kann dabei Maximalrückstellungen, die dem für den Betrieb ungünstigsten Fall Rechnung tragen und daher kein zusätzliches Risiko mehr unberücksichtigt lassen, und Normalrückstellungen unterscheiden, die entsprechend dem wahrscheinlichsten Fall bemessen sind und sich daher im Falle der Inanspruchnahme auch als zu niedrig erweisen können, also insofern ein Risiko bedeuten, als ein ungünstigerer Fall als der wahrscheinlichste eintreten kann. Dies ist z. B. bei auf versicherungsmathematischer Basis angesetzten Rückstellungen so. Man sollte also zur Darstellung der

Risikoverhältnisse risikofreie Maximal- und nicht risikofreie Normalrückstellungen in der Bilanz getrennt aufführen.

Die in den vorangegangenen Ausführungen über die Risikobelastung nicht behandelten Bilanzobjekte sind im allgemeinen auch nicht mit einem besonderen Risiko belastet. So sind Bar- und Buchgeld außer in Zeiten schwankenden oder sinkenden Geldwertes risikofrei, wenn nicht die Art des Betriebes ein besonderes Diebstahl- oder Unterschlagungsrisiko gerade bei Geldbeständen mit sich bringt, weil Kontrollen und Sicherungsmaßnahmen nicht möglich sind. Auch der Grund und Boden ist risikofrei, wenn er nicht etwa nur zu spekulativen Zwecken dient. Eine eventuelle Verschlechterung des gegebenen Standortes etwa durch Umleitung von Verkehrsströmen betrifft nicht die Grundstücke als solche, sondern den immateriellen Wert des Standortes, der ohnehin in der Regel nicht bilanzfähig ist. Auf den Grund und Boden bezogene Ausbeutungsrechte werden meist getrennt wegen ihres speziellen Risikos bilanziert. Ohne Risiko sind ferner die Ausgabenbestände mit genau feststehendem Zahlungsbetrag und -termin. Auch die Einnahmengegenwerte (Ansprüche Dritter auf materielle und immaterielle Realgüter) enthalten im allgemeinen kein Risiko. Hinsichtlich des Darlehens- und des Beteiligungskapitals (Fremd- und Eigenkapital) spricht Gutenberg zwar von einem finanziellen Risiko des vorzeitigen Kapitalentzuges durch Kündigung[42], tatsächlich liegt dabei aber ein Problem der richtigen Vorausbestimmung zukünftiger Zahlungstermine vor, das bei Liquiditätsbetrachtungen berücksichtigt werden muß. Ein echtes Risiko besteht aber für das Eigenkapital wegen drohender Bilanzverluste. Diesem Risiko sind die Gewinnvorträge und die freien Rücklagen am stärksten ausgesetzt, da sie vor den gesetzlichen Rücklagen und dem Grundkapital zur Verlustdeckung herangezogen werden müssen[43]. Bei bevorstehendem Vergleich oder Konkurs ist auch das Fremdkapital der Verlustgefahr ausgesetzt, und zwar je nachdem, wie es jeweils speziell gesichert ist.

Das bilanzmäßige Eigenkapital ist durch die verschiedenen Risikoabschläge bei den Aktiva und auch durch eventuell zu pessimistische Rückstellungsschätzungen (Maximalrückstellungen), die ja Aufwand sind, vermindert. Es ist also ein Sammelbecken für alle speziellen Risiken. Außerdem ist es dem allgemeinen Betriebs- und Unternehmerrisiko ausgesetzt, das nicht durch bilanzielle Maßnahmen berücksichtigt werden kann. Unterteilt man das Eigenkapital in eingelegtes Kapital (Stammkapital, Grundkapital, Nennkapital), Rücklagen und Gewinn, so gehen die Risikoabschläge der abgerechneten Periode zu Lasten des Gewinnes, sofern ein solcher vorhanden ist, oder die Risikoabschläge

---

[42] Vgl. E. Gutenberg, Grundlagen der Betriebswirtschaftslehre, Band 3, Die Finanzen, 2. Auflage, Berlin — Heidelberg — New York 1969, S. 134.
[43] Vgl. § 150 Abs. 3 und Abs. 4 AktG 1965.

erhöhen den Verlust, der zu Lasten des übrigen Eigenkapitals geht. Wenn die Rücklagen zweckgebunden sind, sind sie dem Risiko ausgesetzt, daß der Zweck tatsächlich eintreten kann und die Rücklage ganz oder teilweise wieder aufgelöst werden muß (z. B. zur Deckung von Verlusten oder zur Finanzierung einer Werbekampagne). Da das Stamm- oder Grundkapital eine Ausschüttungssperrfunktion[44] besitzt, kann man es vom Standpunkt des Betriebes aus als risikoärmer ansehen als das übrige Eigenkapital, das leichter an die Kapitaleigentümer ausgezahlt (freie Rücklagen) oder zum buchmäßigen Ausgleich von Verlusten verwendet werden kann. Insofern dient die Einteilung in eingezahltes Kapital, Rücklagen und Periodenerfolg, ggf. ergänzt durch einen Zusatz „noch einzuzahlendes Kapital", auch den Erfordernissen der Risikodarstellung in der Bilanz.

Zur Darstellung der Risikosituation als Partialziel einer Erfolgsbilanz müssen also bei einigen Bilanzgegenständen besondere Unterteilungen vorgenommen werden, während die anderen Bilanzgegenstände jeweils insgesamt als risikoarm angesehen werden können. Insofern gibt auch eine nicht speziell risikobezogene Bilanzgliederung schon einige Auskunft über die Risikoverhältnisse[45]. Sonst wäre etwa die folgende Bilanzgliederung zu benutzen:

Bilanzgliederung mit dem Totalziel der Erfolgsermittlung und dem Partialziel der Risikodarstellung

AKTIVA

I. *Einnahmenbestände*

  A. Ursprüngliche Nominalgüter
    1. Bargeld
    2. Buchgeld (Guthaben)

  B. Abgeleitete Nominalgüter
    1. Forderungen aus Lieferungen und Leistungen
      a) Vollwertige Forderungen mit Kreditversicherung ohne Selbstbeteiligung
      b) Dgl. mit Selbstbeteiligung
        (Pauschalabschreibung auf Selbstbeteiligungsanteil: ... DM)
      c) Sonstige vollwertige Forderungen
        (Pauschalabschreibung wegen allgemeinen Kreditrisikos: ... DM)
      d) Gefährdete Forderungen
        (Abschreibung wegen spezieller Kreditrisiken: ... DM)
      e) Teilweise ausgefallene Forderungen
        (Abschreibung wegen Forderungsausfalles: ... DM)
      f) Uneinbringliche Forderungen
        (Abschreibung 100 %)

---

[44] Vgl. § 57 und § 58 Abs. 5 AktG 1965 und § 30 Abs. 1 GmbHG.
[45] Vgl. W. le Coutre, Grundzüge der Bilanzkunde, Teil 1, 4. Auflage, Wolfenbüttel 1949, S. 245.

2. Forderungen aus Darlehensgeschäften und Beteiligungen
   a) Forderungen mit laufenden Erträgen
       aa) Vollwertige Forderungen, durch Grundpfandrechte gesichert
           oder mit voller Deckung durch Kreditversicherung
       bb) Sonstige vollwertige Forderungen
           (Pauschalabschreibung wegen allgemeinen Kreditrisikos
           ... DM)
       cc) Gefährdete Forderungen
           (Abschreibung wegen spezieller Kreditrisiken: ... DM)
       dd) Teilweise ausgefallene Forderungen
           (Abschreibung wegen Forderungsausfalles: .... DM)
   b) Forderungen ohne laufende Erträge
       aa) Vollwertige Forderungen, durch Grundpfandrechte gesichert
           oder mit voller Deckung durch Kreditversicherung
       bb) Sonstige vollwertige Forderungen
           (Pauschalabschreibung wegen allgemeinen Kreditrisikos
           ... DM)
       cc) Gefährdete Forderungen
           (Abschreibung wegen spezieller Kreditrisiken: ... DM)
       dd) Teilweise ausgefallene Forderungen
           (Abschreibung wegen Forderungsausfalles: .... DM)
       ee) Uneinbringliche Forderungen
           (Abschreibung 100 %)

II. *Ausgabengegenwerte*

   A. Dauernd erfolgsneutrale Bestände (Grund und Boden)
       1. Unmittelbar zum Betriebe gehörige Grundstücke
       2. Zum Verkauf bestimmte Grundstücke (spekulative Bestände)
           a) Vollwertige Grundstücke
           b) Nur mit Verlust zu verkaufende Grundstücke
              (Außerplanmäßige Abschreibung: ... DM)

   B. Vorübergehend erfolgsneutrale Bestände
       1. Allmählich erfolgswirksam werdende Bestände
          (abschreibungsbedürftige Anlagen in Betrieb)
           a) Risikoarme Bestände
           b) Risikobelastete Bestände
               aa) Bestände, auf die als Abschläge für besondere Risiken
                   außerplanmäßige Abschreibungen in Höhe von ... DM
                   vorgenommen wurden
               bb) Bauten auf fremden Grundstücken
       2. Später erfolgswirksam werdende Bestände
           a) Dem späteren Sofortverbrauch zuzuführende Bestände (Vor-
              räte, Ansprüche auf Realgüter)
               aa) Noch nicht in Produktion befindliche Bestände
                   (1) Ursprüngliche Realgüter (Einsatzmaterial)
                       (a) Ohne Risikoabschlag
                       (b) Mit Risikoabschlag
                           (in Höhe von ... DM)
                   (2) Abgeleitete Realgüter (Ansprüche auf immaterielle und
                       materielle Realgüter zum später einsetzenden Sofort-
                       verbrauch)
                       (a) Ohne Risikoabschlag

        (b) Mit Risikoabschlag
           (Abschreibung: ... DM)
     bb) In Produktion befindliche Bestände
       (1) Ohne Risikoabschlag
       (2) Mit Risikoabschlag
           (Abschreibung: ... DM)
     cc) Nicht mehr in Produktion befindliche Bestände
       (1) Ohne Risikoabschlag
       (2) Mit Risikoabschlag
           (Abschreibung: ... DM)
  b) Dem später einsetzenden Dauerverbrauch zuzuführende Bestände (z. B. noch nicht in Betrieb genommene Anlagen und Ansprüche auf Maschinenlieferung)
     aa) Ohne Risikoabschlag
     bb) Mit Risikoabschlag
        (Abschreibung: ... DM)

PASSIVA

I. *Ausgabenbestände*

A. Aufwandswirksame Vorausgaben
  1. Vorausgaben mit feststehendem Zahlbetrag
  2. Vorausgaben mit geschätztem Zahlbetrag (Rückstellungen)
    a) Maximalrückstellungen
    b) Normalrückstellungen
      aa) Pensionsrückstellungen
      bb) Sonstige Normalrückstellungen

B. Vorratsvorausgaben (Lieferungsverbindlichkeiten)
  1. Vorausgaben mit feststehendem Zahlbetrag
  2. Vorausgaben mit geschätztem Zahlbetrag (Rückstellungen)
    a) Maximalrückstellungen
    b) Normalrückstellungen

C. Wechselbezügliche Vorausgaben
  1. Eigenkapital (Beteiligungskapital)
    a) Eingezahltes Kapital
    b) Noch einzuzahlendes Kapital[46]
    c) Rücklagen (offene Rücklagen)
      aa) Gesetzliche Rücklagen
      bb) Freie Rücklagen
    d) Periodenerfolg (Gewinn +, Verlust ./.)
      (davon Vortrag aus früheren Perioden: ... DM)
  2. Fremdkapital (Darlehenskapital)
    a) Ohne Verzinsung
    b) Mit fester Verzinsung
    c) Mit variablen Erträgen

---

[46] Entweder mit gleich hohem Gegenposten auf der Aktivseite oder als Bilanzvermerk außerhalb der Bilanzrechnung. (Vgl. Anmerkung 21 auf S. 169 dieser Arbeit).

II. *Einnahmengegenwerte*
(Ansprüche Dritter auf materielle und immaterielle Realgüter)

III. *Bilanzvermerke* (nach § 151 Abs. 5 AktG 1965)
Eventualverbindlichkeiten
1. Aus der Begebung und Übertragung von Wechseln
2. Aus Bürgschaften
3. Aus Gewährleistungsverträgen
4. Als Haftung aus der Bestellung von Sicherheiten für fremde Verbindlichkeiten

Wird als *Partialziel* neben der Erfolgsermittlung und -darstellung der *Nachweis von finanziellen Beziehungen zu verbundenen Unternehmen* angestrebt, so sind die gegenüber verbundenen Unternehmen bestehenden Schulden und Forderungen gesondert nachzuweisen. Das gilt auch für Darlehen und Beteiligungen, wobei entsprechend den gesetzlichen Meldepflichten nach § 20 AktG 1965 und den unterschiedlichen Einflußmöglichkeiten auf die Beteiligungsbetriebe Beteiligungen unter 25 %, über 25 % und über 50 % unterschieden werden können. Außer eigenen Aktien müssen Aktiengesellschaften auch die „Anteile an einer herrschenden oder an der Gesellschaft mit Mehrheit beteiligten Kapitalgesellschaft..." (§ 151 Abs. 1 AktG 1965 Aktiva III B 9) als Sonderposten unter den Aktiva aufführen.

Bei den Ausgabengegenwerten wäre eine Unterteilung in Anlagen und Vorräte aus Fremdlieferungen und aus Lieferungen von verbundenen Unternehmen nötig, wenn als Bewertungsgrundlagen konzerninterne Verrechnungspreise oder gar sogenannte Freundschaftspreise verwendet werden, die weniger zuverlässig sind als echte Marktpreise, die mit fremden Lieferanten ausgehandelt worden sind. Diese Unterteilung ist aber nur bei erheblichen Abweichungen der Konzernpreise von Marktpreisen, die den Erfolg beeinflussen, erforderlich. Sie gibt auch keinen Aufschluß über die finanziellen, sondern über die geschäftlichen Beziehungen zu verbundenen Unternehmen. Daher braucht diese Unterteilung zur Darstellung rein finanzieller Beziehungen nicht vorgenommen zu werden. Wichtig für die Darstellung finanzieller Beziehungen wäre dagegen bei Aktiengesellschaften die Aufteilung des Grundkapitals in solches, das sich in Streubesitz, in Großaktionärsbesitz über 25 % und in Mehrheitsbesitz über 50 % befindet, soweit aufgrund der Meldepflicht der Aktionäre nach § 20 AktG 1965 die Beteiligungsquoten bekannt sind.

Auch für Gesellschaften mit beschränkter Haftung ist eine entsprechende Einteilung des Stammkapitals nützlich, um die Kapitalverbundenheiten und die Einflußmöglichkeiten einzelner Anteilseigentümer aufzuzeigen. Denn eine Mehrheit über 75 % kann Satzungsänderungen durchsetzen (nach § 53 Abs. 2 GmbHG) und nach § 60 GmbHG die Auflösung der Gesellschaft beschließen. Ein Anteil über 25 % bedeutet also

Sperrminorität, und ein Anteil über 50 % des Stammkapitals bedeutet Mehrheit, wenn auch oft ein geringerer Anteilbesitz die Mehrheit der abgegebenen Stimmen ermöglicht (§ 47 GmbHG), wenn z. B. Stimmenthaltungen in der Gesellschafterversammlung vorkommen.

Aufgrund dieser Ausführungen gelangt man zu folgender *Bilanzgliederung unter Berücksichtigung des Partialzieles der Darstellung finanzieller Beziehungen zu verbundenen Unternehmen* im Sinne der §§ 15—19 AktG 1965:

AKTIVA

I. *Einnahmenbestände*

  A. Ursprüngliche Nominalgüter
    1. Bargeld
    2. Buchgeld

  B. Abgeleitete Nominalgüter
    1. Forderungen aus Lieferungen und Leistungen
      (darunter an verbundene Unternehmen: ... DM)
    2. Forderungen aus Darlehensgeschäften und Beteiligungen
      a) Darlehensforderungen ohne laufende Erträge
        (darunter an verbundene Unternehmen: ... DM)
      b) Darlehensforderungen mit laufenden Erträgen
        (darunter an verbundene Unternehmen: ... DM)
      c) Beteiligungen (mit variablen Erträgen)
        aa) Beteiligungen unter 25 %
        bb) Beteiligungen 25 % bis unter 50 %
        cc) Mehrheitsbeteiligungen (über 50 %)
      d) Anteile an einer herrschenden oder an der Gesellschaft mit Mehrheit beteiligten Kapitalgesellschaft
      e) Eigene Aktien bzw. Kapitalanteile

II. *Ausgabengegenwerte*

  A. Dauernd erfolgsneutrale Bestände
  B. Vorübergehend erfolgsneutrale Bestände
    1. Allmählich erfolgswirksam werdende Bestände
    2. Später erfolgswirksam werdende Bestände
      a) Zum späteren Sofortverbrauch bestimmte Bestände
      b) Zum später einsetzenden Dauerverbrauch bestimmte Bestände

PASSIVA

I. *Ausgabenbestände*

  A. Aufwandswirksame Vorausgaben
    1. Mit feststehendem Zahlbetrag
      (darunter gegenüber verbundenen Unternehmen: ... DM)
    2. Mit geschätztem Zahlbetrag (Rückstellungen)
      (darunter gegenüber verbundenen Unternehmen: ... DM)
  B. Vorratsvorausgaben (Verbindlichkeiten aus Lieferungen)
    1. Mit feststehendem Zahlbetrag
      (darunter gegenüber verbundenen Unternehmen: ... DM)

    2. Mit geschätztem Zahlbetrag (Rückstellungen)
      (darunter gegenüber verbundenen Unternehmen: ... DM)
  C. Wechselbezügliche Vorausgaben
    1. Eigenkapital (Beteiligungskapital)
      a) In Mehrheitsbesitz befindliches Kapital
      b) In Minderheitsbesitz über 25 % befindliches Kapital
      c) In Minderheitsbesitz unter 25 % befindliches Kapital
      d) Noch einzuzahlendes Kapital
        (außerhalb der Bilanzrechnung als Vermerk)[47]
      e) Rücklagen
      f) Periodenerfolg (Gewinn +, Verlust ./.)
    2. Fremdkapital (Darlehenskapital)
      a) Ohne Verzinsung
        (darunter von verbundenen Unternehmen: ... DM)
      b) Mit fester Verzinsung
        (darunter von verbundenen Unternehmen: ... DM)
      c) Mit variablen Erträgen
        (darunter von verbundenen Unternehmen: ... DM)

II. *Einnahmengegenwerte*
  A. Ansprüche Dritter auf materielle und immaterielle Realgüter
  B. Ansprüche verbundener Unternehmen auf materielle und immaterielle Realgüter

Bei dem letzten Gliederungsbeispiel wurde die verkürzte Fassung der Bilanzgliederung mit dem Totalzweck der Erfolgsermittlung[48] so erweitert, daß sie auch dem Partialziel der Darstellung der finanziellen Beziehungen zu verbundenen Unternehmen gerecht wird. Als Ausgangsbasis hätte aber auch die ungekürzte Fassung der Erfolgsermittlungsbilanz[49] herangezogen werden können. Dabei wäre das Gliederungsbeispiel entsprechend umfangreicher geworden. Die Übersichtlichkeit wäre dann allerdings erheblich beeinträchtigt worden, so daß ein solches Vorgehen kaum vertretbar ist.

Theoretisch ist es auch denkbar, daß eine Bilanz neben einem Totalzweck nicht nur ein einziges Partialziel mit eigenem Einfluß auf die Bilanzgliederung erfüllen soll, sondern mehrere Partialziele. So kann z. B. gewünscht werden, daß neben der Erfolgsermittlung als Totalziel auch die Darstellung der Risikoverhältnisse und der Nachweis der finanziellen Beziehungen zu verbundenen Unternehmen als Partialziele in einer einzigen Bilanzgliederung berücksichtigt werden sollen. Da die hier gegebenen Beispiele auch bei Zugrundelegung einer verkürzten Gliederung der Erfolgsermittlungsbilanz schon bei der Berücksichtigung eines einzigen zusätzlichen Partialzieles recht umfangreiche Bilanzgliede-

---

[47] Entweder mit gleich hohem Gegenposten auf der Aktivseite oder als Bilanzvermerk außerhalb der Bilanzrechnung (Vgl. Anmerkung 21 auf S. 169 dieser Arbeit).
[48] Gliederungsschema auf S. 180 f. dieser Arbeit.
[49] Gliederungsschema auf S. 168 ff. dieser Arbeit.

rungen sind, würden die Bilanzgliederungen, die mehreren Partialzielen gerecht werden sollen, noch wesentlich ausführlicher und daher für viele Bilanzleser zu unübersichtlich werden. Auch für den Bilanzaufsteller können Schwierigkeiten bei der richtigen Zuordnung der zu bilanzierenden Tatbestände zu den zahlreichen Bilanzgegenständen auftreten. Da also Bilanzgliederungen, die neben einem Totalzweck mehreren Partialzielen mit jeweils besonderen Gliederungserfordernissen entsprechen sollen, praktisch wegen der zu hohen Zahl der Bilanzgegenstände nicht verwendbar sind, wird hier von der Darstellung entsprechender Gliederungsbeispiele abgesehen.

Die aufgeführten Beispiele für mögliche Bilanzgliederungen sind als rein gedankliche Modelle anzusehen[50]. Für konkrete Fälle in der Praxis müßten sie entsprechend den jeweils gegebenen Rahmenbedingungen, die auf die Gliederung einer Bilanz Einfluß haben, variiert und modifiziert werden. Diese Rahmenbedingungen sind im einzelnen im Abschnitt C III (S. 43—75) beschrieben und hinsichtlich ihres Einflusses auf die Bilanzgliederung untersucht worden.

Da die in dieser Arbeit gegebenen Bilanzgliederungsbeispiele etwa den Verhältnissen bei einer Kapitalgesellschaft mit industrieller Sachgüterproduktion in einer marktwirtschaftlichen Wirtschaftsordnung entsprechen, müssen sie, wenn sie auf andere Rahmenbedingungen zugeschnitten sein sollen, teils erweitert und teils vereinfacht werden. Erweiterungen sind z. B. dann erforderlich, wenn besondere Bewertungen in der Bilanz ersichtlich gemacht werden sollen[51], wenn der relative Anteil eines Bilanzpostens an der Bilanzsumme sehr hoch ist und daher seine Unterteilung nach natürlichen Eigenarten der in ihm bilanzierten Objekte die Bilanzaussage verbessern würde (z. B. durch weitere Differenzierung der Gliederung des Anlagevermögens bei anlageintensiven Betrieben) und wenn die Lebensphase des Betriebes gerade die Bildung besonderer Bilanzgegenstände (z. B. „Die Kosten der Ingangsetzung des Geschäftsbetriebs..." nach § 153 Abs. 4 AktG 1965) nötig macht[52]. Vereinfachungen der Bilanzgliederung sind angebracht, wenn in dem bilanzierenden Betrieb bestimmte Bilanzobjekte nicht vorkommen oder nur eine geringe Bedeutung besitzen. Die entsprechenden Bilanzgegenstände können dann weggelassen bzw. mit anderen zusammengefaßt werden. Das gilt oft für die Bilanzgegenstände „Forderungen aus Darlehensgeschäften und Beteiligungen" und „Fertige Erzeugnisse" bei Betrieben ohne Sachgüterproduktion.

---

[50] Gliederungsbeispiele auf S. 155, S. 168 ff., S. 170 f., S. 172, S. 174 f., S. 176 ff., S. 180 f., S. 189 ff. und S. 193 f.
[51] Vgl. S. 70—75 dieser Arbeit.
[52] Vgl. S. 53—61 dieser Arbeit.

Die auf S. 68 ff. aufgeführten neun Bedingungen, denen eine den Grundsätzen ordnungsmäßiger Buchführung und Bilanzierung entsprechende Bilanzgliederung genügen soll, müssen als Grundsätze ordnungsmäßiger Bilanzgliederung aufgefaßt werden und sollten für jede Bilanzgliederung verbindlich sein.

Literaturverzeichnis

1. Monographien und Abhandlungen in Festschriften, Zeitschriften und Sammelwerken

Adler-Düring-Schmaltz: Rechnungslegung und Prüfung der Aktiengesellschaft, Handkommentar, 4. Auflage, völlig neu bearbeitet von K. Schmaltz, K.-H. Forster, R. Goerdeler, H. Havermann, Band 1, Rechnungslegung, Stuttgart 1968.

Afanassjew, A. A.: Grundzüge des Aufbaues einer buchhalterischen Bilanz, Berlin (Ost) 1953 (Übersetzung aus dem Russischen aufgrund der 3. Auflage, Moskau 1952).

Albach, Horst: Grundgedanken einer synthetischen Bilanztheorie, ZfB 1965, H. 1, S. 21—31.

Baumbach, Adolf — *Hueck,* Alfred: Aktiengesetz, 13. Auflage, München 1968 (Beck'sche Kurz-Kommentare, Band 23).

Behrens, Karl Christian: Allgemeine Standortbestimmungslehre, Köln und Opladen 1961.

Bellinger, Bernhard: Langfristige Finanzierung, Wiesbaden 1964.

Bidlingmaier, Johannes: Unternehmerziele und Unternehmerstrategien, Wiesbaden 1964.

Birck, Heinrich: Die Bankbilanz, Aufstellung, Bewertung und Gliederung der Jahresabschlüsse der Kreditinstitute nach Handels- und Steuerrecht, 2. Auflage, Wiesbaden 1961.

Blecha, Josef: Der tschechoslowakische Kontenrahmen für Industriebetriebe und die Organisation ihres Rechnungswesens, ZfB 1962, S. 283—296.

Blohm, Hans: Informationswesen, in: Handwörterbuch der Organisation, Hrsg. E. Grochla, Stuttgart 1969, Sp. 727—734.

Bouffier, Willy: Die Bedeutung der Gliederung für die Aussagefähigkeit des Jahresabschlusses, ZfhF 1957, S. 417—435 (Vortrag auf der Wiener Tagung des Verbandes der Hochschullehrer für Betriebswirtschaft, 12. bis 14. 6. 1957).

Bussmann, Karl F.: Betreuung und Prüfung der Unternehmungen, Wiesbaden 1960.

Chmielewicz, Klaus: Wirtschaftsgut und Rechnungswesen, ZfbF 1969, H. 2/3, S. 85—122.

Coenenberg, Adolf Gerhard: Gewinnbegriff und Bilanzierung; ZfbF 1968, S. 442—469.

le Coutre, Walter: Grundzüge der Bilanzkunde, Eine totale Bilanzlehre, Teil 1, 4. Auflage, Wolfenbüttel 1949.

— Totale Bilanz, in: Lexikon des kaufmännischen Rechnungswesens, Hrsg. K. Bott, 4. Band, 2. Auflage, Stuttgart 1957, Sp. 2555—2604.

— Was sagt mir die Bilanz? Wirtschaftserkenntnis durch Bilanzkritik, 3. Auflage, Stuttgart 1962.

Diemer, Alwin: Grundriß der Philosophie, Band 1, Allgemeiner Teil, Meisenheim/Glan 1962.

Eisenführ, Franz: Anforderungen an den Informationsgehalt kaufmännischer Jahresabschlußrechnungen, Köln 1967 (Diss. Kiel 1967).

Endres, Walter: Der erzielte und der ausschüttbare Gewinn der Betriebe, Beiträge zur betriebswirtschaftlichen Forschung, Band 28, Köln und Opladen 1967.

Engels, Wolfram: Betriebswirtschaftliche Bewertungslehre im Licht der Entscheidungstheorie, Köln und Opladen 1962.

Feuerbaum, Ernst: Die polare Bilanz, Berlin 1966.

Fitting, Karl — *Kraegeloh*, Walter — *Auffarth*, Fritz: Betriebsverfassungsgesetz nebst Wahlordnung, Handkommentar für die Praxis, 8. Auflage, bearbeitet von Karl Fitting und Fritz Auffarth, Berlin und Frankfurt am Main 1968.

Fitzgerald, A. A. — *Schumer*, L. A.: Classification in Accounting, 2nd Edition, Sydney — Melbourne — Brisbane 1962.

Göppl, Hermann: Die Gestaltung der Rechnungslegung von Aktiengesellschaften unter Berücksichtigung der neueren bilanztheoretischen Diskussion, WPg 1967, Nr. 21, S. 565—574.

Griem, Heinrich: Der Prozeß der Unternehmungsentscheidung bei unvollkommener Information, Berlin 1968.

Grochla, Erwin: Betrieb und Wirtschaftsordnung, Das Problem der Wirtschaftsordnung aus betriebswirtschaftlicher Sicht, Berlin 1954.

Gutenberg, Erich: Buchbesprechung von E. Kosiol: Bilanzreform und Einheitsbilanz, 2. Auflage, Berlin — Stuttgart 1949, ZfhF 1952, S. 533—536.

— Einführung in die Betriebswirtschaftslehre, Wiesbaden 1958.

— Grundlagen der Betriebswirtschaftslehre, 1. Band, Die Produktion, 4. Auflage, Berlin — Göttingen — Heidelberg 1958.

— Grundlagen der Betriebswirtschaftslehre, 3. Band, Die Finanzen, 2. Auflage, Berlin — Heidelberg — New York 1969.

Hagenmüller, Karl Fr.: Bankbetrieb und Bankpolitik, Wiesbaden 1959.

Härle, Dietrich: Finanzierungsregeln und Liquiditätsbeurteilung, in: Finanzierungshandbuch, Hrsg. H. Janberg, Wiesbaden 1964, S. 139—161.

Hasenack, Wilhelm: Stellungnahme zum Referentenentwurf eines GmbH-Gesetzes mit besonderer Berücksichtigung der geplanten Vorschriften zur Rechnungslegung, BFuP, 21. Jahrgang, 1969, H. 10, S. 545—567.

Hax, Herbert: Der Bilanzgewinn als Erfolgsmaßstab, ZfB 1964, H. 10, S. 642 bis 651.

Hax, Karl: Langfristige Finanz- und Investitionsentscheidungen, in: Handbuch der Wirtschaftswissenschaften, Band I, Betriebswirtschaft, Hrsg. K. Hax und Theodor Wessels, 2. Auflage, Köln und Opladen 1966, S. 399 bis 489.

Heinen, Edmund: Handelsbilanzen, 4. Auflage, Wiesbaden 1968.

— Das Zielsystem der Unternehmung, Grundlagen betriebswirtschaftlicher Entscheidungen, Wiesbaden 1966.

Hendrikson, Kurt H.: Die Technik der Kreditwürdigkeitsprüfung, Wiesbaden 1956.

Henzler, Reinhold: Die Gliederung der Bilanz, Beilage zur ZfB 1952, H. 6, S. 41—47.

Illetschko, Leopold L.: Theorie und Praxis einer betrieblichen Verrechnungslehre, in: Betriebswirtschaftslehre und Wirtschaftspraxis, Festschrift für K. Mellerowicz zu seinem 70. Geburtstag, Hrsg. K.-H. Berger und H. Schwarz, Berlin 1961, S. 183—199.

— Unternehmenstheorie, 2. Auflage, Wien — New York 1967.

Der Jahresabschluß von Aktiengesellschaften in Europa und USA, I. Teil — Deutschland, Frankreich, Großbritannien, Italien, Österreich, Schweden, Schweiz, herausgegeben vom Ausschuß für wirtschaftliche Verwaltung (AWV) unter Mitwirkung von E. Fritsch, E. Maurer, M. Meinharndt, J. Schlicht, W. Scholtissek, H. Schröter und J. Wandel, AWV-Schriftenreihe Nr. 138, Berlin 1966.

Der Jahresabschluß von Aktiengesellschaften in Europa und USA, II. Teil — Belgien, Dänemark, Finnland, Griechenland, Luxemburg, Niederlande, Norwegen, Portugal, Spanien, USA, herausgegeben vom Ausschuß für wirtschaftliche Verwaltung unter Mitwirkung von M. Beck, W. Borchert u. a., AWV-Schriftenreihe Nr. 139, Berlin 1967.

Kalveram, Wilhelm: Industrielles Rechnungswesen, 6. Auflage, Wiesbaden 1968.

Karsten, Johann-Friedrich: Die Deformierung der handelsrechtlichen Rechnungslegung durch steuerliche Maßnahmen der Wirtschaftsförderung, in: Der Betriebs-Berater, 22. Jg. 1967, H. 11, S. 425—428.

Klaus, Georg: Einführung in die formale Logik, Berlin (Ost) 1958.

Kosiol, Erich: Anlagenrechnung, Theorie und Praxis der Abschreibungen, Wiesbaden 1955.

— Bilanzreform und Einheitsbilanz, Grundlegende Studien zu den Möglichkeiten einer Rationalisierung der periodischen Erfolgsrechnung, 2. Auflage, Berlin — Stuttgart 1949.

— Bilanztheorie, in: Handwörterbuch der Sozialwissenschaften, Hrsg. E. v. Beckerath (u. a.), Band 2, Stuttgart — Tübingen — Göttingen 1958, Seiten 222—234.

— Buchhaltung und Bilanz, 2. Auflage, Berlin 1967.

— Einführung in die Betriebswirtschaftslehre, Wiesbaden 1968.

— Kostenrechnung, Wiesbaden 1964.

— Kritische Analyse der Wesensmerkmale des Kostenbegriffes, in: Betriebsökonomisierung durch Kostenanalyse, Absatzrationalisierung und Nachwuchserziehung, Festschrift für R. Seyffert zu seinem 65. Geburtstag, Hrsg. E. Kosiol und F. Schlieper, Köln und Opladen 1958, S. 7—37.

— Organisation der Unternehmung, Wiesbaden 1962.

— Die Unternehmung als wirtschaftliches Aktionszentrum, Einführung in die Betriebswirtschaftslehre, Reinbek bei Hamburg 1966.

Krasensky, Hans: Bildstatistischer Bilanzatlas, Wien (1967).

Langen, Heinz: Der Betrieb als Regelkreis, in: Organisation und Rechnungswesen, Festschrift für E. Kosiol zu seinem 65. Geburtstag, Hrsg. E. Grochla, Berlin 1964, S. 81—100.

— Die Kapazitätsausweitung durch Reinvestition liquider Mittel aus Abschreibungen, ZfhF 1953, H. 2, S. 49—70.

— Das mathematische Skelett der pagatorischen Kontentheorie, ZfB 1965, H. 1, S. 32—44.

Leffson, Ulrich: Die Grundsätze ordnungsmäßiger Buchführung, Düsseldorf 1964.

— Der Jahresabschluß in der Aktienrechtsreform, Wiesbaden 1961.

— Wesen und Aussagefähigkeit des Jahresabschlusses, ZfbF 1966, H. 6, S. 375—390.

Lehmann, Max Rudolf: Die Quintessenz der Bilanztheorie, ZfB 25. Jg. 1955, H. 10, S. 537—552 und H. 12, S. 669—688.

Lichy, Wolfgang: Die Bilanzierung vermieteter Wirtschaftsgüter im aktienrechtlichen Jahresabschluß, ZfB 1968, H. 3, S. 187—194.

Maul, Karl-Heinz: Grundfragen der Rechnungslegung bei Publikumsaktiengesellschaften, Diss. Frankfurt/M. 1968.

Meinhardt, Marie: Der Jahresabschluß von Aktiengesellschaften in Großbritannien, in: Der Jahresabschluß von Aktiengesellschaften in Europa und USA, Hrsg. AWV, Teil I, Berlin 1966 (AWV-Schriftenreihe Nr. 138), S. 59—105.

Mellerowicz, Konrad: Rechnungslegung (§§ 125—144 AktG 1937), in: Gadow, W.
— Heinichen, E.: Aktiengesetz, Großkommentar, 2. Auflage, Berlin 1961, 1. Band, S. 853—1120.

Moxter, Adolf: Die Grundsätze ordnungsmäßiger Bilanzierung und der Stand der Bilanztheorie, ZfbF 1966, H. 1, S. 28—59.

— Die statistische Bilanz heute, ZfbF 1967, S. 724—733.

Münstermann, Hans: Die Bedeutung des ökonomischen Gewinnes für den externen Jahresabschluß der Aktiengesellschaft, WPg 1966, H. 20/21, S. 579 bis 586.

— Dynamische Bilanz: Grundlagen, Weiterentwicklung und Bedeutung in der neuesten Bilanzdiskussion, ZfbF 1966, 18. Jg., S. 512—531.

— Wert und Bewertung der Unternehmung, Wiesbaden 1966.

Nertinger, Josef: Bilanzextrakte, Stuttgart o. J. (1960).

Nicklisch, Heinrich: Die Betriebswirtschaft, 7. Auflage, Stuttgart 1932.

Nurmilahti, V. P.: Der formale Aufbau der Jahresvermögensbilanz, Helsinki o. J. (1937).

Peupelmann, Hans W.: Bilanzausweis und Bilanzierungsprobleme 1966/67, insbesondere nach dem Aktiengesetz 1965, in: Der Betrieb, Jg. 20, H. 18 vom 5. 5. 1967, S. 737—742 und H. 19 vom 12. 5. 1967, S. 781—784.

Pfänder, Alexander: Logik, 3. Auflage, Tübingen 1963.

Pohmer, Dieter: Über die Bedeutung des betrieblichen Werteumlaufs für das Rechnungswesen der Unternehmungen, in: Organisation und Rechnungswesen, Festschrift für E. Kosiol zu seinem 65. Geburtstag, Hrsg. E. Grochla, Berlin 1964, S. 305—349.

Das Rechnungswesen der sozialistischen Industriebetriebe, Teil 1, 7. Auflage, Berlin (Ost), Redaktionsschluß: 30. 11. 1963, veröffentlicht 1964 (Manuskript der 1. Auflage: H. Krautz, M. Perscheid, E. Pohl; Bearbeiter der 6. und 7. Auflage: G. Reinecke).

Das Rechnungswesen der sozialistischen Industriebetriebe, Teil 2, 4. Auflage, Berlin (Ost), Redaktionsschluß: 1. 7. 1964, veröffentlicht 1964 (Manuskript der 1. Auflage: G. Mitzinger und K. Meinzer; Bearbeiter der 4. Auflage: G. Reinecke).

Referentenentwurf eines Gesetzes über Gesellschaften mit beschränkter Haftung, herausgegeben vom Bundesministerium der Justiz, Köln-Marienburg 1969.

Rentrop, Siegfried: Buchführung und Bilanz, Ein Beitrag zur Theorie und Geschichte der doppelten Buchführung, Berlin 1958.

Rittershausen, Heinrich: Die kurzfristigen Finanzpositionen, in: Handbuch der Wirtschaftswissenschaften, Herausgeber Karl Hax und Theodor Wessels, Band 1, Betriebswirtschaft, 2. Auflage, Köln und Opladen 1966, S. 343—397.

Rößle, Karl: Allgemeine Betriebswirtschaftslehre, 5. Auflage, Stuttgart 1956.

— Die Aussagefähigkeit der Bilanz, in: Gegenwartsprobleme der Betriebswirtschaft, Festschrift zum 70. Geburtstag von W. le Coutre, Hrsg. F. Henzel, Baden-Baden — Frankfurt/Main 1955, S. 99—111.

Schmalenbach, Eugen: Dynamische Bilanz, 13. Auflage, Köln und Opladen 1962 (bearbeitet von R. Bauer).

Schmaltz-Sandig-Forster: Formblätter für den Jahresabschluß, 2. Auflage, Stuttgart 1955.

Schmidt, Fritz: Die organische Tageswertbilanz, 3. Auflage, Leipzig 1929 (Nachdruck Wiesbaden 1951).

Schmidt, Ralf-Bodo: Die Kapitalerhaltung der Unternehmung als Gegenstand zielsetzender und zielerreichender Entscheidungen, in Organisation und Rechnungswesen, Festschrift für E. Kosiol zu seinem 65. Geburtstag, Hrsg. E. Grochla, Berlin 1964, S. 411—440.

Schneider, Dieter: Bilanzgewinn und ökonomische Theorie, ZfhF 1963, S. 457 bis 474.

Schnettler, Albert: Betriebsanalyse, 2. Auflage, Stuttgart 1960.

Schulze, Hans-Herbert: Zum Problem der Messung des wirtschaftlichen Handelns mithilfe der Bilanz, Berlin 1966 (Diss. FU Berlin 1965).

Siebert, Kurt: Investitions- und Finanzplanung, in: Finanzierungshandbuch, Hrsg. H. Janberg, Wiesbaden 1964, S. 117—130.

Sieben, Günter: Prospektive Erfolgserhaltung, Ein Beitrag zur Lehre von der Unternehmungserhaltung, ZfB 1964, H. 10, S. 628—641.

Sigwart, Christoph: Logik (Mit Anmerkungen von Heinrich Maier), 1. Band, 5. Auflage, Tübingen 1924.

Sommerfeld, Heinrich: Eudynamische Bilanz, in: Lexikon des kaufmännischen Rechnungswesens, Hrsg. K. Bott, 2. Auflage, 2. Band, Stuttgart 1955, Sp. 980—985.

Statistisches Jahrbuch für die Bundesrepublik Deutschland, Hrsg. Statistisches Bundesamt Wiesbaden, Jg. 1967.

Strobel, Arno: Die Liquidität, Methoden ihrer Berechnung, 2. Auflage, Stuttgart 1953.

Stützel, Wolfgang: Bemerkungen zur Bilanztheorie, ZfB 1967, H. 5, S. 314—340.

Szyperski, Norbert: Neuere Bemühungen um Grundlegung und Formalisierung der Theorie der Unternehmungsrechnung in den USA, BFuP 1964, H. 4, S. 218—228.

— Einige aktuelle Fragestellungen zur Theorie der Unternehmungsrechnung, BFuP 1964, H. 5, S. 270—282.

— Zur Anwendung des Terminus „pagatorisch", in: Organisation und Rechnungswesen, Festschrift für E. Kosiol zu seinem 65. Geburtstag, Hrsg. E. Grochla, Berlin 1964, S. 351—383.

— Zur Problematik der quantitativen Terminologie in der Betriebswirtschaftslehre, Berlin 1962.

Tietz, Bruno: Bildung und Verwendung von Typen in der Betriebswirtschaftslehre, dargestellt am Beispiel der Typologie der Messen und Ausstellungen, Köln und Opladen 1960.

Volkmann, Ulrich: Die Bilanz 1968 unter Berücksichtigung von Gesetzgebung und Rechtsprechung, Betriebswirtschaftliche Umschau, 39. Jg., H. 5/6, Berlin 1969, S. 165 ff.

Vollrodt, Werner: Die pagatorischen Erfolgskomponenten im Blickwinkel der Gewinnmaximierung, in: Organisation und Rechnungswesen, Festschrift für E. Kosiol zu seinem 65. Geburtstag, Hrsg. E. Grochla, Berlin 1964, S. 385—409.

Walb, Ernst: Die Erfolgsrechnung privater und öffentlicher Betriebe, Eine Grundlegung, Berlin — Wien 1926.

Weisenseel, Eugen: Die Grundlagen und die charakteristischen Grundzüge der Bilanz in der volkseigenen Industrie, Diss. Frankfurt/Main 1963.

Wieser, Bernhard: Die Rechnungslegung im Konzern nach dem Regierungsentwurf eines Aktiengesetzes in betriebswirtschaftlicher Sicht, Diss. Erlangen — Nürnberg (1964).

Wietzke, Günter: Der konsolidierte Jahresabschluß und seine besonderen Probleme in der deutschen und anglo-amerikanischen Bilanzierungspraxis, Berlin 1962.

Witte, Eberhard: Die Liquiditätspolitik der Unternehmung, Tübingen 1963.

Wittman, Waldemar: Information, in: Handwörterbuch der Organisation, Hrsg. E. Grochla, Stuttgart 1969, Sp. 699—707.

Wöhe, Günter: Einführung in die Allgemeine Betriebswirtschaftslehre, 8. Auflage, Berlin und Frankfurt a. M. 1968.

Wundt, Wilhelm: Logik, 4. Auflage, 1. Band, Stuttgart 1919.

von Zwehl, Wolfgang: Untersuchung zur Erstellung einer Planbilanz als Ergänzung des Jahresabschlusses, Berlin 1968 (Diss. Göttingen 1968).

2. Bilanzen, Geschäftsberichte, Gesetzestexte und Verordnungen

Alexanderwerk Aktiengesellschaft, Remscheid: Bilanz zum 31. 12. 1966, veröffentlicht in: Handelsblatt, Düsseldorf vom 18. 9. 1967, Nr. 180, S. 8.

Badische Anilin- & Soda-Fabrik AG (BASF), Ludwigshafen am Rhein: Geschäftsjahr 1968, Geschäftsbericht, Bericht des Aufsichtsrats und Jahresabschluß nebst Konzerngeschäftsbericht und Konzernabschluß.

Berliner Bank AG, Berlin-Charlottenburg: Bericht für das Geschäftsjahr 1968.

Berlinhilfe-Gesetz vom 19. 8. 1964, BGBl. I, S. 675.

Beton- und Monierbau AG, Düsseldorf: Bilanz zum 31. 12. 1967, veröffentlicht in: Handelsblatt Nr. 134, Düsseldorf, den 16. 7. 1968, S. 15.

Bremer Vulkan Schiffbau und Maschinenfabrik, Bremen-Vegesack: Bilanz auf den 31. 12. 1967, veröfentlicht in: Handelsblatt Nr. 163, Düsseldorf, den 26. 8. 1968, S. 10.

Bürgerliches Gesetzbuch vom 18. 8. 1896.

Bundesminister(ium) für Justiz: siehe „Referentenentwurf" bzw. „Verordnung".

Concordia Bergbau-Aktien-Gesellschaft, Oberhausen: Bilanz zum 31. 12. 1967, veröffentlicht in: Handelsblatt Nr. 169, Düsseldorf, den 3. 9. 1968, S. 8.

Einkommensteuer-Durchführungsverordnung 1965 in der Fassung vom 15. 4. 1966, BGBl. I, S. 246.

Einkommensteuergesetz 1965 in der Fassung vom 10. 12. 1965, BGBl. I, S. 1902.

Gesetz, betreffend die Erwerbs- und Wirtschaftsgenossenschaften vom 1. 5. 1889, RGBl. 1898, S. 810 (Genossenschaftsgesetz).

Gesetz über Aktiengesellschaften und Kommanditgesellschaften auf Aktien (Aktiengesetz) vom 30. 1. 1937, RGBl. I, S. 107 (AktG 1937).

Gesetz über die Deutsche Bundesbank vom 26. 7. 1957, BGBl. I, S. 745.

Gesetz über das Kreditwesen vom 10. 7. 1961, BGBl. I, S. 881.

Gesetz über den Lastenausgleich vom 14. 8. 1952.

Gesetz über die Mitbestimmung der Arbeitnehmer in den Aufsichtsräten und Vorständen der Unternehmen des Bergbaus und der Eisen und Stahl erzeugenden Industrie vom 21. 5. 1951, BGBl. I, S. 347.

Gesetz zur Förderung der Stabilität und des Wchstums der Wirtschaft vom 8. 6. 1967, BGBl. 1967, S. 582.

Handelsgesetzbuch vom 10. 5. 1897.

Vereinsbank in Nürnberg: Bilanz zum 31. 12. 1968, veröffentlicht in: Handelsblatt, Düsseldorf vom 30. 4. 1969, Nr. 83, S. 17.

Verordnung über Formblätter für die Gliederung des Jahresabschlusses der Hypothekenbanken und Schiffspfandbriefbanken vom 1. 12. 1953, BGBl. S. 1554.

Verordnung über Formblätter für die Gliederung des Jahresabschlusses von Kreditinstituten vom 20. 12. 1967, BGBl. 1967, I, S. 1300—1327 (Der Bundesminister für Justiz).

Verordnung über die Gliederung des Jahresabschlusses von Verkehrsunternehmen vom 27. 2. 1968, BGBl. 1968, I, S. 193.

Umsatzsteuergesetz vom 29. 5. 1967, BGBl. I, S. 545.

Betriebswirtschaftliche Forschungsergebnisse

DUNCKER & HUMBLOT / BERLIN

Betriebe, öffentliche Haushalte und Staat. Von Prof. Dr. *A. Schnettler.* XVIII, 473 S. 1964. Ln. DM 49,80.

Betriebswirtschaftsstatistik. Methode und Arbeitspraxis mit Anleitungen zur Aufgabenbearbeitung. Von Prof. Dr. *Ch. Lorenz.* 372 S. mit 21 Schaubildern. 1960. Ln. DM 56,—.

Die Behandlung praktischer Fälle im betriebswirtschaftlichen Hochschulunterricht (Case-Method). Ein Berliner Versuch. Von Prof. Dr. *E. Kosiol.* 179 S. 1957. Ln. DM 18,80.

Bibliographie der Organisationsliteratur. Hrsg. von Prof. Dr. *E. Kosiol.* 184 S. 1961. Ln. DM 44,60.

Organisation und Rechnungswesen. Festschrift für Erich Kosiol zu seinem 65. Geburtstag. Hrsg. von Prof. Dr. *E. Grochla.* VI, 551 S. 1964. Ln. DM 68,60.

Betriebswirtschaftliche Forschung in internationaler Sicht. Festschrift für Erich Kosiol zum 70. Geburtstag. Hrsg. von Prof. Dr. *H. Kloidt.* 577 S. 1969. Ln. DM 116,—.

Prüfung und Besteuerung der Betriebe. Festschrift für Wilhelm Eich zu seinem 70. Geburtstag. Unter Mitwirkung von *H. Gebert* hrsg. von Prof. Dr. *D. Pohmer.* 230 S. 1959. DM 32,—.

Der Mensch im Markt. Festschrift für Georg Bergler zum 60. Geburtstag. Hrsg. von Prof. Dr. *W. Vershofen* †, Priv.-Doz. Dr. *P. W. Meyer,* Dr. *H. Moser* und Prof. Dr. *W. Ott.* 464 S. 1960. Ln. DM 56,—.

Probleme der Betriebsführung. Festschrift für Otto R. Schnutenhaus zum 65. Geburtstag. Hrsg. von Prof. Dr. *C. W. Meyer.* 298 S. 1959. DM 33,60.

Betriebswirtschaftliche Arbeitsvorbereitung. Von Prof. Dr. *G. v. Kortzfleisch.* 283 S. 1962. DM 36,60.

Betriebswirtschaftliche Planung in industriellen Unternehmungen. Festgabe für Theodor Beste zum 65. Geburtstag. Hrsg. von *J. Ries* und Prof. Dr. *G. v. Kortzfleisch.* 209 S. 1959. DM 24,—.

Die Betriebswirtschaftslehre in der zweiten industriellen Evolution. Festgabe für Theodor Beste zum 75. Geburtstag. Hrsg. von Prof. Dr. *G. v. Kortzfleisch.* 354 S. 1969. DM 66,60.

Wissenschaftliche Betriebsführung und Betriebswirtschaftslehre. Festschrift zum 75. Geburtstag von Otto R. Schnutenhaus. Hrsg. von Prof. Dr. *W. Kroeber-Riel* und Prof. Dr. *C. W. Meyer.* 258 S. 1969. DM 48,60.

Marketing. Ein entscheidungstheoretischer Ansatz. Von Prof. Dr. *R. Nieschlag,* Prof. Dr. *E. Dichtl* und Dr. *H. Hörschgen.* 4., neu bearbeitete und erweiterte Aufl. der Einführung in die Lehre von der Absatzwirtschaft. XXIII, 683 S. 1971. DM 38,—; Ln. DM 59,—.

Grundlagen und Technik des Vertriebs. Von Prof. Dr. *W. Koch.* 2. Aufl.
  1: Organisation des Vertriebes. Psychologie des Vertriebes, Werben, Verkaufen. 731 S. 1958. Ln. DM 56,—.
  2: Marktforschung, Vertriebskanäle, Vertriebsmethoden. Export. Preisbildung. Vertriebskosten. 538 S. 1958. Ln. DM 44,—.

D U N C K E R & H U M B L O T / B E R L I N

Allgemeine Volkswirtschaftslehre. Eine Einführung. Von Geh.-Rat Prof. Dr. *Adolf Weber.* 7. Aufl. XXVIII, 738 S. 1958. Ln. DM 38,—.

Theoretische Volkswirtschaftslehre als System der Wirtschaftstheorie. Von Prof. Dr. *W. Weddigen.* 3., durchgesehene und ergänzte Aufl., 8. - 10. Tausend. 388 S. 1964. Brosch. DM 22,60; Ln. DM 26,60.

Geschichte der volkswirtschaftlichen Theorien. Von Prof. Dr. *A. Kruse.* 4., verbesserte und erweiterte Aufl. VIII, 366 S. 1959. Ln. DM 24,—.

Mathematische Wirtschaftstheorie. Von Prof. Dr. *R. G. D. Allen.* Aus dem Englischen übersetzt von Prof. Dr. G. Kade. XXII, 988 S. 1971. Ln. DM 98,—.

Wirtschaftssysteme. Eine vergleichende Darstellung. Von Prof. Dr. *G. N. Halm.* XVI, 350 S. 1960. Ln. DM 28,60.

Wirtschaftspolitik. Von Prof. Dr. *W. Heinrich.* 2. neubearbeitete Aufl. Bd. I XXIII, 475 S. 1964. Ln. DM 56,60; Bd. II/1: XX, 311 S. 1966. Ln. DM 42,60. Bd. II/2: XIX, 311 S. 1967. Ln. DM 42,60.

Theorie der wirtschaftlichen Entwicklung. Eine Untersuchung über Unternehmergewinn, Kapital, Kredit, Zins und den Konjunkturzyklus. Von *J. Schumpeter.* 6., unveränderte Aufl. XXVI, 369 S. 1964. Ln. DM 38,60.

Das Wesen und der Hauptinhalt der theoretischen Nationalökonomie. Von *J. Schumpeter.* 2., unveränderte Aufl. XXXII, 626 S. 1970. Ln. DM 66,60.

Außenwirtschaft. Die internationalen Wirtschaftsbeziehungen. Von Prof. Dr. *A. Kruse.* 2., überarbeitete und erweiterte Aufl. XIV, 737 S. 1965. Ln. DM 68,—.

Die Grundlagen der Außenwirtschaftstheorie. Von Prof. Dr. *A. Forstmann.* XVI, 418 S. 1956. Ln. DM 48,—.

Geld, Außenhandel und Beschäftigung. Von Prof. Dr. *G. N. Halm.* 4., neubearbeitete Aufl. 368 S. mit 19 Tab. u. 24 Abb. 1966. Ln. DM 38,60.

Allgemeine Finanzwissenschaft nebst einem Überblick über das Steuersystem der BRD. Von Prof. Dr. *W. Weddigen.* 4., neubearbeitete und ergänzte Aufl. 262 S. 1964. Brosch. DM 19,80; Ln. DM 24,60.

Allgemeine Steuerlehre. Von Prof. Dr. *G. Schmölders.* 4., überarbeitete und ergänzte Aufl. 290 S. 1965. Ln. DM 26,60.

Steuerüberwälzungslehre. Theoretische und empirische Verteilung von Abgaben und Kosten. Von Prof. Dr. *H. Recktenwald.* 2., überarbeitete und ergänzte Aufl. 219 S. mit 12 Tab., 21 Figuren und 3 Abb. 1966. DM 28,—; Ln. DM 32,—.

Volkswirtschaftliche Gesamtrechnung einschließlich input-output-Analyse mit Zahlen für die Bundesrepublik Deutschland. Von Prof. Dr. *W. Krelle.* 2., verbesserte Aufl. 237 S. 1967. Ln. DM 48,—.

D U N C K E R   &   H U M B L O T   /   B E R L I N